KMES 한국음악교육학회 학술총서 05

포스트휴먼 시대, 음악교육의 갈 길을 묻다

최은아 · 권수미 · 김경태 · 김경화 · 김민지 · 김성지 · 김영후 · 박은경 · 박지현
오한나 · 윤관기 · 이선미 · 임은정 · 정윤정 · 차동주 · 최진경 · 최진호 · 추상희 공저

EXPLORING THE DIRECTION OF MUSIC EDUCATION IN THE POSTHUMAN ERA

학지사

머리말

AI, 로봇공학, 생명공학 등 첨단 기술의 발전은 우리 삶에 급격한 변화를 가져오고 있다. 이러한 변화는 우리 삶을 편리하게 만들고 이전에는 접근할 수 없었던 영역에까지 도전할 기회를 제공하며 다양한 가능성을 열어 준다. 그러나 기술이 단순한 도구의 역할을 넘어 인간의 사고, 신체, 감정의 영역까지 깊숙이 개입하고 인간의 한계를 뛰어넘으면서, 인간과 기술의 경계는 점점 흐려지고 있다. 이로 인해 우리는 미래에 대한 불확실성과 두려움이라는 또 다른 도전에 직면하고 있다. 이른바 포스트휴먼 시대의 도래 속에서, 삶의 방식과 가치에 대해 근본적인 질문을 던지고, 인간과 비인간, 기술, 자연이 조화를 이루며 공존할 수 있는 방향을 모색해야 할 때이다.

이러한 고민은 특히 교육에서 더욱 중요하다. 교육은 단순히 지식을 전달하는 것을 넘어, 삶을 살아가는 방식과 가치를 형성하는 과정이기 때문이다. 포스트휴먼 시대는 교육 전반에 걸쳐 새로운 방향성을 요구하고 있으며, 음악교육도 예외가 아니다. 오늘날 기술적 혁신과 생태적 위기는 음악교육의 역할과 방법에도 변화를 요구한다. 이제 음악교육도 과거의 전통적인 방식에만 머무르지 않고 인간과 비인간, 기술, 자연의 관계 속에서 새로운 의미를 창조하며, 미래지향적인 접근을 통해 새로운 가능성과 방향성을 찾아가야 한다.

이 책은 포스트휴먼 시대를 맞이하는 현시점에서 음악교육의 방향과 역할에 대한 고민을 담았다.

제1부에서는 포스트휴먼 시대의 흐름 속에서 음악교육의 변화를 살펴보며, 변화하는 교육과정, 교수학습 원리, 그리고 교사의 역할을 통해 음악교육이 직면한 도전과 가능성을 조명한다.

제2부에서는 테크놀로지, 특히 AI와 에듀테크의 활용에 주목한다. 음악 산업과 교육 현장에서 기술이 열어 가는 새로운 기회와 함께, 그로 인해 발생하는 윤리적 과제를 탐구한다. 그리고 연주, 감상, 창작, 국악교육의 영역에서 테크놀로지 활용 사례를 통해 음악교육의 확장 가능성을 구체적으로 제시한다.

제3부에서는 우리 삶과 밀접하게 연계된 음악교육의 모습을 생태와 진로라는 두 축을 중심으로 조명한다. 생태주의적 관점에서 음악교육의 방향을 고민하고, 생태적 삶을 위한 음악적 사례들과 음악교육에서의 다양한 실천 방법을 탐구하여 그 가능성을 모색한다. 또한 변화하는 음악 관련 직업들과 포스트휴먼 시대의 진로교육 방향을 제안하며, 학생들이 변화 속에서 자신의 삶을 설계할 수 있도록 돕는 방안을 논의한다.

이 책이 포스트휴먼 시대를 준비하는 음악 교육자와 연구자에게 새로운 통찰과 실천적 지침을 제공하기를 바란다. 아울러 이 책의 출판 과정에 도움을 주신 학지사 김진환 사장님과 편집팀 여러분께 깊은 감사의 마음을 전한다.

저자 일동

차례

제1부

포스트휴먼 시대, 음악교육의 역할을 돌아보다

최은아 · 차동주 · 박지현 · 임은정

제1장

포스트휴머니즘

오늘날 디지털 매체와 테크놀로지는 사회의 변화를 선도하고 촉진하며 날로 발전하고 있다. 우리는 이미 거의 모든 것이 네트워크로 연결되어 어디에서나 비대면 · 비접촉 만남이 가능한 초연결사회에 진입해 있고, 사물인터넷(Internet of Things: IoT), 웨어러블(wearable) 기기, 아바타(avatar) 등으로 인해 인간의 경계가 확장되면서 기계와의 관계가 보다 중요한 시대를 맞이하고 있다. 이처럼 과학기술의 발전에 힘입어 혁신적으로 변화되는 환경은 시 · 공간을 넘나드는 연결, 인간의 한계를 넘어서는 역량의 실현, 생활의 편리성 등 다양한 가능성을 긍정적으로 전망하게 한다.

그러나 기술의 발전이 변화시키고 있는 상황을 낙관할 수만은 없다. 과학기술의 진보가 인간의 삶에 끼친 긍정적인 효과도 있지만, 기술 그 자체를 과대평가하기보다 그것이 인간 및 인간 삶의 방식에 미치고 있는 영향과 이후 인간의 삶에 어떤 변화를 예고하는가에 대해 보다 깊이 성찰해야 한다. 이제 우리는 이미 돌이킬 수 없을 만큼 달라진 환경을 인식하는 동시에, 달라진 환경 속에서 인간 존재와 인간과 타자와의 관계를 다시 성찰하며 나아갈 방향을 모색해야 하는 것이다.

최근 학계와 사회의 조명을 받고 있는 포스트휴머니즘(posthumanism)은 이와 같은 시대적 흐름을 이해하고 성찰하는 과정에 유의미한 사유의 틀을 제공해 준다. 과학기술의 발전으로 야기된 인간의 조건과 실존에 대한 근본적 문제 인식에서 비롯된 포스트휴머니즘 담론은 다양한 관점에서 전개되어 왔다. 이는 기본적으로 기계가 인간의 목적을 위한 수단의 차원을 넘어 독자적인 주체로 떠오르면서 촉발된 문제들을 다루는 한편, 기존의 인간 중심적 휴머니즘 차원에서 배제되었던 타자들과의 관계를 다양한 맥락에서 성찰한다. 또한 급속한 기술 발전의 결과로 달라진 교육 환경 및 조건에 내포된 가능성과 한계, 포스트휴먼 시대에 요구되는 교육의 역할과 과제 설정에도 많은 시사점을 제공한다.

그렇다면 이와 같은 포스트휴먼 시대에 음악교육은 어떻게 응답해야 하는가. 변화되고 있는 사회의 조건과 인간의 삶에서 음악교육이 해야 할 역할은 무엇이며, 어떠한 방향으로 나아가야 하는가. 날로 진화하는 온라인 학습 도구, 디지털 매체를 활용한 음악 수업 콘텐츠, 음악 수업 관련 모바일 앱을 음악 수업에서 어떻게 활용해야 하는가. 격변하는 환경 속에서 전통적으로 수행해 온 활동들, 즉 신체적 감각과 음악적 감수성을 계발하기 위한 다양한 활동과 직접적인 음악적 경험 등은 어떠한 의미를 지니는가. 이 장에서는 이러한 질문을 바탕으로 포스트휴머니즘의 관점에서 음악교육의 방향을 탐색해 보고자 한다.

1. 포스트휴머니즘 담론

포스트휴머니즘은 과학기술의 변화로 인한 인간의 사고, 소통, 학습의 변화를 설명하기 위한 철학적 인식론이다(Braidotti, 2013). 이에 대한 담론은 이른바 NBIC[나노기술(Nanotechnology), 생명공학(Biotechnology), 정보통신(Information technology), 인지과학(Cognitive Science)]로 대변되는 현대 과학기술의 가능성과 이에 근거한 미래에 대한 상상력 및 전망과 함께 인간 중심적 휴머니즘에 대한 성찰과 비판을 중심으로 전개되어 왔다. 포스트휴머니즘 담론은 인간 이후의 존재에 대한 전망을 담은 미래적 담론이며, 인간 중심적인 휴머니즘의 한계에 대한 비판적 담론, 그리고 인간 자신에 대한 성찰적 담론이기도 하다(우정길 외, 2021). 이렇듯 스펙트럼이 매우 넓은 포스트휴머니즘 담론은 크게 포스트휴먼-이즘과 포스트-휴머니즘으로 구분될 수 있다(Callus & Herbrechter, 2013).

1) 포스트휴먼-이즘

포스트휴먼-이즘(posthuam-ism)은 '포스트휴먼'에 초점을 맞추는 것으로, 과학기술의 발달이 야기할 미래의 변화에 주목한다. '포스트휴먼'이란 첨단 과학기술에 의해 인간 본래의 신체적 · 정신적 능력을 훨씬 뛰어넘어 기존의 인간과 다른 상태에 도달한 존재를 뜻하는 것으로, 디지털 기술로 인해 인간과 기계의 경계가 허물어지면서 인간과 비인간(non-human)이 혼종적으로 결합되는 상황에 기초한다. 포스트휴먼-이즘은 새로운 인류인 포스트휴먼의 존재와 그 도래를 예측하며, 기술이 미래 사회 전개에 중요한 영향을 끼친다는 것을 전제한다는 점에서 '기술-미래 담론'의 한 갈래라고 할 수 있다(한기철, 2020). 이는 인간이 NBIC 공학기술과 기계의 도움을 받아 보다 오래, 보다 나은 삶을 누리게 될 것이라는 믿음을 바탕으로 과학기술 발전이 가져올 긍정적 미래를 낙관하며, 기술 발전에 기반한 인간 증진(enhancement)에 초점을 맞추는 것이다.

이러한 관점은 닉 보스트롬(Nick Bostrum)으로 대표되는 트랜스휴머니즘(transhumanism)과 연결된다. 보스트롬은 트랜스휴머니즘을 "노화를 제거하고 인간의 지적 · 육체적 · 심리적 능력을 크게 향상시키기 위해 기술을 개발하고 널리 적용하려는 지적 · 문화적 운동이며, 그렇게 인간의 근본적 한계를 극복하게 할 기술이 가져올 영향과 전망, 잠재적 위험, 그리고 그런 기술의 개발에 관한 윤리적 문제에 대한 연구"(이원봉, 2018)라고 정의한다. 포스트휴먼-이즘은 이와 같은 맥락에서 과학기술 발달의 측면에 무게중심을 두고 있으며, 과학기술 발달이 초래할 여러 문제를 논의의 대상으로 삼고 있으나, 기본적으로 인간이 지닌 지적 · 신체적 · 심리적 한계를 극복하기 위해 첨단의 생명공학이나 생체기술을 사용하는 것을 긍정적으로 바라보는 입장이다.

2) 포스트-휴머니즘

포스트-휴머니즘(post-humanism)은 근대적 휴머니즘에서 인간중심주의의 근간이 되는 '인간 대 비인간'의 이분법적 관점에 대한 비판적 성찰을 중심 화두로 삼는다. 포스트모더니즘이 모더니즘을 비판적으로 다루는 것처럼, 포스트휴머니즘은 근대적 휴머니즘의 한계를 극복하고자 하는 입장이다. 포스트-휴머니즘에서 극복하고자 하는 것은 인간을 이성적이고 합리적인 존재라고 여기는 인본주의와 인간을 인간 이외의 타자보다 우위에 놓는 인간 종(種) 우월주의이다. 이는 인간을 세상의 중심으로 여기고 인간 이외의 타자를 대상화하는 인간 중심성을 탈피하고 상호의존적 관계, 공존과 공생을 위한 연대를 지향하는 것이다.

이러한 입장의 대표적인 관점은 로시 브라이도티(Rosi Braidotti)가 주창한 비판적 포스트휴머니즘이다. 비판적 포스트휴머니즘은 인간중심주의가 '인간'에 포함되지 않는 타자를 소외시키는 이념으로 작용했음을 비판하고 그것을 극복하고 대체할 바람직한 휴머니즘을 모색하는 데 초점을 두고 있다. 이는 인공지능(Artificial Intelligence: AI)이 인간의 역할을 대체한다고 할 때, 이러한 대체가 인류사회의 구조 및 관계성에 어떤 결과를 가져올 것인가, 자연생태계에 어떤 영향을 끼칠 것인가를 고려하면서 인간과 기계의 관계성을 수립해야 한다고 주장한다. 과학기술이 인간의 삶을 편리하게 한다고 해도, 그것이 인간의 삶의 방식에 어떠한 영향을 끼치고 있는지, 인간의 삶에 어떤 변화를 가져올 것인지를 깊이 성찰해야 함을 강조하는 것이다. 마음과 신체의 이원론적 구분에 반대하면서 일원론에 기초하여 물질과 정신, 주체와 대상을 연속체로 여기는 신물질주의(new materialism), 인간과 비인간 모두 동등한 능동성을 가진 행위자로 네트워크 내 상호작용에 관여한다고 여기는 행위자 네트워크 이론(actor-network theory)과 객체지향존재론(object-oriented ontology) 등은 이러한 관점을 뒷받침해 주고 있는 이론들이다.

이와 같이 포스트휴먼-이즘과 포스트-휴머니즘은 문제의식과 논의 전개 방향에서 차이를 보이지만, 기본적으로 과학기술을 통해 새로운 형태의 인간이 존재할 수 있게 되었다는 사실에 주목하는 것과 근대적 의미의 휴머니즘을 비판한다는 것에서 접점을 찾을 수 있다. 즉, 인간 중심의 근대적 이원론을 거부하면서 등장한 포스트휴머니즘은 이 두 갈래의 논의를 포괄하면서, 과학기술이 가져올 미래 전망과 함께 인간과 인간뿐 아니라 기계나 AI와 같은 비인격적 존재, 지구생태계를 구성하는 모든 생물까지 포함하는 타자들과의 관계에 초점을 맞추어 공존과 공생 및 공진화(coevolution)의 문제를 논의하고자 하는 것이다.

2. 기계와 인간의 공존

인간은 도구와 함께 진화해 온 존재이며, 인간이 개발하고 있는 기계적 도구도 인간의 한 측면이자 자연의 일부가 되어 가고 있다. 모든 존재가 수평적으로 상호 의존적 관계를 맺으며 작동하는 사회 속에서, 기계 및 도구가 차지하는 영역과 역할은 점점 더 커지고 있으며, 미래 사회에서는 더욱 커질 것이다. 그렇다면, 이와 같은 상황에서 인간은 기계와 어떻게 관계를 맺으며 살아가야 하는가.

1) 연장된 정신

포스트휴머니즘의 관점에서 기계와 인간의 관계를 이해하기 위해 필요한 개념의 하나는 '연장된 정신(extended mind)'이다. 도구나 기계로 인해 존재론적 변화를 경험하는 인간을 '포스트휴먼'이라 할 때, 오늘날 현대인들은 이미 포스트휴먼화(化)되고 있다고 할 수 있다. 이러한 맥락에서 앤디 클라크(Andy Clark)는 신체의 일부가 되고 있는 기술과 도구를 '연장된 정신' '두뇌의 일부'라고 하였다. 도구적 인간(homo faber)의 의미를 '자연적으로 태어난 사이보그(natural-born cyborg)'로 규정하면서, 인간의 두뇌가 인공도구와 장치, 네트워크 등과 연결되어 세계로 확장된다는 의미에서 '연장된 정신'이라고 명명한 것이다.

오늘날 인간은 자신의 신체 밖에 존재하는 기술과 결합하여 더 효율적으로 과세를 수행할 수 있을 뿐만 아니라, 수행할 수 있는 일의 범위도 확장되었다. 무엇보다 신체와 분리된 도구·기계의 도움을 받아 인지적 활동을 수행할 때, 이러한 행위는 우리 마음의 일부 혹은 인지적 과정의 일부로 간주될 수 있다. 예를 들어, 디지털 네트워크를 통해 전 세계적으로 사람들이 연결된 시대, 모든 연락처와 일정, 다양한 정보가 컴퓨터 또는 스마트폰에 담겨 있는 시대에 이들은 이미 우리 두뇌의 일부라고 할 수 있다.

따라서 인간과 '연장된 정신'의 관점에서 기계와의 공생관계를 살펴보고, 온라인상의 연결과 접속의 방식들을 통해 타자와의 공생 가능성을 탐색하면서, 기술뿐 아니라 인간과 기술의 관계 방식, 기술 발전 등에 대해 열린 태도를 갖는 것이 매우 중요하다. 이제 기술을 인간의 잠재력을 현실화하고 존재론적 도약을 가능케 하는 '연장된 정신'으로 인식해야 하며, 인간의 존엄성을 유지하면서도 비인격적 존재와의 공생을 가능케 하는 관점에 대한 충분한 논의를 바탕으로 기계와의 공생을 위한 새로운 관계 방식을 탐구하는 것이 필요하다.

2) 물질의 행위성

기계와 인간의 공존에 대한 논의를 뒷받침해 주는 또 다른 개념은 '물질의 행위성'이다. 포스트휴머니즘에서는 물질을 수동적 대상이 아니라 능동적 행위성을 가진 존재로 간주한다. 브뤼노 라투르(Bruno Latour)가 제안한 이 개념은 기술을 인간의 목적을 위한 도구로 여기는 관점을 극복할 수 있는 대안적 시각을 제시해 준다. 예를 들어, 과속을 막아 주는 과속 방지턱이나, 자동차의 안전벨트를 매도록 하는 경고음 등은 인간에게 특정한 행위를 하게 함으로써 법을 지키도록 만들어 주는 도덕적 장치이다(박은주, 2020). 즉, 기계와 인간은 상호작용을 통해 변화해 가는 존재이기에, 사물을 단순히 도구화하여 사용의 대상으로만 삼아서는 안 된다. 사물을 통제하고 지배하려는 인간의 태도는 인간과 사물의 관계뿐만 아니라, 인간과 인간의 관계 또한 왜곡시켜 결국 인간 소외를 초래할 수 있다. 라투르는 기술을 사용의 대상으로만 보는 것이 아니라 다양한 층위와 역사를 가진 존재로 바라볼 때 기술의 무한 증식의 속도를 낮추는 데 기여할 수 있다고 보았다.

이와 같이 인간과 기계의 경계가 모호해지는 포스트휴먼으로의 존재론적 변화 과정에서 중요한 것은 인간중심주의를 넘어서되 인간다움은 잃지 않아야 한다는 것이다. 프랑코 베라르디(Franco Berardi)가 많은 것이 디지털 네트워크로 연결되는 세상에서 감성(sensitivity)과 감수성(sensibility)의 분극화가 이루어지고, 이로 인해 타자들에 대한 공감 능력의 결여를 초래한다고 언급한 것에는 이와 같은 메시지가 담겨 있다(박일준, 2018). 포스트휴먼이 된다는 것은 과학의 발전과 인간을 향상시키는 기술을 통해 인간의 생물학적 한계를 넘어서는 것뿐만 아니라, 윤리적 가치와 확대된 공동체 의식을 결합하여 새로운 방식으로 살아가야 한다는 뜻이기도 하다. 과학기술의 발달로 인하여 기존의 인간이 날로 진화해 나갈 것이라는 긍정적 전망에 내포된 한계와 위험성 또한 성찰해야만 한다.

3. 포스트휴먼 시대의 교육

1) 교육 양상의 변화

포스트휴먼 시대의 변화된 조건과 환경은 학습자, 학습 이론, 학습 목표와 학습 형태 등 교육 현상에 변화를 가져오고 있다. 우선 포스트휴먼의 조건은 전체적인 생태계 속에서의 인간의 위상과 역할에 대한 존재론을 재해석하면서 학습자를 다른 시각으로 바라보게 한다. 기술의 발달로 인간과 비인간적 요소들이 네트워크적 관계성 속에서 어떻게 상호작용하는가에 초점을 맞추어 사유하게 되고, 모든 존재를 동등한 객체이자 능동성을 갖춘 존재로 간주하게 된다. 이러한 포스트휴머니즘의 관점에서, 학습자는 개별적 존재가 아니라 집단적 · 공동체적 · 관계적 존재이며, 사물과 기계를 포함하여 다양한 존재와 복잡하게 얽힌 관계망 속에서 그들과의 상호작용을 통해 존립하며 학습을 수행하는 존재이다.

포스트휴먼 시대의 학습은 학습자, 지식, 도구의 역동적 · 상호의존적인 관계망에서 이루어진다. 학습은 인간이 네트워크를 형성하는 여러 존재 중 하나임을 인식하고, 다른 존재와의 관계성에 주목하며, 여러 자극과 정보에 감각적이면서 능동적으로 귀를 기울이는 것에서 시작되어야 한다(박휴용, 2019b). 학습은 인간이 자연성 · 동물성 · 물질성을 갖고 있음을 인식하고, 생태적 · 사회적 · 기술적 네트워크 속에서 모든 비인간적 존재와 공존하기 위해 어떤 역할을 해야 하는가에 초점이 맞추어져야 하는 것이다.

조지 시멘스(George Siemens)는 이와 같은 포스트휴먼 시대에, '지속적 연결' '현재 및 미래 기술에 의해 제공되는 정보의 풍부함' '데이터 저장'의 세 가지 요소에 초점을 맞춘 새로운 학습 이론이 필요하다고 주장하며 연결주의(connectivism)를 제안하였다. 연결주의는 다양한 학습 주체가 온라인 네트워크상에서 동등한 지위와 역할을 가지고 가상과 현실을 넘나들며 이루어지는 집단적 · 분산적 교류에 의해 지식이 형성된다고 보는 학습 이론이다(박휴용, 2019a). 네트워크를 통해 상호 연결된 정보와 데이터, 지식이 끊임없이 변화하는 시대에, 학습이란 개인의 내적 과정이 아닌 연결과 융합의 과정이며, 맥락에 따라 적합한 연결성을 이해하고 새롭게 형성해 가는 일련의 연결 과정으로 구성될 것이다.

기술의 발전은 어느 시대에나 있었고 발전된 기술이 당대 인간의 삶에 큰 영향을 끼쳐 온 것이 사실이다. 하지만 기술은 가치중립적이기 때문에 사람이라는 요소를 빼놓고 기술만을 언급하면서 사회의 모습을 규정하는 것은 자칫 '기술결정론'의 오류에 빠질 수 있다. 기술의 발전이 가져올 변화에 대비해야 하는 한편, 그것이 몰고 올 수 있는 가장 큰 변화이자 위기인 인간성 상실에 특별히 주의를 기울여야 한다. 이에 대비하기 위해서는 기계로 대체할 수 없는 인간의 본성과 감성을 최대한 발현할 수 있는 능력의 함양과 인간 상호 간의 접촉을 통한 관계 형성을 돕는 것이 필요하다.

2) 공생을 위한 공감과 연대 강조

포스트휴머니즘은 인간중심주의를 넘어 인간뿐 아니라 비인간 존재와의 새로운 관계와 연결성에 대한 성찰이 필요하다는 것을 강조하면서 감수성에 주목한다. 감수성은 새로운 존재와의 관계 및 사회 윤리 문제에 대한 인식의 출발점이자 공감을 불러일으키고 이를 가능하게 하는 것이기 때문이다. 감수성과 공감 능력은 다양한 존재와 더불어 살아가는 데 필수적이기에, 포스트휴먼 시대의 교육은 감성 중심의 교육을 회복해야 하는 과제를 안고 있다.

무엇보다 포스트휴먼 시대에 나타나는 다양한 차이, 이질적인 것과 상호교차로 발생되는 변화에 반응하기 위해서는 민감한 감수성이 필요하며, 이를 위하여 '포스트휴먼 감응 교육'이 이루어져야 한다(정윤경, 2020). 감응이란, 라틴어 'affekus'에서 연원한 개념으로 연이어지는 감정의 흐름, 미시적 느낌의 연속적 운동 자체, 언어적 규정을 앞서는 동시에 그 이상의 강도를 통해서 지각되는 감각적인 것의 유동을 의미한다(최진석, 2019). 감응은 몸을 가진 존재로서의 인간이 무한히 열린 세계와 만나고 소통하는 과정에서 발생하는 것으로, 나와 다른 무언가와의 상호적 관계에서 출발하여 개인과 개인의 연결을 넘어서 인간과 사회, 자연, 기계와의 관계, 지금과는 다른 현실, 무한히 열려 있는 낯선 삶으로 나아간다. 포스트휴먼 감응 교육의 중심에는 포스트휴먼 시대의 다양한 변화에 섬세하게 반응하는 것의 필요성과 함께 인간-자연-기술의 관계에서 교육이 무엇을 해야 하는가에 대한 성찰이 담겨 있는 것이다.

이와 같이 모든 존재가 긴밀하게 상호의존적 관계를 맺고 있는 포스트휴먼 시대에 교육에 대한 논의는 복잡성과 상호관계성에 주목할 필요가 있다. 인간 중심의 근대적 이원론을 거부하면서 등장한 포스트휴머니즘 담론에서 인간 주체는 타자 간의 상호연계에 기반을 둔 '관계적 주체'이며, 교육은 관계성의 존중과 공생을 위한 상호 의존 관계성 교육으로 나아가야 함을 강조한다.

교육은 상호작용의 관계에서 이루어지는 행위이며, 서로 이질적인 존재들이 만나서 변화를 겪는 과정이다. 인간을 포함하여 우주 안에 존재하는 모든 물질, 나아가 정보와 환경은 나름의 주도성을 갖고 있으며, 서로 얽혀 있는 관계망 속에서 상호작용을 통해 관계와 의미를 생성한다. 대화의 교육학, 의사소통의 교육학, 상호작용의 교육학 등 일원적·일방향적 주체성으로부터 탈피하여 관계성에 방점을 두고 교육의 현상을 이해하고자 했던 경향은 현대적 교육이론의 흐름 속에서 면면히 흘러왔다(우정길 외, 2021). 포스트휴머니즘은 이러한 흐름 속에서 관계 중심성의 의미에 대해 환기해 볼 수 있는 계기를 다시 제공하고 있다.

이미 기계와의 공생을 시작한 인간은 테크놀로지 기술을 통해 새로운 연결과 접속의 방식을 만들어 내면서, 타자와의 공생관계를 새롭게 모색해 왔다. 계속 발달하는 기술은 시공간의 한계를 넘어서 다면적 접촉 방법을 통해 동시다발적 공동학습이 가능한 환경을 제공하여 우리의 활동 영역을 더 확장해 주기도 한다. 대면이든 비대면이든 서로 다른 존재가 어떤 계기로 만나 서로의 삶에 영향을 줄 때 참된 관계가 발생된다. 인간과 인간, 인간과 인간 아닌 모든 것이 서로 영향을 주고받으면서 변화되는 과정에 주목하며, 상호의존적으로 관계를 맺도록 돕는 것에 초점을 맞춰야 한다.

제2장

포스트휴먼 시대, 음악교수학습 이론의 특성

포스트휴먼 시대의 음악교육은 기존의 인간 중심적 관점을 탈피하고, 인간과 비인간적 요소들이 공존하는 환경 속에서 상호작용을 강조한다. 음악교육은 점차 개별 학습자보다 다양한 존재의 관계망 속에서 이루어지는 공동체적 학습에 초점을 맞추고 있다. 무엇보다 포스트 코로나 시대와 직면한 이후 디지털 매체, 온라인 학습 도구, 모바일 앱, 생성형 AI(generative AI) 등을 교수학습 자료로 활용하여 학습자가 보다 능동적으로 학습에 참여하도록 요구하는 학습 환경이 자연스럽게 조성되고 있다. 더욱이 단순 반복적인 작업부터 수리력, 연산력, 논리력, 언어 구사력 등의 학습 능력을 지닌 기계와 첨단 기술의 등장으로 음악학습에 새롭게 접근할 수 있게 되었다. 이로 인해 포스트휴머니즘이 제시하는 학습에 대한 관점 및 요구에 부합하는 음악과 교수학습 방법에 대한 논의가 필요한 시점이다.

이에 이 장에서는 인간-자연-기술의 개별 주체의 중요성과 상호의존성의 특징을 바탕으로 음악과 교수학습 방법의 변화를 조명하고, 교수학습 이론의 특성과 음악과 교수학습 방법의 실제를 살펴보고자 한다.

1. 연결주의 이론과 학습원리

연결주의는 현대사회에서 증가하는 디지털 테크놀로지를 활용한 학습을 설명할 수 있는 다양한 교수학습 이론 중 하나이다. 연결주의는 학습자가 다층의 학습 커뮤니티에 속하고, 이러한 네트워크 구조 내에서 다른 구성원과 정보를 주고받는 과정을 통해 개인의 지식이 활성화되는 점을 강조한다. 연결주의의 근본적인 핵심은 개인에게 있으며, 개인은 커뮤니티 참여를 통해 하나의 네트워크를 구성하고, 다시 그 네트워크는 더 거대한 네트워크의 일부를 구성하게 된다(Simens, 2004).

개개의 학습 커뮤니티는 노드(node) 혹은 분기점이라고 불리며, 노드의 형태는 웹사이트, 학술지, 데이터베이스 등으로부터 얻은 개별적 정보가 될 수 있다. 이러한 작은 노드들이 모여 점점 큰 규모의 집단인 네트워크를 형성하고, 학습자들은 그 안에서 소통하며 더 큰 지식의 공동체를 구성하게 된다. 인터넷의 등장과 확산으로 개별 노드를 구성하는 학습자들이 더욱 용이하게 다양한 견해와 의견에 접근할 수 있게 되었으며, 교실 내에서뿐만 아니라 교실 밖에서도 비형식적인 학습의 형태로 지식을 쉽게 공유하고 생성하도록 하는 학습의 새로운 지평이 열렸다.

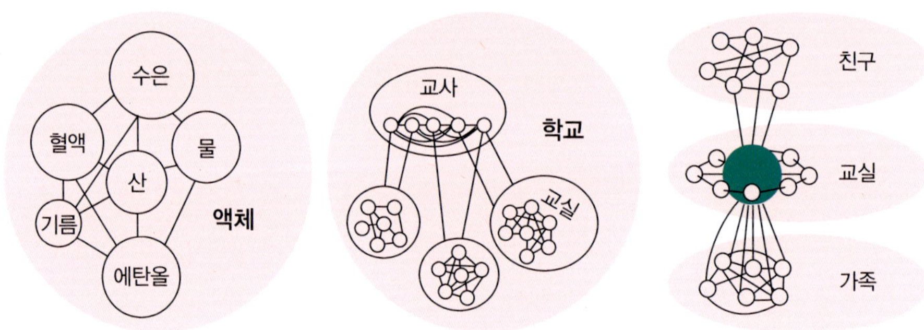

[그림 2-1] **노드의 예시**

출처: Al-Dahdouh et al. (2015), pp. 7-8.

연결주의를 도식으로 표현하면 [그림 2-1]과 같다. 첫 번째 예시에서 큰 상위 개념인 액체(liquid) 아래에 작은 노드들이 상호연결되어 다양한 하위 개념(예: 물, 기름, 에탄올, 수은)을 이룬다. 이처럼 개념적(conceptual) 수준에서 상위 개념에 하위 개념들이 묶일 수 있다. 두 번째 예시에서는 이러한 노드의 개념을 학교, 교사, 학급에 적용하여 도식화하였다. 각 학급은 상위의 교사 집단을 구성하며, 다시 이 교사 집단은 더 상위의 집단인 학교에 속하도록 되어 있다. 그리고 이러한 연결된 상호작용 속에서 학생들은 지식을 스스로 구성하고 학습한다. 학교라는 상위 집단의 하위 개념들 내에서도 다시 작은 단위의 노드들을 형성할 수 있다. 세 번째 예시는 학교 밖의 사회에서 학습자가 속할 수 있는 외부적 학습 네트워크를 제시한다. 학습자는 교실에서의 학급뿐만 아니라, 가족과 또래 집단과 같은 집단에 속하여 사회 내에서 다양한 학습 네트워크를 구성한다.

연결주의의 주요 학습원리에 따르면, 학습은 네트워크 안에서의 다양한 의견을 수용하고 조합하는 과정에서 일어난다(Simens, 2004). 연결주의에서 학습자에게 중요한 것은 현재 가지고 있는 지식의 수준보다 더 많은 지식을 획득하는 것이기 때문에, 네트워크 안팎의 지식의 다양성을 존중하고 공유하는 과정이 필요하다. 지식의 양도 물론 중요하지만 획득한 지식의 질도 모두 고려하여 정보의 정확성을 분별하는 능력이 요구된다. 이때 개별 정보 및 개념 간의 연결성을 파악할 수 있는 능력은 연결주의 사조에서 학습자가 가져야 할 핵심 역량이다. 더 나아가, 학습의 지속성을 유지하기 위해 학습자는 자신이 속한 네트워크와의 연결을 유지하도록 노력을 기울여야 한다. 앞에 제시된 주요 학습원리를 바탕으로 연결

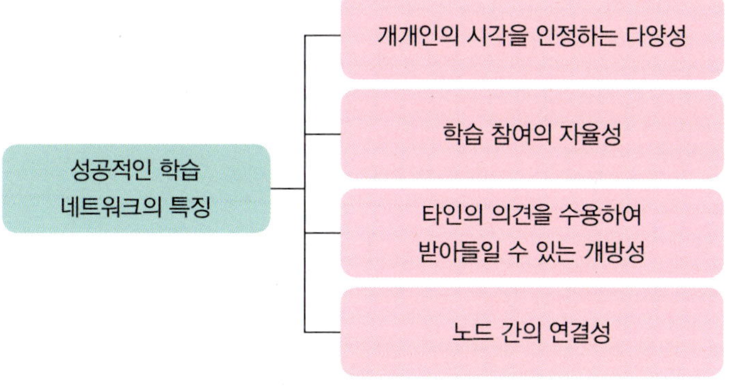

[그림 2-2] 연결주의에서의 성공적인 학습 네트워크의 특징

출처: Downers (2012).

주의에서 제시하는 성공적인 학습 네트워크는 [그림 2-2]와 같은 특징을 지닌다(Downes, 2012).

연결주의 관점에서 학습자에게는 다양한 시각과 경험을 존중하고, 자율적으로 학습 목표를 설정하고 표현할 수 있는 역량이 요구되며, 교사에게는 다양한 학습 활동과의 연결과 구축을 통해 학습자가 다양한 학습 커뮤니티에 참여할 수 있도록 유도하는 역량이 필요하다.

1) 연결주의를 적용한 음악교수학습 방법의 특징

연결주의 담론을 학교 음악 수업에 구체적으로 적용할 때에 중점을 두어야 할 항목을 구체적으로 살펴보면 다음과 같다.

첫째, 다양한 참여자의 의견을 수렴하는 학습자의 다양성(diversity)이다. 온라인 음악 커뮤니티는 학습자가 각자의 음악적 취향과 경험을 공유할 수 있는 기회를 제공하며, 이를 통해 학습자 개개인의 다양한 관점이 발현되는 공간이다. 이때 학습자들은 실시간 협업 도구를 활용하여 다양한 의견을 수합하고 공유할 수 있다. 이를테면, 실시간 채팅, 줌(Zoom) 화상회의, 구글 공유 문서 편집 등으로 각 음악 프로젝트에 대한 학습자 간의 협업을 강화할 수 있고, 음악 프로젝트에 대해 보다 풍부하게 논의할 수 있게 된다.

둘째, 학습 결과물을 공유하여 창출해 내는 연결성(connectivity)이다. 온라인 음악 커뮤니티는 학생들이 다양한 학습 커뮤니티에 참여하고 음악적 결과물의 공유를 통해 서로를 연결할 수 있는 기회를 제공한다. 모둠별로 학생들이 협업해 음악 프로젝트를 수행하는 것이 연결성의 예이다. 학생들이 만든 샘플과 작업물을 온라인 플랫폼에 공유하고, 자기평가와 서로의 작업물에 대한 동료 피드백을 주고받도록 장려하며 연결성을 더욱 촉진할 수 있다. 교사는 필요에 따라 학습 커뮤니티 내에서 경쟁을 활성화하는 방안도 고려할 수 있다. 이때 외부적 노드를 활성화하기 위해 모둠별, 학급별, 학년별 최고의 작품을 투표를 통해 선정하는 이벤트를 개최해 학생들 간의 교류 및 학습의 동기를 높여 능동적 참여를 유도할 수 있다.

셋째, 자율성(autonomy)을 지닌 학습자 또한 연결주의에서 필요한 요소이다. 이는 학습자의 학습 능력에 대한 주도적인 역할을 의미한다. 음악학습의 주체는 개인 학습자이며, 음악 교사는 학생들이 자율적으로 학습 목표를 설정하고 이를 추구할 수 있도록 도와야 한다. 온라인 음악 커뮤니티는 학생들이 자기 주도적으로 음악 활동을 계획하고 진행할 수 있는 플랫폼을 제공하며, 음악 교사는 이를 통해 학생들의 창의성과 독립성을 증진할 수 있다.

넷째, 연결주의에서 핵심적인 요소는 학습 태도의 개방성(openness)이다. 온라인 음악 커뮤니티에서는 타인의 의견을 수용하고 공유하는 개방적인 분위기를 조성해야 한다. 학생들은 서로의 음악 작품에 대한 피드백을 주고받으며, 새로운 아이디어와 관점을 수용함으로써 음악적 지식의 확장을 이룰 수 있다. 개방성을 발현하기 위해서 외부 음악 커뮤니티나 소셜미디어(SNS)를 활용하는 방법이 있다. 이를 통해 학교 외부의 음악 전문가들과 학생들 간의 연결을 강화할 수 있다. 학생들은 외부 음악 커뮤니티에서 학습한 다양한 음악적 경험과 지식을 축적하여 이를 바탕으로 학급 내에서 음악적 지식을 새롭게 공유하면서 자신들의 음악적 결과물들을 수정하고 발전시켜 나아간다.

연결주의의 음악교육적 예시로는 온라인 플랫폼 기반의 프로젝트 기반 학습을 들 수 있다. 교사는 각 프로젝트를 이끌어 가는 과정에서 학생들이 협업하고 음악 커뮤니티를 형성할 수 있는 주제를 제시해야 한다. 이 과정에서 학생들은 주체적으로 음악 프로젝트를 수행할 수 있다. 학생들은 특정 음악 장르에 대한 프로젝트를 수행하면서 다른 학생들과 음악적 지식을 공유하고, 의사결정을 내리면서 공동의 음악적 결과물을 창작할 수 있다.

학생들이 음악 만들기(music-making) 프로젝트를 수행할 때 사용할 수 있는 하나의 방법으로 음악 창작에 많이 활용되는 플랫폼인 사운드트랩(Soundtrap)을 예시로 들 수 있다. 사운드트랩은 웹 기반 DAW(cloud-based Digital Audio Workstation) 프로그램이다. 기능적으로 사운드트랩은 온라인 플랫폼에서 타악기를 포함한 다양한 가상 악기와 반복되는 짧은 음악 샘플(loops), 음성 튜너(vocal tuner)를 활용하여 음악을 녹음, 편집할 수 있기 때문에, 학급 내 모둠별로 만든 샘플을 공유하면서 새롭게 창작하는 것이 가능하다.

이와 같이 학생들은 자기 주도적으로 음악적 목표를 설정하고, 자신만의 학습 의사결정을 내리는 과정을 통해 연결주의에서 제시하는 학습 커뮤니티를 형성해 나아갈 수 있다. 또한 형성된 음악적 학습 커뮤니티상에서 다양한 관점을 접하고 자신의 고유한 음악적 아이디어를 발전시켜 나아갈 수 있다. 교사는 온라인 환경에서 음악 커뮤니티를 구축하여 학생들의 창의성을 이끌어 낼 수 있는 방법을 모색하여 수업 현장에 적용하는 것이 필요하다.

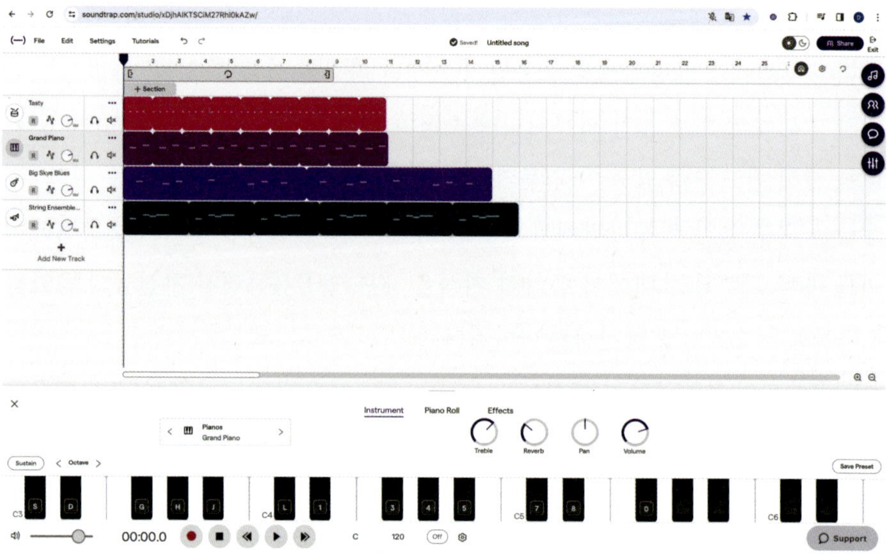

[그림 2-3] 온라인 음악 만들기 플랫폼 사운드트랩

2) 연결주의 관점에서 음악 교사의 역할

교사는 각 학생이 자신의 음악적 흥미와 적성을 고려하여 음악학습을 진행할 수 있도록 보다 다양한 학습 네트워크를 만들어 나아가야 한다. 연결주의 교수학습 이론에서 음악 교사의 핵심적인 역할은 다음과 같이 나누어 볼 수 있다.

교사는 안내자로서 역할을 수행해야 한다. 학생들을 음악적 원천에 쉽게 다가갈 수 있게끔 안내하고, 음악 커뮤니티의 중심에 서 있는 학생들의 학습을 지원하며, 학생들이 자신만의 음악적 여정을 구축하도록 도와주어야 한다. 특히 연결주의의 관점에서 보는 음악 교사는 학습자의 음악적 자신감을 향상시키고 음악 활동 참여의 학습자 자율성을 존중하여 개인화된 학습 경험을 장려하는 안내자로서의 역할에 충실해야 한다.

교사는 학습자의 비판적 사고를 촉진할 수 있어야 한다. 이를 위해 교사는 학생들에게 동일한 악곡에 대해서 다양한 음악적 해석이 공존할 수 있음을 보여 주고, 학생들이 다각적인 방식으로 음악적 스타일을 해석하도록 유도할 수 있다. 여러 음악 장르를 비교하고 음악에 대한 다양한 의견을 제시하는 것은 음악의 다양성에 대한 인식을 높이는 한 방법이 될 수 있다.

2. 관계주의 이론과 학습원리

모든 존재가 긴밀하게 상호의존적 관계를 맺고 있는 포스트휴먼 시대에, 교육에 대한 논의에서는 복잡성과 상호관계성에 주목할 필요가 있다. 인간 중심의 근대적 이원론을 거부하면서 등장한 포스트휴머니즘 담론에서 인간 주체는 타자 사이의 상호연계에 기반을 둔 '관계적 주체'이며, 교육은 관계성의 존중과 공생을 위한 상호의존 관계성 교육으로 나아갈 필요가 있다.

이러한 관점에서 관계주의는 독립적인 개체들의 관계성을 중시하는 학습 이론이다. 관계주의는 학습의 주체인 개별적인 개체(entity; 사람, 사물 또는 존재)에 주목하기보다는, 개체들이 맺고 있는 상호관계성에서 학습이 출발한다고 본다. 보덴과 동료들(Bodén et al., 2021)에 따르면, 학습은 여러 개체가 맺고 있는 복잡하게 뒤얽힌 관계에서 일어나며, 학습의 방향성과 주체성은 인간과 사물 또는 비인간과의 관계성에서 비롯될 수 있다. 관계주의에서 학습의 행위 주도성(agency)은 일시적인 것으로, 상호관계라는 조건에 의존하는 것으로 간주된다.

관계주의에서 제시하는 또 다른 관점은 자아와 비인간 사이의 확장된 관계이다. 이러한 관계는 과학기술의 발달로 개발된 가상현실(Virtual Reality: VR)로 인해 가능해졌다. 최근 VR로 학습 공간이 확장되면서 전통적인 교사–학생–교과 지식적 내용–교실의 경계가 모호해지고 있다. 즉, 실제 교육환경과 비슷한 VR로 구현되어 교수학습 환경이 더욱 다양해졌음을 알 수 있다. 그러나 관계주의는 인간이 지식의 확장을 위해 컴퓨터 처리 능력을 빌리는 것이 아니라 인간과 기술 간의 상호작용이 필요하다는 관점을 취한다. 이는 인간의 위치를 탈중앙화하기 위한 '기계와 함께 학습하기(becoming-with-machine)'(Braidotti, 2013, p. 92)로 기술과의 조화로운 상호작용을 나타낸다. 이를 통해 형성된 관계의 유대감은 기술과 상호작용함으로써 세계에 존재한다는 것으로 학습자의 학습 욕구를 충족시킬 수 있다.

1) 관계주의를 적용한 음악교수학습 방법의 특징

관계주의는 교육 환경에서 학습자와 교사, 학습자 간의 상호작용 관계에 중점을 둔 교육철학이며, 관계주의 관점에서 5G 기반 VR · 증강현실(Augmented Reality: AR) · 혼합현실(Mixed Reality: MR) 등의 VR 증강 기술은 다음과 같은 교육적 이점을 지닌다(Lin et al., 2022).

첫째, VR 증강 기술은 개별화된 학습경험을 제공한다. 관계주의는 각 학습자의 개별적인 필요에 주의를 기울이는 교육적 접근을 중시한다. 음악교육에서 이러한 원칙은 각 학습자의 고유한 음악적 배경, 경험, 그리고 발달 수준을 존중하는 맞춤형 학습 환경을 제공하는 데 초점을 맞춘다. VR 기반의 음악 수업에서는 학습자들이 자신이 선호하는 악기, 음악 장르, 또는 문화적 배경에 따라 학습 내용을 선택할 수 있어 더욱 능동적이고 주도적인 학습 경험이 이루어질 수 있다.

둘째, 실제와 유사한 경험을 제공한다. VR, AR 등의 기술의 발전으로 현실에서는 쉽게 경험하기 어려운 다양한 음악적 경험을 제공할 수 있다. 메타버스(metaverse) 환경에서 학습자들은 아프리카의 잼베나 인도의 시타르와 같은 전통악기를 가상으로 체험하며, 해당 악기의 음색과 연주법뿐만 아니라 그 문화적 맥락과 역사적 배경까지 통합적으로 이해할 수 있다. [그림 2-4]처럼 VR 악기(Virtual Reality Musical Instruments: VRMIs)는 실제 악기와 유사한 음색과 울림을 재

[그림 2-4] 메타버스와 VR 기술을 활용한 종족 음악 수업의 예

출처: Syukur et al. (2024), p. 6.

현하여 학습자에게 현실과 가까운 연주 경험을 제공하며, 이러한 탐구 과정은 단순한 음악적 기술 습득을 넘어 타문화에 대한 이해를 확장하는 데 기여한다.

셋째, 학습자와 교사 간의 원활한 상호작용이 활발히 이루어지도록 돕는다. 관계주의는 단순히 지식 전달이 아닌 상호작용적 관계를 통해 의미를 형성하는 과정을 강조한다. 교사와 학습자가 물리적 한계를 초월하여 다양한 방식으로 소통할 수 있는 환경을 제공한다. VR에서 학습자와 교사는 보다 즉각적으로 소통하여 긴밀한 상호작용을 할 수 있다. 예를 들어, VR 공간 내에서 교사가 학습자의 연주나 창작 활동을 실시간으로 모니터링하여 피드백을 제공할 수 있으며, 학습자는 가상공간에서 자유롭게 자신을 표현하고 교사의 즉각적인 반응을 반영하여 학습 방향을 조정할 수 있다.

넷째, 학습 공동체 형성과 사회적 상호작용을 지원한다. 메타버스는 학습자에게 현실에서의 교실이나 학습 환경을 넘어선 가상의 세계를 제공한다. 특히 VR은 학습자가 가상의 세계에서 공동체를 형성하여 함께 학습하도록 도와주며, 이를 통해 확장된 관계 구현이 가능해진다. 음악교육의 사례로는 가상 악기 연주, 작곡 프로젝트, 음악 공연을 위한 가상 악기 합주 활동 등이 있다. 예를 들어, 학습자들은 메타버스에서 각자 연주하는 악기의 소리를 실시간으로 공유하며, 온라인 합주를 통해 서로의 음악적 아이디어를 주고받을 수 있다. 이러한 활동은 학습자가 자신뿐만 아니라 타인의 음악적 표현을 이해하고 존중하는 태도를 기르는 데 기여한다. 또한 다양한 문화적 배경의 음악을 탐구하는 과정에서 서로의 차이를 이해하고 포용하는 경험도 쌓을 수 있다. 이처럼 가상공간에서 이루어지는 음악적 상호작용은 학습자가 현실 세계에서의 소통과 협업 능력을 확장하는 데 중요한 밑거름이 될 것이다.

마지막으로, VR 증강 기술 기반 학습은 시간 및 공간을 초월하는 특징을 지닌다. VR 환경에서의 학습은 시간과 공간의 제약에서 자유로울 수 있기 때문에 학습자의 음악적 경험을 확장해 줄 수 있다. 가상공간에서 특정 시대의 음악이나 역사적인 사건을 재현함으로써 학습자는 대리경험을 통해 그 시대의 음악적 · 문화적 맥락을 보다 깊이 이해할 수 있다. 또한 학습자가 VR을 통해 실재하는 장소와 물리적으로 먼 지역을 체험함으로써 학습 동기와 음악적 참여도를 더욱 높일 수 있다.

2) 관계주의 관점에서 음악 교사의 역할

관계주의 관점에서 음악 교사의 역할은 다음과 같이 정리할 수 있다.

첫째, 학습의 출발점이 상호관계성이라는 관점에 따르면, 음악 교사는 학습자 간의 상호작용을 촉진하고 강조해야 한다. 음악 수업에서는 학생뿐만 아니라 교사, 교과지식, 그리고 교실이 모두 함께 상호작용하는 커뮤니티로 간주되어야 한다. 이를 통해 음악교육은 단순한 개별 경험의 합이 아니라, 개별 주체 간의 상호작용과 이를 통해 형성된 공동체를 기반으로 가능한 학습을 지향하는 것이다.

둘째, 관계주의의 주요 개념 중 하나인 자아와 비인간 사이의 확장된 관계를 바탕으로, 음악 교사는 학습을 촉진하는 과정에서 기술의 활용을 적극적으로 고려해야 한다. VR과 같은 기술적 도구를 활용하여 교사–학생–교과 지식적 내용–교실 간의 관계를 다른 차원에 구현함으로써, 전통적인 교수학습의 경계를 넘어 다차원으로 음악교육을 확장할 수 있다. 이는 학습자들이 음악교과의 내용을 더 풍부하고 창의적으로 해석하고 이에 기반하여 다양한 음악적 경험을 하도록 도울 수 있다.

셋째, 관계주의에서 제시된 '기계를 활용하여 학습하기'에 주안점을 두고, 음악 교사는 기존의 교수 방법과 기술 발전에 기반한 새로운 교수 방법을 조화롭게 운용해야 한다. 단순히 기술을 학습에 적용하는 것이 아니라, 교사가 학습자의 필요나 학습 방향을 고려하여 음악교육의 질적 향상을 제고하기 위한 수단으로 활용해야 한다.

요컨대, 포스트휴머니즘 시대의 교수학습 변화의 핵심은 학습자의 자율성과 학습 결과물의 활용에 있다. 기술의 발달로 인해 육체의 확장(생명공학, 로봇)과 정신의 확장(AI, 메타버스) 등 모든 생명체가 공진화에 접어들은 시대에, 음악교육 분야에서는 전례 없이 학습자의 음악 경험이 확장되고 있음이 분명하다. 더욱이, 학교 현장에서 생성형 AI와 같은 첨단 기술을 활용한 음악 창작 활동은 단순히 음악 작품의 소유권 문제를 넘어서, 왜 그리고 어떻게 이러한 창작물이 만들어졌는지, 창작된 음악 작품을 어디에 어떻게 활용할 것인지, 그리고 창작 과정에서 학습자 간의 음악적 경험은 어떠했는지를 깊이 있게 탐구하는 과정이 필요할 것으로 예상된다.

제3장

음악과 교육과정의 변화

포스트휴먼 시대의 도래와 함께 음악 및 음악교육 분야는 변화하고 있다. 인간과 기계 간의 경계가 흐려지며, 이들 간의 상호작용은 음악적 창의력과 인지 능력을 확장하는 새로운 경로를 열고 있다. 이 장에서는 이러한 시대에 음악교육이 구체적으로 어떠한 변화를 겪고 있는지 살펴보고자 한다. 특히 학교 음악교육이 나아가야 할 주요 방향과 목표, 그리고 그 내용이 '교육과정(curriculum)'에 담겨 있다는 점에서, 전 세계 교육과정의 변화 양상과 우리나라 최신 교육과정의 내용을 분석하고 향후 미래 전망까지 논의하고자 한다.

1. 교육과정의 변화 양상

우리의 교육은 전 세계의 교육 경향과 유사한 양태를 보인다는 점에서, 먼저 여러 나라의 학교 교육의 양상과 주요 흐름을 살펴보고자 한다.

1) 여러 나라의 학교 교육과정 변화 양상

기술의 발달과 활용이 음악교육에 큰 영향을 미칠 수 있다는 점에서, 21세기를 앞둔 1990년대 말부터 다양한 연구와 논의가 활발히 진행되었다. 미래 사회에서

테크놀로지 변화가 음악 교수법을 어떻게 변화시킬지, 테크놀로지 활용, 알고리즘 기반 학습, 온라인 학습이 음악교육에 어떻게 적용될지 등 기술적 측면에서의 음악교육 방향이 지속적으로 논의되어 왔다.

특히 최근 들어 AI 활용 등 다양한 디지털 기반 음악 교육과정 구성에 대한 논의가 더욱 활발해지고, 이에 따라 전 세계의 음악 교육과정에서도 관련 내용이 적극적으로 포함되고 있다. 예를 들어, 호주, 싱가포르, 핀란드 등에서는 정보통신기술(Information and Communication Technologies: ICT) 관련 능력을 주요 역량으로 제시한다. 호주와 핀란드는 ICT 능력을 핵심 역량으로 삼아 음악을 만들 때 테크놀로지에 대한 학습과 활용을 강조하며, 싱가포르는 ICT 활용을 중시하며 이러닝 음악 패키지, 인터넷 · 블로그 · 팟캐스트 · 페이스북 · 유튜브 등 소셜미디어, 창작(연주 · 작곡 · 편곡 · 녹음 · 즉흥연주) 과제 수행에 도움을 주는 소프트웨어와 하드웨어 등을 보다 자세히 언급한다(박지현 외, 2022). 그 외에도 많은 국가가 내용, 교수학습, 평가 등 다양한 방식으로 포스트휴머니즘과 관련된 내용을 확장하여 포함하고 있다.

2) EU의 핵심 역량

전 세계 교육과정은 범국가적 기구들의 연구 경향과 맥을 같이한다. 이러한 기구 중 하나인 EU는 다음 [그림 3-1]과 같은 핵심 역량을 제시하며, '디지털(digital)' 역량을 강조한다(European Commission, 2021). 이 디지털 역량은 학습, 직업, 사회 참여를 위해 디지털 기술을 자신 있게, 비판적으로, 책임감 있게 사용하는 것을 의미하는데, 정보 및 데이터 문해력, 의사소통 및 협력, 미디어 문해력, 디지털 콘텐츠 생성(프로그래밍 포함), 안전(디지털 웰빙 및 사이버 보안), 지적 재산 문제, 문제 해결 및 비판적 사고 등이 포함된다([그림 3-1] 참조).

[그림 3-1] EU의 핵심 역량

출처: European Commission (2021).

3) OECD의 학습 나침반 2030

최근 전 세계 교육과정은 OECD가 2015년부터 수행하여 발표한 '교육과 기술의 미래 2030(The Future of Education and Skills 2030)'(OECD, 2024)에 많은 관심을 갖고 이를 기반으로 교육 방향을 설정하고 있다. OECD는 AI와 제4차 산업혁명 시대가 도래하면서 급변하는 미래 사회에 필요한 역량들(competencies)을 강조하며, [그림 3-2]와 같은 '학습 나침반 2030(Learning Compass 2030)'을 제안하였다. 이는 개인과 집단의 웰빙(well-being)을 목표로 하는 미래 학습의 방향을 제시하는 것이다. 학습 나침반은 학생들이 낯선 상황에서 스스로 길을 찾아가는 법을 배워야 한다는 필요성을 강조한다.

나침반의 구성 요소에는 핵심 기초(core foundations), 지식(knowledge), 기능(skills), 태도와 가치(attitudes and values), 변혁적 역량(transformative competencies), 그리고 예측-행동-반성의 주기(anticipation-action-reflection cycle)가 포함된다.

이와 함께 학생 주도성(student agency)이 중심적인 역할을 하는데, 주도성이란 자신의 삶과 주변 세계에 긍정적인 영향을 미칠 수 있는 능력과 의지를 말한다. 또한 협력적 주도성(co-agency)은 동료, 학부모, 교사, 지역사회, 그리고 서로 간의 상호작용과 상호지원 관계로, 학생들이 공동의 목표를 향해 나아가도록 돕는 것을 의미한다.

OECD의 학습 나침반 2030

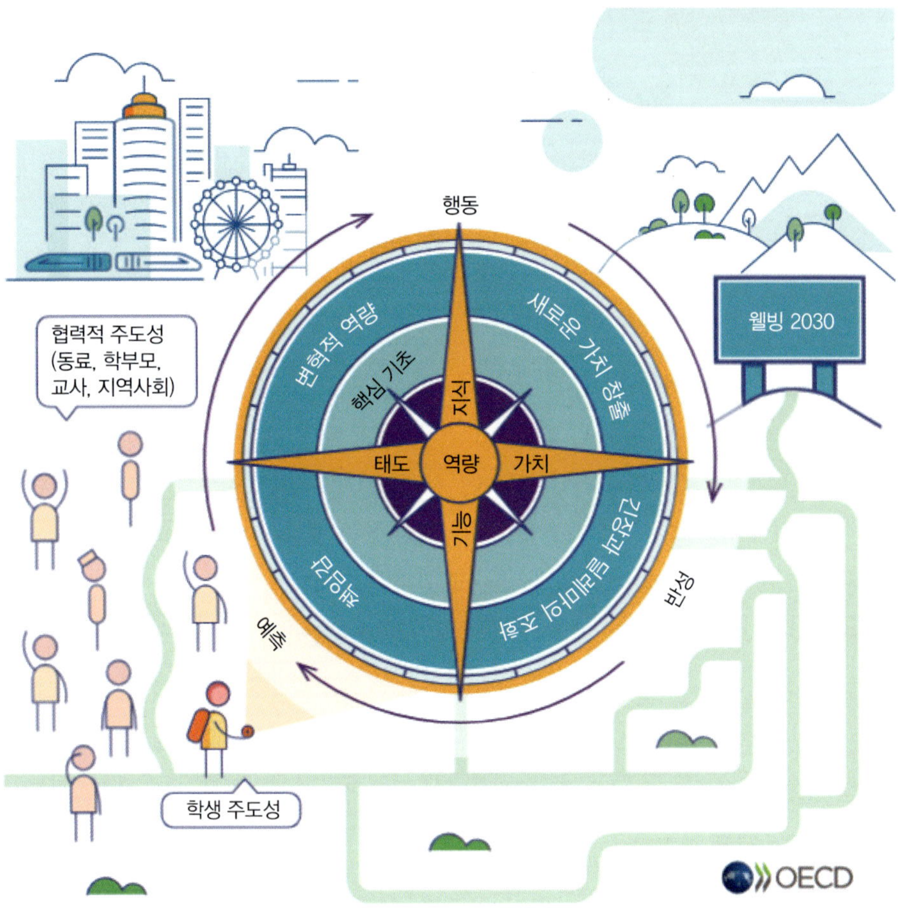

[그림 3-2] OECD의 학습 나침반 2030

출처: https://www.oecd.org/en/about/projects/future-of-education-and-skills-2030.html

이 중 '핵심 기초'는 학생의 주도성과 변혁적 역량을 개발하는 데 중요한 기반을 제공하며, 글로벌 역량이나 미디어 문해력 등 2030년에 필요한 다양한 역량을 포함한다. 핵심 기초는 문해력(literacy)과 수리력(numeracy) 등을 기본으로 하는데, 여기서 문해력은 기존의 문자뿐 아니라 음성, 시각, 다중양식의 텍스트를 이해하고 활용하는 능력을 포괄하는 확장적 개념으로, 사람들과 효과적으로 의사소통하는 모든 능력과 관련된다. 따라서 디지털 도구를 통해 디지털 세계와 상호작용하는 '디지털 및 데이터 문해력'도 중요한 핵심 기초로 간주된다.

핵심 기초에는 이러한 문해력과 함께 도덕 및 윤리 관련 기초도 강조된다. 이는 네트워킹, 프로그래밍, 시스템 등의 기술적 측면뿐만 아니라 윤리적 태도도 중요하다는 것을 보여 주는 것이다. 또한 '변혁적 역량'에서는 혁신적인 새로운 가치 창출을 강조하며 상호연결, 관계, 책임감 등을 중시한다. 더불어 기술 및 기계의 긍정적 측면과 비판적 성찰을 모두 아우르는 접근 방식이 필요함을 시사한다(〈표 3-1〉 참조).

〈표 3-1〉 OECD 및 EU의 디지털 관련 내용 요약

구분		주요 내용
OECD	핵심 기초	• 인지적 기초: 디지털 및 데이터 문해력 – 디지털 문해력: 다양한 온라인 미디어의 텍스트와 소스를 읽고, 해석하며, 비판적으로 평가하는 능력 – 데이터 문해력: 데이터에서 의미 있는 정보를 도출하고, 데이터를 분석하며, 데이터를 통해 논쟁하는 능력 • 사회적 · 정서적 기초: 도덕적 · 윤리적 측면
	변혁적 역량	• 새로운 가치 창출: 혁신, 새로운 지식, 통찰력, 아이디어 • 긴장과 딜레마의 조화: 모순되거나 양립할 수 없을 것 같은 아이디어, 논리 간 상호연결과 상호관계를 고려하는 것 • 책임감: 자신의 행동을 반성 및 평가, 개인적 · 윤리적 · 사회적 목표 고려
EU	디지털 역량	• 디지털 기술을 자신 있게, 비판적으로, 책임감 있게 사용 • 정보 및 데이터 문해력, 의사소통 및 협력, 미디어 문해력, 디지털 콘텐츠 생성(프로그래밍 포함), 안전(디지털 웰빙 및 사이버 보안), 지적 재산 문제 등 포함

2. 우리나라의 음악과 교육과정

전 세계의 흐름을 보면, 포스트휴머니즘 관련 내용은 주로 디지털, 데이터, 미디어, 윤리, 책임감, 변혁 등의 용어로 나타나고 있음을 확인할 수 있다. 앞서 전 세계 교육과정에 어떻게 반영되고 있는지를 살펴보았다면, 이제는 우리나라 음악과 교육과정에서 어떻게 전개되고 있는지 살펴보겠다. 이를 통해 우리나라의 음악교육이 어떻게 글로벌 교육 트렌드와 접목되고 있는지, 그리고 앞으로 나아가야 할 방향은 무엇인지에 대해 고찰해 보고자 한다.

1) 우리나라 2022 개정 교육과정의 디지털 교육

2022년 말에 개정 고시되어 2024년부터 순차적으로 적용되는 '2022 개정 교육과정'(교육부, 2022a)은 앞서 살펴본 OECD 학습 나침반의 내용을 기반으로 개발되었다. 특히 미래 사회의 변화에 필요한 역량에 중점을 두어, 예측하기 어려운 미래 사회에서 다양한 삶을 살아갈 학생들에게 필요한 것을 학교 교육이 어떻게 제공할 것인지를 강조한다. 이에 따라 기초 소양으로 언어 소양, 수리 소양, 디지털 소양의 세 가지를 제시하며, 우리나라 역대 교육과정 중 '디지털'의 중요성을 가장 강조한다.

2022 개정 교육과정의 기반을 이루는 디지털 및 AI 교육 관련 내용을 살펴보면, 디지털에 대한 이해와 윤리 의식을 바탕으로 교육과정이 구성되어야 함을 강조함을 알 수 있다. 이는 학생들이 디지털 시대의 기술을 윤리적이고 책임감 있게 활용하는 법을 배우도록 돕고, 다양한 디지털 매체와 기술을 통해 창의적이고 자율적으로 학습할 수 있는 환경을 제공하는 것을 목표로 삼는 것이다(〈표 3-2〉 참조).

〈표 3-2〉 2022 개정 교육과정의 디지털 및 AI 교육 관련 개요

구분	디지털 소양 교육
총론	• 디지털 지식과 기술에 대한 이해와 윤리의식을 바탕으로 정보를 수집/분석하고 비판적으로 이해/평가하여 새로운 정보와 지식을 생산/활용하는 능력을 함양할 수 있도록 지원하는 교육 • 디지털 기술의 이해와 활용, 정보의 처리와 생성, 디지털 문제 해결, 디지털 의사소통과 협력, 디지털 기술과 정보의 안전하고 윤리적인 사용

교육과정	교수학습 및 평가	운영 기반 마련
온·오프라인 연계 등 원격 수업을 반영한 총론 교육과정 편성·운영기준 마련	다양한 원격 수업 모델 및 공정한 평가기준 마련	학습관리시스템(LMS)을 통한 출결, 평가 등 운영
교과 교육과정 등에 다양한 원격 수업유형 제시	빅데이터·AI의 맞춤형 교수학습 및 평가 활용	원격 수업 유형에 따른 다양한 학습 콘텐츠 개발
지역 및 학교 상황 등을 고려한 온·오프라인 수업 및 온라인 공동 교육과정	원격 수업에서의 온라인 평가 및 과정 중심 평가 등 활성화	다양한 원격 교수학습 및 평가 모델 구안
	창의력, 비판적 사고력 등 역량 함양을 위한 평가 강화	원격 수업에 대한 교원역량 강화 지원

출처: 박지현 외(2022), p. 74.

2) 2022 개정 음악과 교육과정의 디지털 내용

2022 개정 음악과 교육과정은 디지털 문해력, 다양한 매체 활용, AI 수업, 온라인 수업, 미래 디지털 기술과의 융합 연계 등의 내용으로(박지현, 2023) 포스트휴머니즘 관련 내용이 다방면으로 담겨 있다. 이 과정은 성격, 목표, 내용, 성취기준, 교수학습, 평가에 이르기까지 포괄적으로 접근한다(〈표 3-3〉 참조).

총론의 디지털 소양 교육의 주요 내용에 따라 음악과 내용이 어떻게 구성되었는지 살펴보면, 먼저 성격 및 목표에서 디지털 소양 함양을 언급한다. 이는 학생들이 디지털 기술을 효과적으로 활용하고, 윤리적인 디지털 시민으로 성장하도록 돕는 것을 목표로 하는 점이다. 내용 측면에서는 다양한 디지털 도구와 매체를 활용하여 음악을 감상하고 창작하는 방법을 배우도록 하며, 디지털 환경에서의 음

악 저작권 보호와 윤리적 문제에 대한 교육을 통해 학생들이 책임감 있게 음악을 다룰 수 있도록 한다. 교수학습 방법에서도 디지털 환경을 고려한 수업 전략이 추가되어 있다. 즉, 디지털 도구를 활용한 수업을 통해 학생들의 학습 경험을 확장하고, 온라인과 오프라인 수업을 연계하여 다양한 학습 경험을 제공한다. 평가 방법에서는 AI 등 디지털 도구를 통해 학생들의 학습 과정을 모니터링하고 평가할 것을 언급한다.

이와 같은 내용들은 2022 개정 음악과 교육과정이 디지털 시대의 요구에 부응

〈표 3-3〉 **디지털 소양 교육을 반영한 음악과 교육과정 내용 예**

항목	내용 예시
성격 목표	• 디지털 소양을 함양하고 미래 디지털 기반 사회의 발전을 도모한다. • 다양한 미디어나 디지털 기술을 활용하는 음악 활동을 통해 디지털 소양의 함양과 미래 디지털 기반 사회의 발전을 도모한다.
내용	• 악기, 물체, 신체, 디지털 매체 등을 통해 새롭게 표현해 보도록 한다. • 디지털 기반의 현대 음악 작품을 감상하거나 다양한 디지털 매체를 활용하여 음악을 감상함으로써 디지털 문해력 교육과 연계하도록 한다. • 디지털 정보에서의 음악 저작권의 보호와 중요성에 대한 학습 • 다양한 소프트웨어, 디지털 악기 및 음원으로 생성된 다양한 음악
교수학습 및 평가	• 디지털 환경을 고려한 지도 전략을 세우고 디지털 기기와 미디어를 교수학습 내용과 특성에 적합하게 활용하는 방안을 구성한다. • 디지털 플랫폼 활용 수업 전략 방안을 마련하고 온라인 환경에서의 음악 활동과 의견 공유로 학습의 폭이 확장될 수 있도록 한다. • 최신의 디지털 음악실 환경을 구축하고, AI, 가상 악기, 메타버스 등을 활용한 실감형 음악학습 콘텐츠와 자료를 바탕으로 다양한 교수학습이 실현될 수 있도록 한다. • 온 · 오프라인을 연계한 교수학습 과정에서는 디지털 교육 환경에서의 내용과 특성에 적합한 평가 계획을 세우고, 디지털 도구 활용, 온라인 평가 결과물 보관 등 다양한 평가 상황에 따른 방안을 마련하도록 한다. • 원격 수업에서의 온라인 평가는 디지털 학습 환경을 고려하고 음악 공학적 도구 및 디지털 도구를 활용한 평가 전략을 구축하여 실시하며, 비대면 교수학습 과정에서도 자기평가와 동료평가를 적절히 포함하여 학생 참여와 상호작용이 이루어질 수 있도록 한다. • 이러닝, 스마트 러닝, 모바일 학습, AI융합 학습, 온라인 평가 등 • 온라인 음악 수업 전반, 등교-원격 수업 연계, 온라인 평가 결과물 등

출처: 교육부(2022a).

하며, 학생들이 창의적이고 자율적으로 음악을 탐구하고 표현할 수 있는 환경을 조성하는 데 중점을 두고 있음을 보여 준다. 이러한 접근은 학생들이 다양한 디지털 도구와 기술을 활용하여 음악교육을 통해 보다 폭넓고 깊이 있는 학습을 할 수 있도록 지원한다.

특히 고등학교에서는 선택과목으로 '음악과 미디어'라는 융합 선택과목을 새롭게 제시하며 관련 내용을 더욱 강조한다. 이 과목은 학습자가 디지털과 AI 등의 ICT를 활용하여 음악의 다양한 역할을 경험하고, 주체적인 음악 활용자 및 협력자로서의 역할을 수행할 수 있도록 설계되었다. 미디어를 통한 연주, 창작, 감상 등의 활동을 통해 음악의 미적 가치와 창의성을 극대화하고 음악의 파급력을 높이며, 미디어 문해력 및 디지털 소양을 증진하여 미래 디지털 사회의 발전을 도모하는 방향이다. 이를 통해 융합적 사고력, 음악적 책임과 역할, 협력적 활동과 소통, 문화 이해 및 기여 등을 강조한다(〈표 3-4〉 참조).

〈표 3-4〉 **'음악과 미디어' 과목의 내용 예**

구분	예시
성격	'음악과 미디어'는 학습자가 미디어와 관련한 음악의 다양한 역할을 경험함으로써 변화해 가는 실제 삶에서 주체적인 음악 활용자이자 다양한 사회 · 문화 · 산업 등에서의 음악 협력자로 역할을 수행할 수 있도록 하는 과목이다……. 디지털과 AI 등의 ICT 발달은 음악의 표현력을 더욱 증대시키고 음악의 가치와 영향력의 범위를 확장한다. 미디어를 접목하여 연주, 창작, 감상의 음악 활동을 하거나 다양한 사회 · 산업 · 환경에서 미디어를 기반으로 음악을 활용하는 사례가 증가하면서, 음악의 미적 가치와 의미가 다변화되고 인간의 창의적 속성이 극대화되며 음악의 파급력이 더욱 높아지고 있다. 이로 인해 미디어 관련 음악 활동은 음악과 타 영역 간 연계와 융합을 강화하고 미디어 문해력 및 디지털 소양을 증진하여 미래 디지털 기반 사회의 발전을 이끈다……. 따라서 '음악과 미디어' 과목은 이러한 음악의 다양한 가치와 역할을 근간으로 미디어 문해력 및 디지털 소양과 연계 융합한 음악 방법과 경험을 확장하여 감성, 창의성, 자기주도성, 공동체 및 소통 역량 등을 더욱 발전시키도록 구성된다.

<table>
<tr><td>목표</td><td colspan="2">가. 감성과 창의성을 바탕으로 음악 미디어 관련 사항이나 문제를 해결하며 미래 사회의 혁신을 이끌 수 있는 융합적 사고력을 기른다.
나. 삶 속에서 다양한 음악 미디어 활동에 주체적으로 참여하여 음악적 책임과 역할을 성찰한다.
다. 서로 다른 음악 미디어의 표현과 활용을 존중하고 협력적으로 활동하며 사회적 · 문화적 · 환경적 측면에서 소통한다.
라. 다양한 맥락 속 음악 미디어 관련 문화를 이해 및 포용하고 공동체의 음악 산업 발전에 기여한다.</td></tr>
<tr><td rowspan="2">내용: 성취 기준</td><td>미디어 탐구</td><td>실용적 연계</td></tr>
<tr><td>[12음미01-01] 음악에 활용되는 미디어의 종류와 특징을 조사하고 변화와 발전 과정을 파악한다.
[12음미01-02] 음악과 미디어의 관계를 분석하고 음악에 활용되는 미디어의 의미와 역할에 대해 토의하거나 토론한다.
[12음미01-03] 다양한 미디어 음악을 감상하고 비평하며 음악에 활용되는 미디어의 가치를 인식한다.
[12음미01-04] 미디어가 음악 산업에 미치는 영향을 비판적으로 분석하고 균형적 시각을 갖는다.</td><td>[12음미02-01] 소리 · 악기 · 아이디어와 미디어 사이의 상호작용을 탐색하고 다양한 상황에 적용하여 표현한다.
[12음미02-02] 음악에서 활용되는 미디어를 주체적으로 사용하여 개성 있게 연주하거나 창작한다.
[12음미02-03]미디어를 활용하여 다양한 분야와 연계 · 융합한 창의적인 음악 작품을 기획한다.
[12음미02-04] 다양한 미디어와 디지털 기술의 음악적 활용에 대하여 올바른 윤리의식을 갖는다.</td></tr>
</table>

출처: 교육부(2022a), pp. 79-90.

3. 미래 음악과 교육과정의 전망

교육은 역사적으로 사회의 변화에 따라 다양한 형태로 변모해 왔다. 19세기경 근대 학교 교육이 일반 대중에게 보급된 이후, 학교라는 공간에서 정해진 시간과 내용을 교사로부터 배우는 방식이 주된 교육의 모습으로 자리 잡았다. 그러나 21세기를 맞이하면서 교육 방식은 크게 달라졌다. 이제 학생들은 교실에 모이지 않아도 온라인으로 수업을 받고, 네트워크를 통해 다른 지역의 학생들과 실시간으로 협력하며 학습할 수 있다. 또한 학교 밖 다양한 상황에 적용하거나 인터넷을 활용하여 지식을 습득하는 등 교사에게 정해진 내용만 배우지 않는다(박지현, 2022). 교육의 내용과 방법이 점점 더 다양해지며 변화하고 있는 것이다. 이러한 시대에 현재의 교육과정을 기반으로 미래의 음악교육을 위해 교육과정에 어떠한 내용이 더 보완되거나 개선되어야 할지 간단히 조망하고자 한다.

1) 음악교육의 방향과 목적

포스트휴머니즘 시대의 음악 교육과정은 기술과 인간성이 조화를 이루며 창의성과 감성을 중시하는 방향을 더욱 드러내야 한다. 이를 위해 디지털 소양과 기술 활용을 강조하면서도, 인간의 예술적 감수성과 자율성을 존중하는 교육 목표를 설정해야 한다. 기술 발전과 더불어 인간의 예술적 감수성과 창의성을 함께 강조하며, 나아가 음악교육이 환경을 고려한 지속 가능한 활동을 통해 학생들이 환경적 책임감을 갖도록 해야 한다. 또한 디지털 기술을 활용해 전 세계 학생들과의 협력과 소통을 강화하여 글로벌 협력을 중시하는 목표 설정도 필요하다. 음악교육은 다양한 디지털 매체와 기술을 활용하여 학생들이 창의적이고 자율적으로 음악을 탐구하고 표현할 수 있도록 지원하되, 동시에 윤리적이고 사회적으로 책임 있는 기술을 사용하도록 해야 할 것이다.

2) 음악교육의 내용

음악교육의 내용은 디지털 리터러시를 강화하고, 변화하는 디지털 도구와 매체를 활용한 생생한 음악 활동을 포함해야 한다. 이는 음악의 본질과 가치, 감성을 근간에 두고 기술과 기계를 활용하는 것을 의미한다. 단순히 기술을 사용하는 것을 넘어서, 기술이 음악의 깊이와 감성을 증진하는 방향으로 사용되어야 한다. 예를 들어, VR, AR, MR 기술을 활용한 몰입형 음악 감상 경험을 통해 학생들이 음악의 감정과 분위기를 더욱 깊이 느낄 수 있게 하고, 이를 바탕으로 음악적 표현과 창작 활동을 더욱 풍부하게 할 수 있다. 이러한 미래 지향적 콘텐츠는 AI 등 최신

기술을 활용하여 다양한 분야와 연계 융합하여, 학생들이 미래의 음악 산업과 예술적 표현을 체험할 수 있도록 할 것이다.

또한 음악 저작권 보호와 디지털 환경에서의 윤리적 문제에 대한 교육도 강조되어야 한다. 이는 학생들이 디지털 시대의 음악 창작과 소비 과정에서 저작권의 중요성을 이해하고, 윤리적이고 책임감 있게 음악을 다루는 방법을 배우도록 하는 것이다. 이를 통해 학생들이 책임 있는 디지털 시민으로 성장할 수 있도록 도울 수 있다.

3) 음악교육의 방법

음악교육의 방법은 기술 활용을 극대화하면서도 학생들의 자율성과 협동을 강조해야 한다. 네트워크를 통한 상호작용적 협동 학습, 테크놀로지 기반의 음악 활동, AI를 활용한 실시간 피드백, 온오프라인 연계 수업 등이 그 예이다. 이러한 방법들이 교육과정에 명시적으로 포함되고 강조된 것은 최근의 일이므로, 이러한 교육 방법들이 실체화되고 구체화될 수 있는 제반 여건을 구현하는 것이 중요하다. 이를 위해 학교 현장에서의 기술적 인프라 확충, 교사의 전문성 강화, 학생들의 기술 접근성 확대 등이 필요하며, 기술을 효과적으로 활용한 음악교육 방법이 실제 교육 현장에서 성공적으로 적용될 수 있도록 해야 한다.

맞춤형 학습을 위해 AI를 활용해 학생 개개인의 학습 수준과 속도에 맞춘 음악 교수학습 방법을 제시하여 학생들이 자신의 학습을 자율적으로 주도할 수 있도록 도울 필요도 있다. 또한 참여형 학습을 위해서는 학생들이 적극적으로 참여하고 스스로 주도할 수 있는 프로젝트 기반 학습 방법이 더욱 강조될 수 있다. 이는 학생들이 협동과 창의성을 발휘하며 음악을 깊이 있게 탐구할 수 있도록 할 것이다.

4) 음악교육의 평가

평가는 디지털 도구와 기술을 활용하여 타당하고 다양하게 이루어져야 한다.

이를 위해 디지털 학습 환경에서의 평가 계획을 세우고, 온라인 평가와 과정 중심 평가를 활성화하여 학생들의 음악성, 창의성, 비판적 사고력을 평가할 수 있도록 해야 한다. 다양한 평가 방법을 도입하여 학생들의 다면적인 역량을 평가할 필요가 있다. 즉, 디지털 포트폴리오, 프로젝트 결과물, 실시간 연주 평가 등을 통해 학생들의 다양한 능력을 종합적으로 평가할 수 있다.

또한 실시간 데이터 분석을 통해 학생들의 학습 데이터를 실시간으로 분석하여 개인별 맞춤 피드백을 제공하고, 학습 진도를 효과적으로 관리해야 한다. 이를 위해 AI 기반 피드백 시스템을 구축하여 학생들이 실시간으로 자신의 학습 결과를 확인하고 개선할 수 있도록 지원하는 것이 중요하다. 이러한 AI를 활용한 실시간 피드백을 통해 학생들의 학습 과정을 모니터링하고, 자기평가와 동료평가를 통해 학생들이 자신의 학습을 스스로 평가하고 개선할 수 있는 기회를 제공해야 한다.

5) 음악교육적 환경

미래의 음악교육 환경은 교실을 넘어 다양한 네트워크와 디지털 환경에서 이루어져야 한다. 이를 위해 '그린스마트 미래학교 사업'(교육부, 2022b)과 같이 공간 혁신과 스마트 교실을 적극적으로 구축하여 교수학습의 혁신을 꾀할 필요가 있다. 특히 음악교육에서는 감성을 근간으로 하여 다양한 학습 환경과 융합적 학습이 가능한 네트워크 중심의 음악 환경을 조성해야 한다.

최신의 디지털 음악실 환경을 구축하고, AI, 가상 악기, 메타버스, 로봇악기, 웨어러블 테크놀로지 등을 활용한 실감형 음악학습 콘텐츠를 제공하여 학생들이 다양한 방식으로 음악을 경험하며 음악교육의 깊이와 폭을 넓히도록 해야 한다. 또한 원격 수업과 온라인 학습을 통해 학생들이 시간과 장소에 구애받지 않고 학습할 수 있는 유연성을 제공하여 물리적 공간의 한계를 넘어 디지털과 네트워크 기술을 적극적으로 활용할 필요가 있다. 이를 통해 학생들이 다양한 디지털 도구와 매체를 활용하여 창의적이고 자율적으로 음악을 탐구하고 표현할 수 있는 환경을 조성하는 것이 요구된다.

또한 환경 친화적인 학습 공간을 마련하고, 지속 가능한 음악 활동을 장려하여 학생들이 환경 보호의 중요성을 인식하고 실천할 수 있도록 해야 한다. 즉, 지속 가능한 교육 환경을 조성하는 것도 중요하며, 이러한 접근은 학생들이 감성과 창의성을 바탕으로 음악을 학습하고, 동시에 윤리적이고 책임감 있는 기술 사용을 통해 더 나은 미래를 만들어 가는 데 기여할 수 있을 것이다.

이상의 주요 내용을 정리하면 〈표 3-5〉와 같고, 이러한 모습을 담은 미래 음악교육의 모습을 AI 도구를 활용하여 구현해 보면 [그림 3-3]과 같다.

〈표 3-5〉 미래 음악과 교육과정의 전망

구분	주요 강조 내용
방향 및 목적	• 기술과 인간성의 조화, 글로벌 협력, 지속 가능성 • 창의성과 감성 중시, 예술적 감수성과 자율성 존중
내용	• 디지털 리터러시 강화, 변화하는 디지털 도구와 매체 활용 • 음악의 본질과 감성을 중시한 기술 활용, 음악 저작권 보호와 윤리적 문제 교육 • 미래지향적 콘텐츠: VR/AR/MR 등 기술 활용 몰입형 음악 경험, 상호 연계-융합적 음악 경험
방법	• 자율성과 네트워크를 통한 상호작용적 협동 학습, 실시간 협업 프로젝트, 온오프라인 연계 수업 • 테크놀로지 기반 음악 활동, AI 활용 실시간 맞춤형 학습, 참여형 학습
평가	• 디지털 도구와 기술 활용 평가, AI 활용 실시간 데이터 분석 및 피드백 시스템 구축 • 온라인 평가와 과정 중심 평가 활성화, 다면적 역량 평가, 자기평가와 동료평가 강화
환경	• 미래 음악교육 환경: 디지털 환경 및 네트워크 확장, 공간 혁신 • 디지털 음악실 및 최신 기술 활용: 실감형 음악학습, 유연한 학습 환경, 창의적 음악 탐구 환경 • 환경 친화적 및 지속 가능한 학습 공간: 환경 보호, 지속 가능한 음악 활동 환경 등

[그림 3-3] **미래 음악과 교육과정에 따른 교수학습 모습 예시(생성형 AI로 표현)**

지금까지 논의를 통해 포스트휴먼 시대의 음악교육이 어떻게 교육과정에 반영되고 있으며 앞으로 어떻게 발전될 것인지를 살펴보았다. 기술과 인간의 상호작용은 음악의 연주, 창작, 감상 방식을 새롭게 재구성하고 있으며, 음악교육의 미래를 확장하는 데 큰 기여를 하고 있다. 이러한 상호작용과 연계가 미래 음악교육과정에 음악적으로 의미 있게 잘 반영되어, 학생들이 창의적이고 감성적인 음악적 경험을 풍부히 할 수 있도록 해야 할 것이다.

제4장

음악교육의 비판적 성찰과 확장

음악은 개인과 공동체의 관계성을 기반으로 하는 소통의 도구로서 주관적 감성을 내포한 객관적 상징체계로 다양하게 발전해 왔다. 우리가 살아가는 사회도 점차 인간 중심의 절대적 가치를 벗어나, 실존과 비실존, 증명과 증명 불가, 과거와 미래를 포괄하는 광범위한 확장적 가치를 추구하게 되었다. 이러한 변화는 포스트모더니즘, 자연주의, 생태학, 관련주의, 연계와 융합 등 인간 삶의 다양한 가치 해석을 반영한 공동체 발전 방향에 대한 논의를 요구하게 되었다. 이 가운데 포스트휴머니즘 음악교육은 음악의 수용과 표현을 위한 올바른 가치관을 형성하고, 자기 주도적 음악 향유를 실천하는 성숙한 미래 인재 양성을 지향하고 있다.

더 나은 사회에 대한 갈망과 기대를 바탕으로, 과학과 음악의 연계는 더욱 다양하고 풍부한 음악적 이해, 지식, 감수성의 경험을 제공하게 되었다. 음악교육이 과학 발전을 수용하는 것은 음악교육 환경의 물질적 토대를 넓혀 교육의 가능성을 확대하게 되었다. 음악교육과 첨단 과학의 공존은 기술의 행위성과 능동성, 개발된 기술이 인간에게 끼치는 영향, 기술의 발전으로 변화될 미래에 대한 성찰 능력을 요구하고 있으며, 음악교육의 본질적 목적을 중심으로 하는 과학적 접근을 개방적이며 비판적으로 수용하는 자세를 필요로 하고 있다.

1. 디지털 기술의 개방적 · 비판적 수용

COVID-19 시기에 활성화된 디지털 기술은 음악교육 영역에 새로운 변화를 이끌었다. AI 작곡가 이봄(EvoM), 악기를 연주하는 로봇인 '드럼세트 연주로봇' '미니 오르간 연주로봇' '공명실로폰' '연주로봇' 등이 등장했으며, 바이올린 웨어러블 악기 '뮤직재킷(Musicjacket)' 등 새로운 형태의 학습 도구가 개발되었다. 또한 VR과 AR을 통해 시공간의 제약 없이 유명 오케스트라의 다양한 연주를 감상하고 가상 공간에서 합창 · 합주 연주회를 개최하게 되었다. 디지털 기술은 능동적 상호작용의 도구로서 음악교수학습 방법 및 교사-학생의 소통 방식을 더욱 변화시키고 있다. 디지털 네이티브(digital native)라 불리는 지금의 학생들은 디지털 매체를 활용하여 자기 생각과 느낌을 소리로 표현하고, 타인과 소통하는 것이 일상이 되었다. 이러한 변화 속에서 음악교육은 학생들의 음악 탐색과 자기 주도적 음악학습을 확장하고 있다.

소리로 생각하고 표현하는 다양한 음악 활동의 기회 제공을 위해 과학기술은 학생들이 디지털 매체를 활용하여 소리를 쉽게 포착하고 앱을 활용하여 소리를 조작할 수 있도록 하여 음악의 문턱을 낮추었다. 특히 가상 디지털 악기는 학생의 음악 활동 결과를 다양한 방법으로 기록할 수 있도록 하며, 교사가 청각적 · 시각적 동기부여나 모델링 자료를 효과적으로 제시할 수 있는 길을 제공해 주었다. 이러한 디지털 기술의 개방적 수용은 음악교육과 과학기술의 상호작용을 이해하고, 음악과 과학기술의 공존과 조화를 위한 고찰 능력을 필요로 하고 있다.

1) 음악교육과 과학기술의 개방적 수용

음악교육에서 기술의 활용은 창의성과 음악성을 향상하고, 맞춤형 학습 경험의 접근성과 포용성을 촉진할 수 있다. 또한 음악과 교육의 유연성과 다양성을 높이고, 온라인 리소스와 디지털 콘텐츠를 통해 교육과정을 혁신하게 된다. 음악과 과학기술의 상호작용의 긍정적이며 촉진적인 역할을 정리하면 〈표 4-1〉과 같다.

〈표 4-1〉 음악교육에서 과학기술의 공존에 따른 긍정적 역할

주요 측면		긍정적 역할
음악적 측면	음악성 향상	• 새로운 음악적 아이디어를 제공하는 등 음악적 창의성 증진 • 음악을 분석하고 시각화하여 음악의 구조와 개념을 더 잘 이해하도록 하는 전반적인 음악성 향상
교수학습적 측면	맞춤형 교육 실현	• 학습자의 학습 스타일과 속도에 맞춘 개인화된 학습 경로 제공 • 연주 등 음악 활동 시 즉각적 피드백을 제공하여 음악적 능력 향상
	몰입형 학습 경험	• VR과 AR 기술을 통해 몰입감 있는 학습 환경 제공 • MR 기술 통해 실시간 연습 및 공연하며 다양한 음악적 상황 경험
	접근성 및 포용성 증대	• 가상 악기나 디지털 도구 등을 통해 경제적 · 지리적 제약을 넘어 더 많은 음악학습 가능 • 특수 설계된 기계나 기술을 통해 장애가 있거나 학습이 느린 학생들을 지원 가능
	협력적 학습 및 글로벌 연결성 확대	• 다양한 배경의 학생들과 음악 활동을 하며 협력적 학습을 촉진 • 온라인 플랫폼을 통해 전 세계의 음악 및 음악가와 연결되고 글로벌 음악 문화를 경험
교육과정적 측면	교육과정의 유연성과 혁신	• 다양한 학습자의 맞춤형 교육으로 인해 교육과정의 운영 유연화 · 다양화 • 온라인 자원과 디지털 콘텐츠 등 다양한 교육 자료 제공으로 인한 교육과정의 혁신

포스트휴머니즘 시대의 AI와 알고리즘은 음악 창작의 기존 범위를 넘어선 새로운 창의적 가능성을 탐색하며 독창적인 음악적 아이디어를 제시한다. 작곡가에게 영감을 주는 차원을 넘어, 연주자와 교육자에게도 음악적 개념을 재구성하고 다각적으로 접근하는 새로운 방법을 제공한다. 음악가가 AI를 사용하여 새로운 음악적 표현을 탐구하고, 창작된 음악적 성과를 통해 음악 향유의 범위를 확장한다. 이러한 협업은 음악의 창의적 사고를 촉진하고 음악의 무한한 가능성을 탐구하게 한다.

포스트휴머니즘 시대에 접어들며 음악교육 분야에서도 과학기술의 역할이 전

례 없이 확장되고 있다. VR, AR, 모바일 앱 등의 첨단 과학도구는 학습자가 음악을 더 깊이 있게 이해하고 인지적 · 창의적 역량을 강화하는 데 이바지하고 있다. 이러한 기술은 학습 경험을 내면화하며 학생들이 다양한 시각에서 음악을 탐구할 수 있게 돕고, 교실 공간의 물리적 제약을 뛰어넘는 학습의 가능성을 열어 준다. 음악과 첨단 기술의 상호작용에 따른 음악교육의 예를 살펴보면 [그림 4-1]과 같다.

포스트휴머니즘 시대의 혁신적인 기술은 전통적인 교육 방식에 의존하지 않고 학습자들에게 맞춤형 음악 경험을 제공하여 개별적인 음악성을 개발할 수 있도록 한다(최은아, 2023). AI 교육 시스템은 학습자의 속도에 따라 음악을 학습하고 복잡한 음악적 아이디어의 실험과 구현을 가능하게 하여 깊이 있는 교육의 가능

• 포스트휴머니즘 교육에서 기술의 독창적 통합

• 악기 연주와 디지털 음원의 혁신적 협력

• MR을 통한 체험적 음악교육

• 디지털 협업 통한 음악 활동의 넓은 지평

[그림 4-1] **음악과 첨단 기술의 상호작용의 예**

출처: 생성형 AI로 구현된 이미지.

성을 증가시키고 있다. 가상 악기는 기존 악기의 한계를 넘는 새로운 창작 영역을 열어 주어 악기의 물리적 제약을 넘는 창의적 표현을 탐구하게 하고 있다. 디지털 악기는 음악적 창의력뿐만 아니라 MR, VR, AR을 활용하여 음악교육에 몰입감과 체험적 학습을 제공한다. 이는 학습자의 음악적 이해를 심화시키고, 음악적 개념을 새로운 상호작용적인 방식으로 시각화한다. 디지털 음악 수업은 교육의 범위를 넓히며, 기술적으로 향상된 실습으로 음악적 역량을 전반적으로 향상시키게 된다. 온라인 협업 플랫폼과 디지털 도구는 지리적 경계를 허물며 음악가들의 협업을 촉진한다. 이러한 기술은 창작 과정에서 창작자들이 아이디어를 교류하거나 결합하여 새로운 음악적 형태를 탄생시키는 데 이바지한다.

2) 음악과 과학기술의 공존 · 조화를 위한 비판적 고찰

포스트휴머니즘 시대를 맞이하여, 기계의 활용과 기술의 발달은 인간에게 무한한 긍정적 역할을 제공한다. 그러나 지나친 기술 의존은 예술적 자율성이나 감수성을 저하하며, 알고리즘의 편향성과 저작권 문제 등 윤리적 · 사회적 문제도 발생할 수 있다. 따라서 음악교육에서 기술을 통합할 때 이러한 문제들을 인식하고 균형 잡힌 접근이 필요하다(최은아, 2023). 음악과 연계된 과학기술의 공존과 조화에 대한 비판적 관점을 살펴보면 다음과 같다.

(1) 기술 적용의 신중한 접근

포스트휴머니즘 시대의 기술은 음악교육의 지평을 넓히는 데 신중한 접근이 요구된다. 기술을 무분별하게 수용하여 음악의 본질적 가치와 예술적 자율성을 훼손하는 위험에 대한 비판적 안목이 필요하다. 예를 들어, AI 작곡 프로그램은 창의적인 도구로 사용될 수 있지만 지나친 의존으로 음악적 아이디어를 개발하는 능력이 저해될 수 있다. 또한 이러한 기술이 모든 음악적 맥락에서 적절하게 사용되지 않는다면 음악의 감성적이고 인간적인 측면이 손상될 수 있다. 따라서 음악 교육자와 음악가는 예술의 가치와 교육의 목표를 고려하여 음악학습의 적절한 과학기술

적용 전략을 마련해야 할 필요성이 따른다. AI를 학습 보조 도구로 활용하여 학생들이 자신의 창의성을 극대화하도록 하며, 학습자의 음악성 향상에 긍정적인 영향을 미치도록 해야 한다.

(2) 기술 활용의 윤리와 가치 고려

음악교육에서 기술을 활용할 때 알고리즘의 편향성 및 저작권 문제와 같은 광범위한 윤리적·사회적 의미를 고려해야 한다. AI가 특정 문화나 음악 장르에 대한 편향된 데이터를 학습한다면, 음악적 다양성을 저해하는 결과물이 나오게 된다. 디지털 음악 제작 도구를 통한 인터넷 음악 샘플을 사용하는 경우, 창작 과정에서 저작권 침해의 위험이 나타날 수 있다. 이러한 윤리적 문제를 대비하기 위해 학생들에게 저작권법과 윤리적 사용에 대한 교육을 강화할 필요성이 있다. 또한 포스트휴머니즘 시대의 음악교육에서는 음악 문화의 사회적 가치와 문화적 다양성에 긍정적으로 이바지할 수 있는 구체적 방안 마련이 필요하다.

(3) 기술 발전과 음악교육의 조화로운 균형

발전된 과학기술의 반영은 음악교육에 혁신을 가져오게 되지만, 비판적 사고의 부재는 의미 있는 음악교육의 발전을 이끌어 내지 못한다. VR을 활용한 몰입형 음악교육은 학생들에게 새로운 경험을 제공할 수 있지만, 새로운 기술에만 의존한 음악적 경험은 단순한 방법적 변화에 그칠 수 있다. 과학기술 적용에 대한 비판적 인식을 통해 학습자의 창의성과 음악적 인지를 강화하고, 동시에 사회적·윤리적 문제에 대한 이해를 증진하는 균형을 추구해야 할 필요성이 있다. 예를 들어, 학생들에게 첨단 과학을 적용한 음악 프로젝트 활동을 진행하면서, 그 과정에서 발생하는 윤리적 문제와 해결 방안을 토론하게 하여 비판적 사고를 기르도록 해야 한다. 즉, 기술과 기계의 공존을 포용하는 포스트휴머니즘 교육에서 지속 가능한 기술 통합을 위한 윤리적 접근 방법이 필수적이다. 지금까지 살펴본 음악교육과 기계의 공존에 요구되는 비판적 고찰을 정리하면 〈표 4-2〉와 같다.

〈표 4-2〉 **음악교육에서 기계와의 공존에 따른 비판적 고찰**

주요 측면	비판적 고찰
감성 기반 신중한 접근 필요	• 무분별한 과학기술 수용에 따른 위험성 • 예술적 가치와 교육적 목표를 고려한 책임 있는 기술 사용 전략
윤리적 측면과 음악적 가치 고려	• 알고리즘 편향성, 저작권 문제 등의 윤리적 · 사회적 의미 • 저작권법과 윤리적 사용 교육 강화 • 여러 문화적 배경의 음악을 포함하는 다양성 촉진 방안
음악(교육)과의 조화로운 균형	• 기술 발전의 의미 있는 활용을 위한 비판적 사고의 중요성 • 창의성, 음악성, 사회적 · 윤리적 문제 이해의 균형 추구 • 기술을 활용한 음악 프로젝트나 윤리적 문제 토론을 통한 비판적 사고

2. 음악적 감수성 계발과 과학기술

포스트휴머니즘 시대에 인간과 인간 아닌 존재들의 상호의존적 관계 형성을 위해서는 감수성을 계발하고 공감 능력을 함양하는 것이 필수적이다. 미디어의 시대라 불리는 오늘날을 가리켜 '생체감각이 마비된 시대'라고 일컫기도 한다(강진숙, 장유정, 2012). 여기에는 기계로 인한 직접적 감각(생체감각)의 쇠퇴와 현존에 대한 거리감으로 모든 감각의 상실이 초래될 수 있다는 우려가 담겨 있다. 우리는 이미 COVID-19 동안 외부와의 단절과 소통 부재로 인해 자신과 타인의 감정뿐만 아니라 사회 현상 전반에 대한 감각이 무뎌질 수 있음을 경험했다. 이런 상황에서 감수성 계발을 위한 심미적 음악 경험은 음악교육의 본질적 가치를 더욱 중요하게 드러낸다. 듀이(Dewey, 1934)가 '미적(aesthetic)' 상태의 반대를 '무감각, 마비(anaesthetic)' 상태로 제시한 것은 심미적 경험의 핵심을 잘 나타낸다.

인간의 심미적 경험은 생생한 감각을 통해 음악의 아름다움을 직접적으로 인식하고 상상력과 공감으로 이어진다. 인간은 음악에 대한 심미적 경험을 통해 무뎌진 감각을 개발하고 대상에 몰입하며 성찰하는 가운데 심미성을 발현할 수 있다. 심미적 음악 경험을 통해 생생한 감각을 일깨우는 것은 자신의 실존적 고유 영역을 자각하는 것으로, 외부 세계의 다른 존재와 관계를 맺기 위한 전제이자 사회적 연대를 위한 토대가 된다. 맥신 그린(Maxine Greene)은 심미적 교육이란 자기 자신과 자신을 둘러싼 세계를 발견하고, 이 둘 사이의 연결성에 초점을 맞추는 것으로서 인지적 · 지각적 · 정서적이면서 상상력과 공감에 기초하고 있는 것으로 보았다. 이러한 심미적 접근은 학교를 교육적이고 활기찬 장소로 만든다고 하였다.

> 예술은 우리가 맞닥뜨린 두려운 사회 문제를 해결해 주지는 않습니다. …… 그렇지만 예술은 우리가 무엇을 보고 듣는지에 대한 대안의 감각을 제공합니다. 어떻게 참여하는지를 배움으로써 가능성의 의식을 고양할 것입니다. …… 사람들이 열린 공간으로 나아가도록 해방되고 진정으로 현재의 자신이 아닌 더 나은 다른 무엇으로 변할 수 있다는 감각을 개발함으로써 변화가 시작될 것입니다(Greene, 2011, pp. 97-98).

이와 같이, 포스트휴머니즘 시대에 음악의 본질적 가치는 심미적 경험을 통해 자신의 내면을 직시하여 타자와 공감할 수 있도록 하는 데 있다. 심미적 음악 경험의 핵심은 감각과 감수성의 계발을 통해 자기 자신과 자신을 둘러싼 세계를 발견하고, 상상력과 공감을 통해 연결성을 자각하도록 돕는 것이다. 음악을 통해 학생들이 공동체와 연결되면서 보다 협력적 · 소통적이 이루어지도록 해야 한다. 디지털 매체와 기술의 발전이 이미 음악교수학습 방식에 큰 비중을 차지하고 있는 상황에서 개인과 다수가 함께하는 음악 활동은 상호 간 음악 에너지 연계를 통해 심미적 감각을 회복할 수 있다. 따라서 과학기술이 적극적으로 활용되는 포스트휴머니즘 시대의 음악적 감수성 계발은 과학기술을 통한 연결성을 확장으로 음악 활동을 하는 모든 존재가 행위자, 주체로서 상호작용하여 심미적 음악 경험을 강화해야 할 것이다.

3. 음악교육의 연계적 확장

포스트휴머니즘 시대의 음악교육에 반영되어야 할 변화의 방향은 다음과 같은 특징을 갖는다. 다양한 매체를 통한 시대와 사회 문화에 대한 성찰 능력, 디지털 발달에 따른 사회적 미적 인식의 변화와 이에 기반한 음악교육의 사회적 요구 파악 능력, 새로운 과학기술 발달에 따른 음악적 감수성의 새로운 음악적 표현 방식과 수용 능력이 필요하다. 또한 사회적 발달에 따른 교육의 요구와 예술적 표현 방식의 올바른 수용 자세, 공동체 음악 발전을 위한 다양한 감수성 표현의 창작 능력이 요구된다.

이와 같은 맥락에서 음악교육은 음악교육의 기초적인 지식, 기능, 태도를 통합하여 구현하며, 각 분류에 해당하는 요소들을 분리하고 연계하며 음악교육의 실천적 발전을 위한 구체적인 실천이 필요하다. 포스트휴머니즘 관점에 따른 음악교육의 새로운 시도는 음악교육의 근본적인 특징을 근간으로 하며, 새로운 변화를 포괄적이고 개방적으로 받아들이는 자세를 요구한다. 이러한 자세는 미래 음악교육이 다양한 사회적 변화에 적응할 수 있는 탄력적이고 유연한 영역 확장을 동반한다.

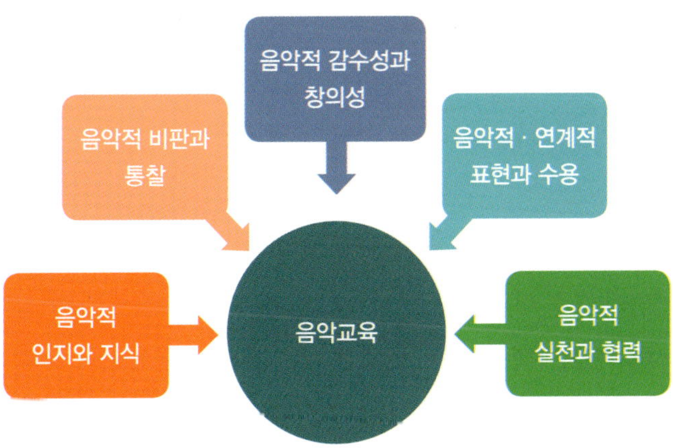

[그림 4-2] 포스트휴머니즘 시대의 음악교육에 요구되는 주요 특징

학습자는 새로운 과학적 매체와 기술을 활용하여 새로운 시도에 대한 비판적 사고 능력을 강화하고 자기 발전을 위한 음악적 창의성을 탐구할 수 있어야 한다. 음악의 개인적 · 사회적 기능과 역할을 이해하고 다문화 · 다가치 · 다관점의 음악을 경험하고 실천하는 것이 필요하다. 이러한 과정에서 학습자는 새로운 기술을 융합하는 자율적 자기 표현 능력이 요구되며, 새로운 변화를 적용하여 자기 주도적 문제 해결 능력을 발전시키는 소통 중심의 협업의 경험이 필요하다. 학습자는 지속적인 아이디어를 생산하고 공유하며 이를 적용하는 숙고와 반성적 사고의 기회를 얻음으로써, 올바른 자기 인식과 가치 판단을 통해 음악의 표현 과정에서 자신의 감정과 생각을 표현하고 발전시키게 된다.

1) 실천적 음악교육과 포스트휴머니즘

데이비드 엘리엇(Elliott, 1995)은 실천주의 음악교육(praxial music education)을 통해 다양한 음악의 연계성을 상호적 · 상황적 · 시간적 · 관계적으로 파악하여 음악의 공통성과 다양성을 이해하는 맥락주의(contextualism)적 음악교육을 발전시켰다. 이것은 음악과 음악교육을 이해하고 실행하는 데 포스트휴머니즘적 관점에 기반한 음악과 문화에 대한 해석이 바탕을 이루고 있다. 엘리엇은 음악과 관련된 모든 요소의 가치와 중요성을 인정하고, 음악의 창작, 연주, 감상 과정을 음악의 주체와 공동체가 함께 상호작용하는 공감적 문화 형성으로 보았다. 엘리엇은 음악이란 인간의 사회적 · 문화적 산물이며, 인간의 창의적 · 즉흥적 · 감성적 · 사유적 특징이 음악이라는 사회적 도구를 통해 표현된다고 하였다. 즉, 음악을 만든다는 것은 음악을 만드는 주체의 개별적 · 사회적 · 문화적 · 역사적 · 공동체적 특성의 지속적이며 유기적인 상호작용의 결과라고 강조하였다.

엘리엇의 '인간다움'이란 포스트휴머니즘적 관점에서 인간이 살아가는 사회적 · 공동체적 환경에서 인간 이외의 다른 요소들의 상호맥락적 관계에 미치는 영향을 이해하고, 각 요소의 중요성과 의미를 인지하고 이해함으로써 효과적인 음악의 이해와 향유가 이루어질 수 있다고 보았다. 엘리엇은 음악 행위를 실행하는 인간을 개별적 존재가 아닌 공동체를 구성하고 있는 타인과 상호작용의 문화적 · 사회적 · 총체적인 존재로 간주하였으며, 이러한 인간의 모습을 '인간다움'으로 간주하고 개인과 타인의 지속적인 상호작용이 필요하다고 보았다. 이러한 지속적인 관계 속에서 인간의 신체, 인지, 정서는 자신이 살아가고 있는 세상, 환경, 맥락과 분리될 수 없으며, 사회적 존재로서의 인간은 타인과의 관계 속에서 '인간나움'을 발현하게 된다고 하였다(최은식, 2021). 엘리엇의 실험적 음악교육의 관점에서 음악은 창작, 표현, 수용되는 다양한 요소와 지속적인 상호작용의 과정적 결과물이며, 창의성을 발휘하는 토대가 되는 것이다.

2) 예술 시민성과 포스트휴머니즘

앞서 언급했듯이, 포스트휴머니즘 시대에는 윤리적이며 책임감 있는 시민성의 함양이 더욱 강조되며, 이러한 맥락에서 엘리엇이 제안한 예술 시민성(artistic citizenship)의 개념은 중요한 시사점을 제공한다. 예술 시민성은 예술을 통해 우리가 살아가는 지역, 공동체, 사회, 세계의 다양한 현상과 변화를 예술적 수단을 통해 표현하고 공감하며, 예술을 통해 개인과 함께 살아가는 공동체 구성원들의 현재와 미래를 풍요롭게 만들어 가는 적극적인 참여를 의미한다. 또한 사회 구성원들이 서로 다른 환경, 이해, 지식, 정서, 성찰, 사회적 위치, 전문성, 판단력, 감수성을 각자 선택한 예술적 표현 도구를 활용하여, 급속히 발전하는 매체와 디지털 문화의 적용과 활용을 포함한다. 이러한 예술 시민성은 구성원들이 다양한 매체의 활용으로 공동체에 대한 인식을 전환하고, 예술적 감수성을 구체적인 예술 활동으로 표현하며, 타인과 공유하는 모든 과정과 결과를 포괄한다. 다시 말하면, 예술 시민성은 올바른 시민성에 대한 이해를 함양하고 개인과 공동체 예술 활동의 수용과 표현 활동을 실천하며, 다양한 문화와 예술 작품을 상상, 계획, 토의, 실천, 완성, 비평하는 반성적 사고의 과정과 공동체의 변화를 이끌어 가는 예술적 상호작용이다.

예술 시민성은 예술을 실천하기 위한 예술의 수용과 향유에 요구되는 예술적 행위로서 성숙한 시민의 실재적인 의무와 책임을 다하는 것이다. 또한 예술 시민성을 갖춘 시민은 '사람들을 모으고, 공동체 안녕을 강화하고, 인간 번영을 위해 예술 행동에 헌신적으로 관여하는 사람'을 의미한다(Elliott et al., 2016). 따라서 포스트휴머니즘에 기반한 예술 시민성은 친사회적이고 책임 있는 행동 방식과 다양성을 포괄적으로 수용하고 융합하는 개방적 자세를 의미한다. 이러한 예술 시민성은 다양한 매체·문화교육 방식·예술교육 방법을 예술 활동에 적용하고 실천으로 발현된다.

예술 시민성은 예술의 자율성, 독립성, 주관성, 개별성에 대한 이해를 바탕으로 과학기술 발전으로 인한 사회적 변화를 수용하는 미래 지향적 시민을 육성하는 시민성이다. 예술 시민성을 갖는다는 것은 예술의 자율성, 독립성, 주관성, 개별성에 대한 이해를 바탕으로 개인과 사회에 대한 이해와 미래 사회 개선의 실천적 의지를 갖는 것을 의미한다. 이러한 의지의 실천은 문화적 이해와 성숙한 시민으로서 공동체와 소통을 강화하며 과학기술을 통해 타인의 예술적 표현의 가치와 감수성을 공유하고 서로 다른 의견과 경험을 공유하며 협력하는 것이다. 과학기술을 활용한 예술 활동은 현실적 비용과 시간의 절약으로 개인과 공동체의 예술적 융합과 발전을 촉진하고 상호작용을 강화하여, 예술 활동이 존중되고 소통이 강화되는 예술의 발전을 이끌게 된다.

3) 지속 가능 발전 음악교육과 포스트휴머니즘

지속 가능 발전 교육(sustainable development education)은 우리가 살아가는 세계의 상호적이며 지속적인 발전을 이루기 위한 교육으로서 앞서 논의한 인간 중심의 세계관에서 벗어나, 우리와 우리 주변에 있는 물질과 요인을 포함하는 관념, 이해, 지식, 기능, 태도, 가치, 실천을 생태적인 맥락에서 인식하고 이를 강화하여 생활에서 실천하도록 하는 미래지향적 교육이다. 음악교육에서 지속 가능 발전 교육은 인간이 개인으로, 공동체의 구성원으로 살아가는 데 접하는 사회적 환경, 사회, 정치, 경제, 문화의 변화와 발전 속에서 더욱 풍요롭고 가치 있는 삶을 살아갈 수 있도록 음악을 통한 지속 가능한 변화의 수용과 적응 및 변화에 적절한 음악적 표현과 수용의 실천 방법을 익히도록 하는 것이다.

'2030 지속 가능한 발전 목표(The 2030 Agenda for Sustainable Development)' 목표는 포스트휴머니즘의 관점에서 음악교육이 미래의 인재들을 교육하는 데 추구해야 할 가치, 내용, 태도가 포함되어 있다. 목표 중 사회 발전 영역으로, 1. 빈곤퇴치, 2. 기아종식, 3. 건강과 웰빙, 4. 양질의 교육, 5. 성평등, 6. 깨끗한 물과 위생, 경제발전 영역인 8. 양질의 일자리와 경제성장, 9. 산업 · 혁신 · 사회기반시설, 10. 불평등 감소, 11. 지속 가능한 도시와 공동체가 있다. 생태계 보호를 위한 영역으로는, 7. 모두를 위한 깨끗한 에너지, 12. 지속 가능한 생산과 소비, 13. 기후변화와 대응, 14. 해양생태계 보존, 15. 육상생태계 보호가 있다. 지속 가능 발전 목표를 달성하기 위한 전제 조건 및 방법으로는 16. 정의롭고, 평화로우며 효과적인 제도 구축, 17. 목표를 달성하기 위한 전 지구적인 협력 필요를 포함한다.

지속 가능 발전 교육은 인류가 살아가는 데 요구되는 모든 주변 요소를 통합적으로 접근하고 이해하며 실천하는 접근 방식으로 여기에는 포스트휴머니즘 관점

[그림 4-3] 2015년 UN이 선정한 지속 가능한 발전 목표(SDGs)

출처: UN Department of Economic and Social Affairs Sustainable Development(https://www.un.org/sustainabledevelopment/news/communications-material/).

에서 사회적 · 생태적 · 과학적 측면을 고려하게 된다. 지속 가능 발전 교육에서 과학적 접근은 과학에만 한정되는 개념이 아니라 그와 관련된 내용과 요소들을 종합적으로 학습하고 관련성을 이해하고 지식을 쌓으면서 음악, 문화와 사회, 지역과 공동체 등을 포괄해야 한다. 이러한 다양한 주제의 학습은 학교를 비롯한 다양한 사회 구성원의 역할과 상호협력 방법을 통합적으로 학습하고 경험하며 실천하는 것을 요구한다.

포스트휴머니즘 관점에서 볼 때, 음악교육은 다양한 음악의 문화적 배경에 포함된 매체와 도구들을 이해하고 활용하여 지속 가능 발전 교육에 접근할 수 있다. 음악교육은 음악에 반영된 포스트휴머니즘적 관점과 접근 방식을 활용하여 매체와 과학을 활용한 사회적 음악 활동 참여, 사회적 봉사활동 및 캠페인 활동, 음악 프로그램 구성 등 다양한 활동을 실천할 수 있다. 또한 지역, 자연, 환경을 주제로 음원 및 음악 공연을 통해 학교, 지역, 주민들이 함께하는 지속 가능 발전을 촉진하는 인식의 변화를 이룰 수 있다. 디지털 기술과 온라인 플랫폼을 활용하여 학생들이 좀 더 깊게 지속 가능한 발전의 필요성을 이해하도록 하며, 학생들의 창의적이고 비판적인 음악적 사고와 실천 능력을 키우도록 한다.

음악은 개인과 공동체를 바탕으로 발전되며 공동체 안에서 다양한 구성원과 관계를 맺는다. 우리가 살아가는 공동체의 범위에 인간뿐만 아니라 과학기술을 포함하는 적극적이고 포괄적인 관점, 즉 포스트휴머니즘 관점에서 지속 가능 발전 교육이 실행되어야 할 것이다.

제2부

테크놀로지, 음악교육의 영역을 확장하다

권수미 · 김경태 · 김경화 · 윤관기
오한나 · 정윤정 · 박은경 · 이선미

제5장

AI와 음악

AI의 급속한 발전은 동시대 음악 산업의 변화를 가속화하고 있으며, AI의 문제해결 방식은 음악적 사고과정에 영향을 주고 있다. 이러한 시대적 흐름 가운데, AI는 특히 음악교육의 맥락에서 교수학습 방법의 다양화를 촉진하고 음악교육의 방향과 교사 역할에 관한 핵심적 논의에까지 영향을 주고 있다. 또한 AI를 활용한 기술과 그에 따른 다양한 창작물은 저작권과 관련한 윤리적 문제를 내포하게 되었다. 이 장에서는 음악 산업, 음악적 사고, 음악교육, 윤리의 네 가지 차원에서 AI와 음악의 핵심 내용들을 풀어내고자 한다.

1. AI와 음악 산업

음악은 오랜 시간 동안 인간의 사고를 소리로 표현하는 가장 전통적인 형태의 예술로 간주되어 왔다. 하지만 이미 오래전부터 테크놀로지의 발전은 음악 창작, 음악 산업 및 음악교육의 성장과 함께해 왔다. 이 절에서는 제1차부터 제4차에 이르는 산업혁명이 음악 산업에 미친 영향을 살펴보고, 우리 사회에 펼쳐지고 있는 AI의 발전에 따른 음악교육의 변화를 예측하고자 한다.

1) 제1차 산업혁명과 음악 산업

18세기 중반에 시작된 제1차 산업혁명은 증기기관을 중심으로 한 기계화의 발전으로, 농업이나 수공업 중심 생산 방식에서 공장을 설립하고 대량 생산을 추구하는 시대로의 전환을 의미한다. 동시대 음악계를 살펴보면, 1700년경에서 1720년경 이탈리아의 바르톨로메오 크리스토포리(Bartolomeo Cristofori)가 발명한 피아노포르테는 1790년대에 이르러 하프시코드의 한계를 넘어선 음량과 음역을 갖춘 현대 피아노로 발전하게 된다([그림 5-1]).

때마침 프랑스혁명과 산업혁명이 일어나면서 사회적으로 권력과 생산수단을 획득한 부르주아 계층은 자신들의 문화적 수준을 상징하는 아이콘으로 피아노와 고전음악을 애호하였다([그림 5-2]). 제1차 산업혁명의 자본주의 재정적 기반이 귀족사회에서 시민사회로 전이가 이루어지며 시민들의 경제적 · 문화적 활동에 영향을 주기 시작하였다. 시민들이 얻는 경제적 자유는 사회적 지위 상승에 중요한 역할을 하며, 이로 인해 가정 내 문화적 활동도 점점 더 풍부해졌다.

[그림 5-1] **크리스토포리가 만든 피아노**

1720년에 만들어진 이 피아노는 그가 만든 피아노 중 남아 있는 가장 오래된 것이다.

출처: 미국 메트로폴리탄 박물관 소장.

[그림 5-2] **피아노 치는 소녀들**

출처: Le noir (1875), 오르세 미술관 소장.

당시 제1차 산업혁명과 맞물려 기계를 이용한 기술 발전은 악기 제조 산업의 혁신으로 이어지게 되었고, 특히 피아노 생산의 증대는 시민들이 가정에서도 피아노를 연주하며 음악 활동을 할 수 있도록 이끌어 주었다. 당시 그랜드피아노는 연간 5만 대 이상이 판매되었다고 한다(권오성, 2017). 음악계에서도 성악 중심의 바로크 시대를 지나고 고전 시대로 접어들면서 피아노를 포함한 다양한 기악 음악의 창작과 연주가 음악사의 발전에 기여하게 되었다. 이는 악기 제작 기술의 발전에 따른 결과물이다.

2) 제2차 산업혁명과 음악 산업

19세기 중후반부터 20세기 초까지 약 70~80년 동안 진행된 제2차 산업혁명은 전기의 도입을 통한 대량생산체제로의 전환을 의미한다. 전기는 공장의 자동화를 가능하게 하여 다양한 제품의 대량 생산을 이끌었을 뿐만 아니라 영화, 라디오, 그리고 축음기 등의 발전을 촉진하였다. 특히 전기기술의 발전은 음악계에도 큰 영향을 미쳤는데, 이 중에서도 가장 대표적인 것이 소리를 녹음하고 재생하는 축음기의 발명이다. 1877년에 토머스 에디슨(Thomas Edison)이 개발한 최초의 축음기인 포노그래프(phonograph)는 처음에는 음악을 위한 장치가 아니었지만, 원반이나 원통에 음악을 녹음하고 재생할 수 있는 장치로 발전하였다([그림 5-3]).

그 후 이 소리를 담는 기술로 음악 재생이 가능해졌고 이는 음악 산업으로 발전하게 되었다. 녹음 기술의 발전으로 연주자의 스튜디오나 공연장에서의 녹음이 늘어나고, 라디오를 비롯한 다양한 재생 매체가 등장함에 따라 어디서든 음악을 감상할 수 있는 시대가 열린 것이다. 연주 그 자체를 물질적 대상(음반)에 기록한 후 재생하여 음악을 감상할 수 있게 한 획기적인 기술은 근대적 음악 감상의 패러다임을 크게 변화시켰다.

[그림 5-3] 축음기

3) 제3차 산업혁명과 음악 산업

제3차 산업혁명은 1960년대 초반 이후, 컴퓨터와 인터넷을 중심으로 한 지식정보혁명을 일컫는다. 그 시작은 1946년 최초의 컴퓨터인 에니악(ENIAC)의 개발과 함께 등장한 반도체 기술에 기인한다. 이후 애플과 IBM이 개발한 개인용 컴퓨터가 대중화되고, 20세기 후반에 들어와 통신기술과 컴퓨터기술이 결합된 정보기술(Information Technology: IT)이 등장하면서 제3차 산업혁명이 가시화되었다. 과거에는 주로 책과 신문을 통한 정보 전달이 주를 이루었으나, ICT의 진보로 인해 세계 각지의 소식이 실시간으로 컴퓨터와 인터넷을 통해 가정으로 전달되기 시작한 것이다.

20세기 후반에 들어서면서 제3차 산업의 성장에 따라 서비스 산업이 부상하게 되었고, 사람과 자본, 상품, 서비스, 노동이 장벽 없이 유통되는 시대가 열리며 음악 산업 또한 다양한 변화를 겪었다(김주은, 2019). 축음기 발명 후 음반을 통해 전달되던 음악은 1981년 8월 1일 미국에서 음악전문 TV 채널인 MTV의 개국과 함께 시청각 매체로서의 생산과 소비산업으로 전환되기 시작했다. 청각 예술인 음악이 보고 듣는 음악 산업으로 전환하기 시작한 것이다.

더 나아가 1983년에는 표준화된 MIDI(Musical Instrument Digital Interface)의 도입은 컴퓨터와 악기 간의 언어 통로를 열어 음악 산업의 변화를 가속화하였다. 특히 대중음악 산업에서는 샘플러, 디지털 신디사이저, 그리고 다양한 DAW의 확산으로 인해 고가의 악기나 스튜디오 장비 없이도 고품질의 음악을 제작할 수 있게 되었다. 정규음악교육을 받은 사람들의 전유물로 여겨지던 음악 창작의 기회가 더 많은 사람에게 주어지게 된 것이다. 이는 누구나 쉽게 음악을 제작할 수 있게 하여 음악 산업의 활성화에 기여하였으며, 음악교육 현장에서도 음악 창작 교육 도구의 변화를 촉진하였다([그림 5-4]).

하지만 가상 악기를 활용한 음악 제작은 음악 산업에 이로운 면뿐만 아니라 해로운 면도 함께 수반되었다. 전통적인 음악 제작 방식은 작곡가가 곡을 쓰고 연주자가 연주하는 분업 구조를 가짐으로써 각자의 고유한 역할을 인정하며 발전해 왔다. 하지만 가상 악기를 활용한 경우 대부분의 작업이 DAW에서 프로그래머에 의해 작곡, 편곡, MIDI 작업, 믹싱, 마스터링이 이루어지므로 실제 연주자들의 일자리가 크게 감소한다. 인간의 전문 영역이라고 여겨졌던 음악 창작 분야에 테크놀로지가 본격적으로 도입됨으로써 예술과 기술 사이에서 음악 산업이 새롭게 구조화되기 시작하였다.

[그림 5-4] MIDI와 DAW의 도입에 따른 음악 제작 환경
출처: 생성형 AI로 구현된 이미지.

또한 인터넷의 발전으로, 음악의 제작과 감상에 있어서도 점차적으로 인터넷 기반의 음원 스트리밍 서비스가 대안으로 자리매김하고 있다. 이러한 변화는 음악 감상을 위해 음악회장에 찾아가거나 음반을 구매할 필요 없이 인터넷을 통해 손쉽게 음악을 즐길 수 있게 되었음을 의미한다. 이 점은 감상자에게 많은 혜택을 제공하며 긍정적으로 평가받고 있다.

하지만 음원 불법 다운로드 및 플랫폼 기반의 서비스인 멜론, M.net, Apple Music 등이 저렴한 요금으로 무제한 음악 감상을 제공하면서 창작자에 대한 대우와 음악 콘텐츠에 대한 가치가 저하되는 결과가 발생하였다. 이러한 현상은 음악이 무료로 제공되는 것에 관한 부정적 인식을 증폭시키게 된다. 결국 테크놀로지의 발전은 감상자에게 많은 혜택을 주었지만, 창작자 및 제작자에게는 부정적인 결과를 초래한 것으로 평가받고 있다(장민호, 2017).

4) 제4차 산업혁명과 음악 산업

제4차 산업혁명은 AI를 통해 자동화와 연결성이 극대화되는 산업 환경의 변화를 지칭한다. 이 개념은 2016년 1월 20일 스위스 다보스에서 개최된 세계경제포럼에서 처음 언급되었으며, 학자들이 서로 다른 키워드를 제시했지만, 대체로 빅데이터, AI, 로봇공학, 사물인터넷, 무인항공기, 3차원 인쇄, 나노기술 등의 분야에서의 기술혁신을 이야기한다. 우리나라의 경우, 과학기술정보통신부는 대한민국에서 2024년부터 복지, 건강, 보육·교육뿐만 아니라 전문직, 농어민, 소상공인, 그리고 공공서비스와 국민 안전 행정 업무까지 일상생활 전반에 걸쳐 AI를 적용한다고 발표하였다.

AI와 사물인터넷에 의해 산업 간의 경계가 허물어지는 현상은 음악 산업에서도 예외가 아니다. 장민호(2017)는 제4차 산업혁명이 음악 제작 분야에 미치는 영향 중에서 'AI의 어쿠스틱 악기와 연주자 대체 현상'이 가장 주목할 만하다고 지적한다. 이미 가상 악기와 DAW를 통해 프로그래머가 작곡, 편곡, MIDI 작업, 믹싱, 마스터링 등을 대부분 수행하고 있는 상황에서, 빅데이터와 AI의 도움으로 음원 샘플 라이브러리를 활용한 음악 제작이 더욱 빠르게 이루어질 수 있다는 점이다. 이는 결국 인간의 고유한 창작 영역으로 여겨졌던 분야까지도 AI가 개입하여, 사운드 엔지니어링 및 작곡, 편곡 분야에서 인간을 대체할 수 있다는 것이다. 생성형 AI는 음악 영역뿐만 아니라 미술과 문학 영역에 이르기까지 범세계적으로 확장되고 있으며, AI로 만들어진 작품들이 그 예술적 창의성을 인정받고 있다. 실제로 미국 저작권청(USCO)은 AI 생성 작품에 사람의 창의성 요소가 개입된 경우, 그 저작권을 인정한다고 밝혔다(남혁우, 2023).

AI는 예술 활동의 범위를 넓혀 이제 작·편곡 영역을 넘어 연주 영역까지 이르고 있다. 지난 2016년 국내에서 이탈리아 피아니스트 로베르토 프로세다(Roberto Prosseda)는 AI 로봇 피아니스트 테오트로니코(Teotro-nico)와 피아노 연주 시합을 벌이기도 하였으며([그림 5-5]), 최근 구글은 음악을 연주하는 '피아노 봇 AI 듀엣'을 개발하였다(Wilson, 2017. 02. 17.). AI 듀엣은 사람이 연주한 음악을 컴퓨터 키보드를 통해 입력받은 후, 딥러닝(deep learning)을 활용하여 연주 기술을 학습하고, 멜로디와 리듬 패턴을 파악한 다음 스스로 멜로디를 생성할 수 있다. 사람이 먼저 멜로디를 연주하면, 그에 맞춰 AI가 듀엣으로 멜로디를 창작하는 방식이다(IT 조선, 2017. 02. 17.)

[그림 5-5] 인간과 로봇의 피아노 배틀

출처: 연합뉴스(2016. 05. 16.).

AI 로봇 피아니스트가 아무리 방대한 레퍼토리의 악곡들을 정확하게 연주할 수 있다 하여도, 아직 인간 피아니스트의 감성적 연주를 따라올 수 없는 것이 사실이다. 하지만 AI와 딥러닝을 활용한 테크놀로지의 발전으로 인해 2045년경에는 전 인류의 지적 능력보다 뛰어난 초지능 시스템이 등장할 것으로 예상되어(Kurzweil, 2005) 인간의 감정과 사상을 소리로 표현하는 예술인 음악의 본질에 얼마나 근접할 수 있을지, 기대와 우려가 공존하는 것도 사실이다.

250여 년 전, 제1차 산업혁명으로 경공업이 등장하고, 제2차 산업혁명으로 중공업이 확대되었으며 제3차 산업혁명을 통해 정보통신 산업이 부흥하게 되었다면, 제4차 산업혁명으로는 과학기술 간의 경계, 실재와 VR의 경계, 기계와 생명의 경계가 무너지는 세상이 되었다(조헌국, 2017). 특히 과거의 혁신은 현 시장을 유지하면서 이루어지는 지속적 혁신이지만 미래의 혁신은 파괴적 혁신일 것으로 예측된다(Downes & Nunes, 2014). AI와 로봇의 발달은 결국 인간을 노동에서 해방시켜 줄 것이라는 장밋빛 기대와 함께, AI와 로봇으로 인해 인간의 일자리와 인간성이 위기에 처할 것이라는 부정적 전망이 공존하고 있기 때문이다(차두원, 김서현, 2016; Westlake, 2014).

앞에서도 살펴보았듯이([그림 5-5] 참조), 산업혁명에 따른 음악 산업의 변화도 피할 수 없는 현실이다. 단지 음악을 창작하고 생산하는 시스템의 변화뿐만 아니라, 음악 산업의 일자리와 음악교육에도 변화를 가져올 것으로 예측된다. 오랫동안 인간의 감정과 사상을 소리로 담아낸 산물이 음악이라고 믿어 온 우리가, AI가 사고하고 창작 · 연주하는 음악을 어떻게 받아들일지가 새로운 과제로 떠오른다.

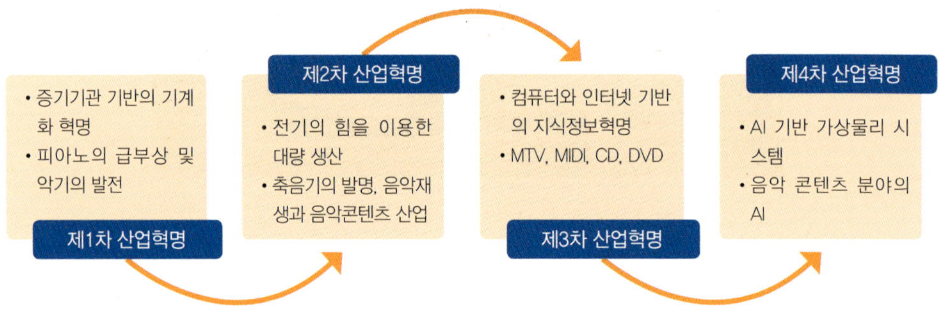

[그림 5-6] 산업혁명에 따른 음악계의 역사적 흐름과 변화

2. AI와 음악적 사고

이렇게 기술이 발전하며 AI는 어느새 우리 삶 가까이 다가왔다. 이 절에서는 AI의 발전과정과 문제 해결 방식에 대해 살펴보며, 이를 통해 AI를 깊이 이해하고자 한다. 또한 AI의 사고과정은 음악적 사고과정과 어떤 점에서 유사한지, 이를 음악교육에 어떻게 적용할 수 있는지도 알아보고자 한다.

1) AI의 발전

사용자의 성향을 파악하여 관심 콘텐츠를 제공하는 영상 플랫폼과 음악 스트리밍 서비스, 이전에 구매한 내역을 분석해 사용자가 관심 가질 만한 상품을 소개하는 온라인 쇼핑몰, 지역마다 소비자의 소비 성향을 분석하여 물류창고에 미리 상품을 준비해 두는 새벽 배송 업체, 목적지까지 가는 최적의 방법은 물론 사용자 맞춤형으로 목적지 근처 맛집과 숙박 등의 정보를 제공해 주는 앱 등 우리의 편의를 위해 사용하는 이 서비스들의 공통점은 AI를 기반으로 한다는 것이다. 이렇듯 어느덧 우리는 자연스럽게 AI와 공존하는 삶을 살고 있다.

이러한 AI의 시작은 1956년으로 거슬러 올라간다. 미국 다트머스 회의에서 AI가라는 용어를 처음 발표하였는데, 인간과 같이 기계가 스스로 학습하고 성장할 수 있는지에 대한 논의가 진행되었다. 1970년대까지 여러 대학에서 AI 개발을 위한 연구를 진행했지만, 당시 과학자들이 사용하고 있는 컴퓨터의 성능 한계와 데이터 부족 등의 이유로 기대만큼의 성과를 만들지는 못했다.

과학기술의 발달로 1980년대에 다시 AI 연구에 관한 관심이 높아졌으며 사람이 지정해 준 정보를 활용하여 컴퓨터 스스로 규칙을 이해하고 자동화하는, 이전 시대보다는 높은 수준의 '전문가 시스템'이 개발되었다. 특정 분야에서 활용할 수 있는 AI 개발 및 활용이라는 성과가 있었으나 광대한 데이터를 활용하여 스스로 학습하고 성장하는 AI는 만날 수 없었다.

1990년대 이후에는 ICT와 컴퓨터 기술이 급격히 발전하면서 그 어느 때보다 AI 연구가 활발하게 진행되었다. 인간의 명령과 규칙 없이 컴퓨터가 스스로 웹상에 있는 데이터를 수집하여 학습하고 분석한 뒤 적용하는 머신러닝(machine learning)을 통해 막강한 능력을 갖추게 되었다. 인터넷을 통해 엄청난 양의 정보가 쌓이게 되었고(지금 이 순간에도 상상할 수 없는 양의 데이터가 쌓이고 있다), 스마트기기, 사물인터넷, 슈퍼컴퓨터의 활용을 통해 스스로 자료를 수집하고 분석해 추출하는 딥러닝이 가능한 AI로 발전하였다.

네덜란드 바헤닝언대학교는 '전업 농부와 AI 중 누가 더 농사를 잘 지을까?'에 대한 질문으로 AI 스마트팜 대회를 개최하고 있다. 2018년에 시작된 이 대회는 오이, 방울토마토, 상추 등의 작물 재배를 주제로 진행하였는데 AI를 활용하는 팀과 전업 농부에게 같은 환경의 온실을 제공하였다. AI 활용 팀은 대회가 시작되면 온실에 직접 들어갈 수 없고 온실 밖에서 시스템을 제어해야 한다는 규칙 때문에 고도화된 AI 시스템 시설을 대회 전 미리 설치한다. 반면에 전업 농부는 직접 농사를 짓게 되는데 농부의 작물 재배 결과는 AI를 통한 농사의 결과의 대조군으로 활용된다. 첫 대회에는 한 팀만이 농부의 결과물을 능가하는 결과를 보인 반면, 두 번째 대회는 참가한 5개의 팀 모두가 농부의 결과물을 능가하였다. 딥러닝으로 수천 번 농사 경험을 한 AI의 경험이 평생 농사를 지은 전업 농부의 경험치보다 높았기 때문이다. 이 사건은 딥러닝을 통해 수천 번의 대국을 경험한 알파고가 이세돌 구단과의 대국에서 이긴 사건과 함께 딥러닝이 무엇인지 이해할 수 있는 예시라 할 수 있다.

이렇듯 무한한 정보를 생산하고 저장하며 활용할 수 있는 ICT의 발전과 빠른 정보처리 속도가 가능한 컴퓨터 기술이 만나, AI 기술은 지금의 모습까지 발전되었다. 오늘날 AI는 우리 삶의 거의 모든 측면에 스며들어 있다. 의료 분야에서 AI는 진단과 맞춤형 의학에 활용되며, 금융 분야에서는 거래 전략과 위험 관리에, 운송 부문에서는 자율주행차 개발을 주도하며, 제조 부문에서는 예측 유지보수 및 품질 관리를 통해 생산 프로세스를 간소화하고 있다. 이렇듯 빠르고 효율적으로 문제를 해결하고 있어 AI 활용 분야는 갈수록 더 많아질 것이다.

그런데도 많은 이가 창의력이 중요한 예술 분야만큼은 AI가 넘볼 수 없으리라 생각했다. 하지만 2018년 미국의 한 미술 경매장에서 AI 화가의 작품 〈에드몽 드 벨라미(Edmond Belamy)〉가 43만 2,500달러에 낙찰되었고, 2022년 제이스 앨런(Jason M. Allen)이 AI 프로그램을 활용하여 만든 〈스페이스 오페라극장(Theatre D'opera Spatial)〉은 미술전에서 1위를 차지하였다. AI 번역기를 활용한 일본인이 한국문학번역상을 수상하였다. 2023년 미국 배우조합은 AI의 활용을 통한 시나리오 제작, 편집은 물론 연기까지 가능해지는 기술에 대항하여 총파업을 하기도 하였다.

2024년 전남 여수 '글로벌 미래교육 박람회' 공모전을 통해 주제가로 선정된 곡은 AI에 명령어를 넣어 만든 곡이었으며 작곡은 물론 노래도 AI가 했다. 미국 최고 권위의 대중음악 시상식 '그래미 어워즈'는 AI로만 만든 노래는 그래미 어워즈에 참가할 수 없다는 규칙을 제정하였다. 일본의 대표 문학상 중 하나인 아쿠타가와상을 수상한 구단 리에의 『도쿄도 동정탑』은 일부분을 생성형 AI를 활용하여 작성한 것으로 알려졌다. 이렇듯 창의력이 중요한 예술 분야에도 AI가 적극적으로 활용되고 있다.

2) 컴퓨팅 사고

AI 기술의 급속한 발전은 'AI가 더욱 발전한 세상에서 인간의 역할과 정체성은 어떻게 변화할 것인가?'에 대한 궁금증을 불러일으키고 있다. AI 기술이 고도화된 미래 사회를 엿볼 수 있는 영화가 있다. 바로 세계적인 애니메이션 제작 회사인 픽사가 제작한 영화 〈월-이(Wall-E)〉다. 〈월-이〉에는 높은 수준의 과학기술로 자동화된 시스템이 갖춰진 우주선 엑시엄호가 등장한다.

이 우주선에는 인간과 로봇이 공존하며 산다. 이 우주선에 타고 있는 사람들은 고도화된 시스템에 의해 살아간다. 예컨대, 사람들은 자동으로 움직이는 의자에 앉아 평생을 산다. 사람들은 태어나면서부터 자동으로 움직이는 의자에 앉기 때문에 몸을 움직일 필요가 없다. 모든 것은 말로 명령할 수 있다. 음료수를 가져오라고 말하면 로봇들이 음료수를 가지고 온다. 움직일 필요가 없다. 고민하거나 생각할 필요도 없다. 문제 해결을 위한 사고력도 필요 없다. 실수로 자동의자에서 떨어지기라도 하면 스스로 일어나려 하지 않고 자연스럽게 로봇에게 도움을 요청한다. 모든 것을 누리는 삶처럼 보이지만, 사실은 스스로 아무것도 할 수 없는 삶이다.

애니메이션이라는 장르이기에 '허구적'이라 생각하고 넘길 수만은 없는 것이 이미 우리 삶의 일정 부분과 유사하기 때문이다.

광주광역시 풍향동에서 출발하여 저녁 7시 서울 고속터미널 내 세미나실에서 진행하는 중요한 회의에 참여해야 한다. 광주에서는 오후 3시에 출발할 수 있다.

문제: 어떻게 회의 시간에 늦지 않고 목적지에 갈 수 있을까?

조건 1. 회의 시간에 맞춰 목적지에 가는 방법은 무엇일까?
조건 2. 가장 효율적인 비용으로 목적지까지 가는 방법은 무엇일까?

앞과 같은 문제를 준다면 지금 시대를 살아가는 많은 사람은 스마트기기를 들고, 대중교통 앱을 통해 단 몇 초 만에 답을 찾을 수 있다. 스마트기기 없이 어떻게 해결할 수 있을까? 해당 문제를 해결하기 위해 먼저, 활용할 수 있는 이동 수단이 무엇인지에 대한 정보가 필요하다. 또한 각 이동 수단을 활용하였을 때 약속 시각까지 목적지에 갈 수 있는지에 대한 확인도 필요하다. 이를 통해 나온 결과 중 조건 1과 조건 2에 맞춰 가장 효율적인 답을 내야 할 것이다.

이 문제를 풀기 위해서는 '가능한 교통수단은 무엇인가?' '각 교통수단은 어떻게 활용해야 하는가?' '조건에 맞는 최고의 방법은 무엇인가?'와 같은 질문이 필요하다.

Q1. 어떤 교통수단이 있을까?

- 기차, 고속버스, 택시, 자가용, 비행기, 배, 자전거 등

Q2. 각 교통수단은 어떻게 활용할 수 있을까?

- 자가용으로 서울 고속버스터미널까지 갈 수 있다.
- 택시를 타고 서울 고속버스터미널까지 갈 수 있다.
- 23번, 62번, 87번 버스를 타고 광주 고속버스터미널에 간 뒤 고속버스를 타고 서울 고속버스터미널까지 간다.
- 택시를 타고 광주 고속버스터미널에 간 뒤 고속버스를 타고 서울 고속버스터미널까지 간다.

- 택시를 타고 광주송정역에 간 뒤 SRT를 타고 수서역에서 내린 뒤 지하철 3호선을 타고 고속버스터미널 역에 내린다.
- 이외에도 수십 가지 방법을 고안해 낼 수 있을 것이다.

Q3. 조건에 맞는 최고의 방법은 무엇인가?

- 자전거를 타고 가는 것이 가장 저렴하지만, 시간 안에 도착하기 어렵다.
- 버스를 타고 광주 지하철역에 내린 뒤 광주송정역에서 하차한다. 광주송정역에서 SRT를 타고 수서역에 내린 뒤 지하철을 타고 서울 고속버스터미널로 가면 시간 안에 도착할 수 있다.
- 버스를 타고 광주 고속버스터미널에 내린 뒤 고속버스를 타고 서울 고속버스터미널에 내리면 기차를 타는 것보다 시간은 더 걸리지만 약속 시간 안에 도착 가능하며 비용은 덜 든다.

이와 같은 결과가 도출될 것이며 가장 좋다고 생각하는 방법을 선택하면 된다 ([그림 5-7] 참조).

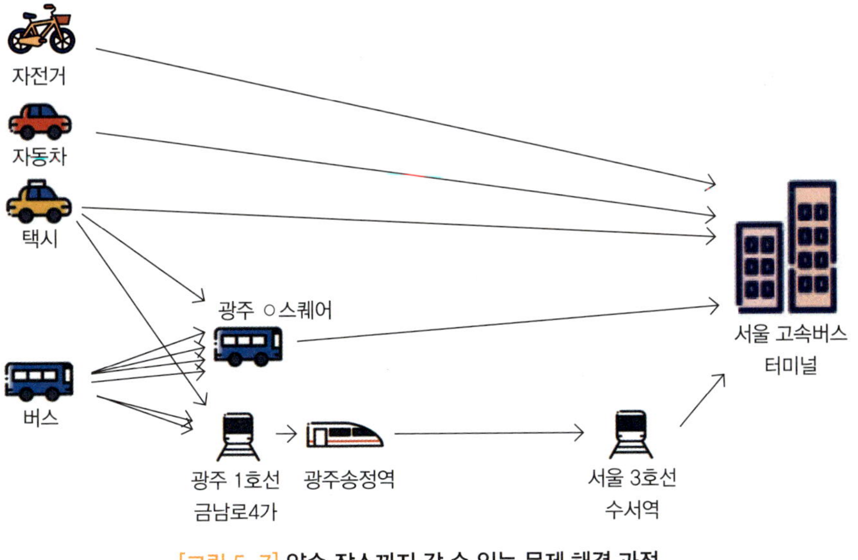

[그림 5-7] 약속 장소까지 갈 수 있는 문제 해결 과정

지금 당신에게 주어진 문제는 무엇인가? 지금 잠시 그 문제의 해결 방안을 생각해 보자. 그리고 문제 해결 과정을 곰곰이 생각해 보자. 사람마다 차이가 있겠지만 앞서 약속 시각에 늦지 않게 도착하는 방법을 찾은 것처럼 문제를 분해하고 다양한 방법을 통해 자신에게 가장 알맞은 방법으로 문제를 해결할 것이다. 다양한 데이터를 활용해 여러 가지 가능성을 조합하고 확인한 뒤 조건에 맞는 결과를 찾는 과정, 문제 해결을 위한 사고과정을 거쳤을 것이다. 하지만 이러한 사고과정의 속도와 결과는 AI의 해결 속도만큼 빠르지 않으며 정보의 양도 크게 차이가 난다. 결국 영화 〈월-이〉처럼 인간은 사고를 멈추고 그 사고를 AI에 맡기는 미래가 될 수 있다.

우리는 교육을 통해 학생들에게 사고하는 방법을 가르쳐야 하며, 스스로 사고할 수 있는 기회를 지속적으로 제공해야 한다. 최근 교육계는 AI를 활용하는 교육과 더불어 AI를 이해하는 교육을 강조한다. AI에 대한 이해란 AI가 문제를 해결하는 '사고 단계'와 '단계별 방법'을 이해하는 것과 연결되어 있다. 이 과정을 통해 인간이 일상에서 만나는 문제를 해결할 수 있는 사고력을 키우는 것이 AI 교육의 목적 중 하나가 될 수 있다. 새로운 교육과정에서 AI를 이해하는 교육이 강조되는 것은 바로 이러한 사고력이 중요하기 때문이다.

문제 해결을 위해 사람의 지능과 사고과정을 토대로 개발된 것이 바로 컴퓨터다([그림 5-8] 참조). 역설적이기는 해도 이제는 컴퓨터가 사고하는 과정인 컴퓨팅 사고를 이해하고 배우는 교육으로 인간의 사고과정을 이해하고 사고력을 길러 문제 해결력을 키워야 하는 시대가 온 것이다.

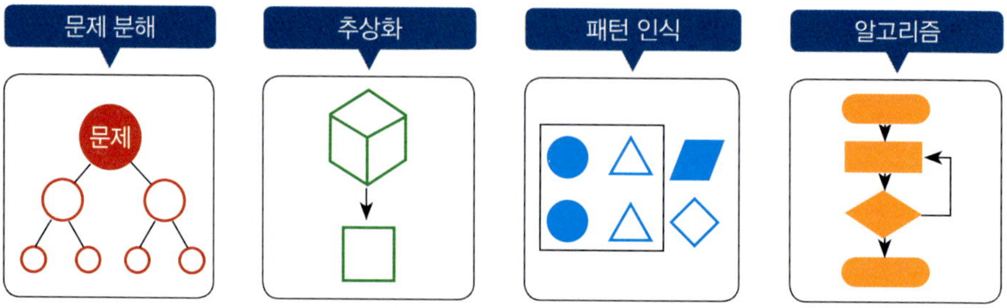

[그림 5-8] **컴퓨팅 사고과정**

컴퓨팅 사고는 '컴퓨터의 기본적인 개념과 원리를 기반으로 문제를 효율적으로 해결할 수 있는 능력'이며 문제 분해, 추상화, 패턴 인식, 알고리즘, 프로그래밍 과정을 통한 문제 해결 능력이라 할 수 있다.

문제 분해 과정은 문제 상황에서 핵심 요소를 파악하여 추출하는 과정이며, 추상화 과정은 문제 해결을 위해 필요한 요소를 단순화하는 과정이다. 패턴 인식 과정은 반복되는 경향과 규칙성을 발견하는 과정이며 알고리즘과 프로그래밍은 일련의 순차적인 절차와 방법으로 문제를 해결하고 구현하는 과정이다.

3) 음악과 컴퓨팅 사고

흔히 AI 음악이라고 하면 AI 프로그램에 명령어를 넣기만 해도 자동으로 생성되는 음악을 떠올린다. 이러한 과정으로 음악을 만드는 것은 영화 〈월-이〉에 등장하는 사람들과 같이 사고를 하지 않고 결과물을 만들어 내는 것과 다름없다. 음악적 문제 해결 역시 인간의 사고를 통해 해결해야 할 문제이다.

컴퓨팅 사고는 모든 문제를 해결하는 사고과정이며, 이는 음악적 사고에도 적용될 수 있다(최은식, 2023). 좋아하는 음악을 악보로 만드는 과정을 생각해 보자. 먼저 귀에 들리는 소리를 음높이, 음길이, 박자, 리듬 등으로 분해하여 각각의 요소의 유사점을 찾아내고 음표 또는 화음으로 표시한 것이 추상화의 예다. 이러한

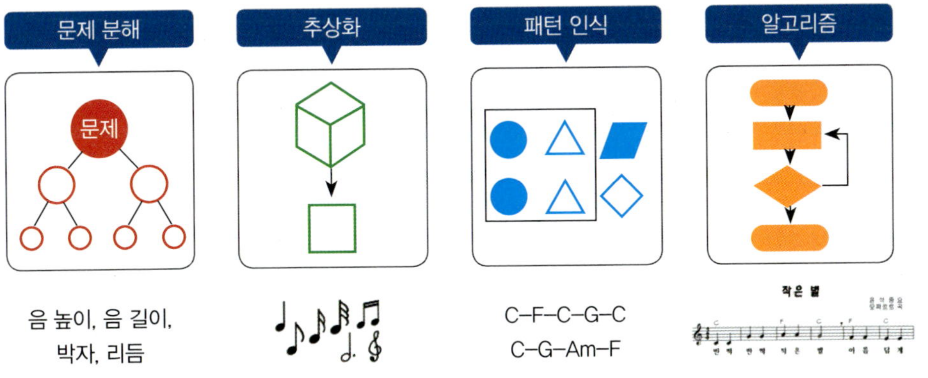

[그림 5–9] **음악과 컴퓨팅 사고과정 비교**

추상화된 요소의 패턴을 확인하고 규칙과 절차에 따라 배열하고 표기한 것이 악보다. 이렇듯 음악이 악보로 만들어지는 과정 역시 컴퓨팅 사고의 과정과 같다고 할 수 있다([그림 5-9] 참조).

이처럼 컴퓨팅 사고과정은 음악적 문제 해결에도 적용할 수 있다. 실제로 이러한 컴퓨팅 사고와 음악적 문제 해결을 연결한 연구들이 발표되고 있다. 먼저 조한이(2022)는 컴퓨팅 사고를 창의적 음악 사고과정과 비교하여 창작 과정을 구성하였다. 음악 해석과 음악 요소 이해를 문제 분해, 제재곡을 숫자로 치환하는 과정을 추상화, 제재곡의 패턴을 찾는 것을 패턴 인식 및 추상화, 알고리즘을 탐색하고 코딩하는 과정을 알고리즘 단계로 연계하여 스크래치 창작을 진행하였다.

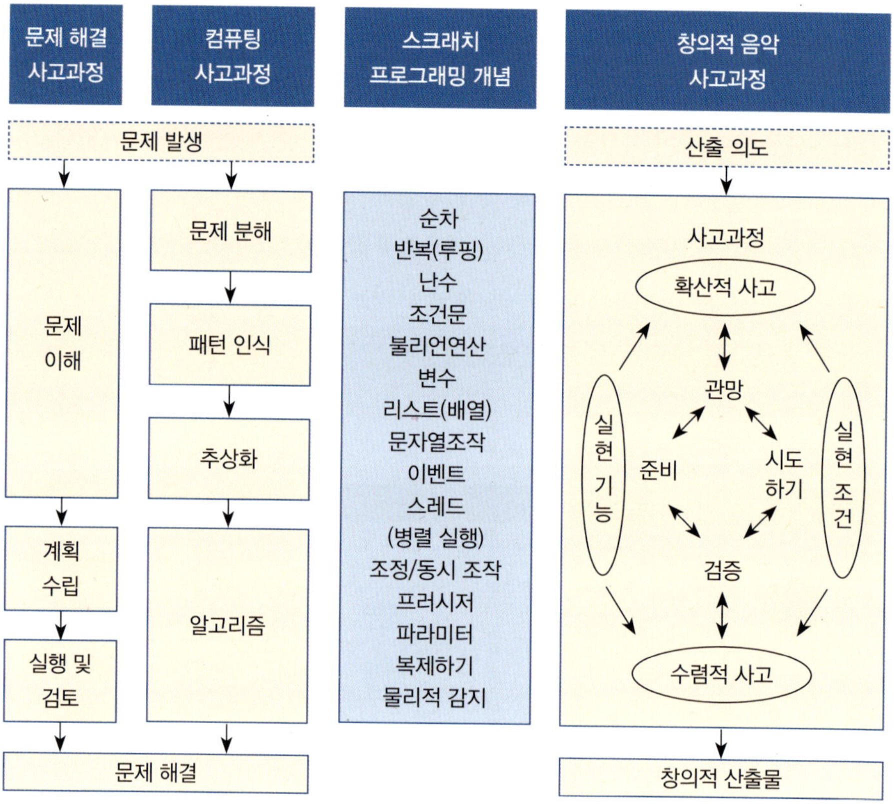

[그림 5-10] 컴퓨팅 사고와 창의적 음악 사고과정 비교

출처: 조한이(2022).

양소영과 최미영(2023)은 컴퓨팅 사고와 음악 창작 수업을 연계한 원리 학습을 제시하였다. 추상화는 작품 속 주제 정하기, 패턴 찾기는 주제 발전 방향 탐색하기, 알고리즘과 프로그래밍은 디지털 도구로 작품 구상 및 프로그래밍하는 것으로 연계하였다. 이러한 컴퓨팅 사고를 통해 블록코딩을 활용하여 초등 수준의 음악을 창작할 수 있음을 보여 주었다.

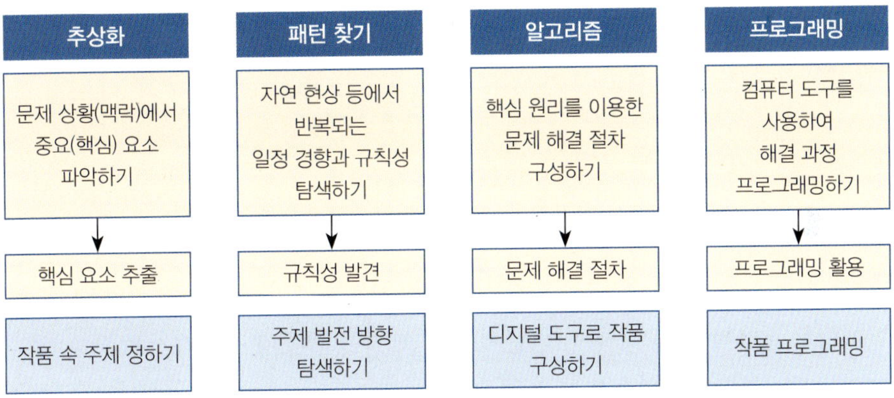

[그림 5-11] AI 원리 학습

출처: 양소영, 최미영(2023).

김경태(2024)는 컴퓨팅 사고과정을 통해 '블록코딩을 활용하여 3소박 4박 두 장단의 육자배기토리 노래 만들고 발표하기'를 목표로 하는 4차시 교육 프로그램을 개발하였다. 설정된 학습 목표를 육자배기토리 이해하기, 스크래치 이해하기, 소박 및 박 개념 이해하기, 프로그래밍 및 발표하기로 분해하였다. 이후 실제 육자배기토리 악보를 분석하여 구성음과 시김새 특징, 소박의 특징을 이해하고 구성음을 나만의 부호로 만드는 활동을 했다. 알고리즘 과정에서는 육자배기토리의 작곡 원리를 찾아내고 이에 따라 부호를 활용하여 다양한 방식으로 배열해 보면서 가장 듣기 좋은 음악으로 완성하는 과정을 거치게 된다. 이를 실제 초등학교 수업에 적용하였으며 그 결과 컴퓨팅 사고를 활용한 국악 창작의 가능성을 확인하였다.

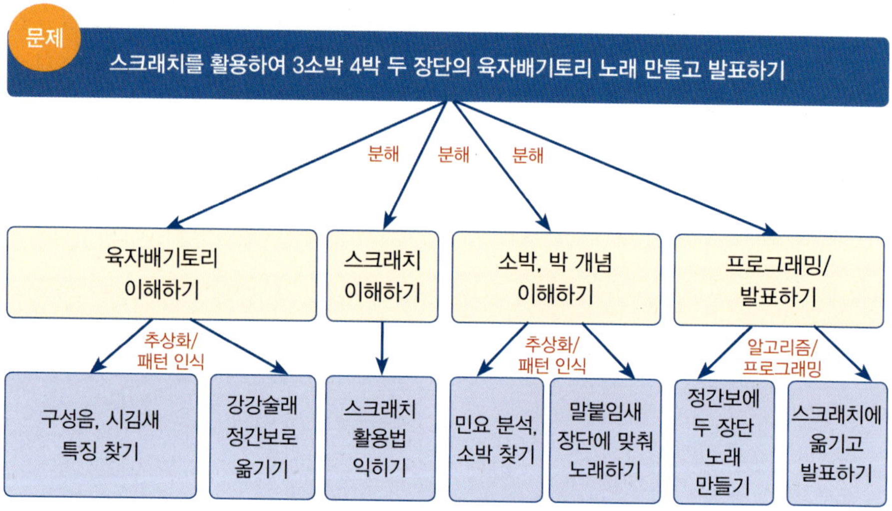

[그림 5-12] 컴퓨팅 사고과정을 통한 국악 창작 수업 방안

출처: 김경태(2024).

이렇듯 음악적 문제 역시 AI의 문제 해결 과정인 컴퓨팅 사고과정을 통해 해결할 수 있음을 다양한 연구를 통해 확인할 수 있다. AI를 활용한 모든 분야에서 인간의 주도성을 잃지 않도록 노력해야 한다. 음악 및 음악교육 분야에서도 역시 음악 문제 해결의 주체가 인간이어야 하며 AI 시스템과 컴퓨터 시스템은 인간의 사고를 도와주는 역할이어야 할 것이다.

3. AI와 음악교육

AI와 관련한 교육적 담론이 무수히 쏟아져 나오는 상황 속에서, 음악교육 영역에서도 음악교수학습 방법의 다양화 측면에서 AI 기술이 기여하고 있는 내용이 점점 더 강조되고 있다. 그뿐만 아니라 음악교육의 목적과 관련한 보다 포괄적인 교육적 담론 속에서도 AI가 제공하는 함의가 매우 크다. AI와 관련한 이 거대 담론은 이제 음악교육의 논의 속에서도 하나의 중요한 연구 대상이자 논쟁의 중심이 되는 대상이 되었다. 이 절에서는 AI와 관련한 여러 논의 가운데, AI 기반 음악

교육의 개념, AI 기반 음악교육 시스템의 역사적 발달, AI 시대의 음악 교사 역할에 관한 제언을 통해 동시대 음악교육의 방향을 제시해 보고자 한다.

1) AI 기반 음악교육이란 무엇인가

AI와 음악교육이라는 큰 주제 안에서 탐색해 볼 수 있는 가장 중요한 논의 가운데 하나는, 'AI 기반 음악교육이라는 것이 무엇을 의미하는가'일 것이다. 즉, AI 기반 음악교육을 잠정적으로나마 개념화하는 일이 중요한 작업이 될 수 있다. 이 작업을 위해서는 'AI 기반'이라는 AI에 관한 기술적 정의나 개념을 검토하는 일, 'AI 기반 교육'이라는 보다 큰 교육적 맥락을 검토하는 일, 그리고 'AI와 음악 예술 영역이 만나 새로운 창작의 결과를 만들어 내는 일의 성격과 그 교육적 가치'를 탐색하는 과정이 필요하다. 그리고 이 탐색의 과정은 학교 교육에서 실천되는 AI 기반 음악교육의 개념이 어떤 특징을 함의하는지 파악할 수 있게 한다([그림 5-13] 참조).

첫째, 'AI 기반'의 개념과 관련하여 검토해야 할 내용은 다음과 같다. 먼저 1950년대 이래로 시작된 AI, 1980년대에 이르러 발전하기 시작한 머신러닝, 그리고 2010년

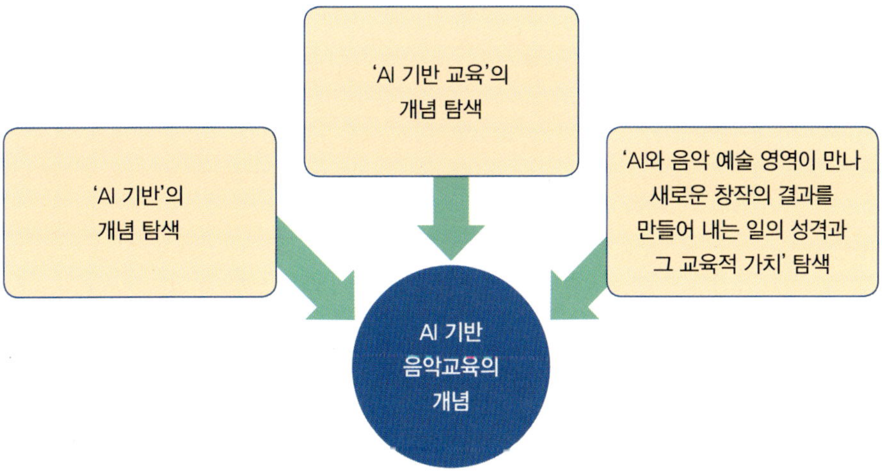

[그림 5-13] AI 기반 음악교육의 개념 탐색 과정

이후 서서히 화두가 되고 있는 딥러닝에 관한 논의는 그것의 위계나 세부 현상 및 발전 양상, 그리고 사회에 미치는 영향 등에 관해 현재 많은 연구가 이루어지고 있으면서도 여전히 그 개념의 통일된 합의는 이루어지지 않았는데, 이는 제4차 산업혁명 시대라는 개념에 함의된 '예측 불가능성'과 관련된 것이기도 하다(김경화, 2021a). 즉, AI, 사물인터넷, 클라우드와 같이 제4차 산업혁명의 주요 특징과 예시들을 단적으로 보여 주는 몇 가지 핵심적인 변화 과정과 현상이 존재하지만, 그러한 현상은 다시금 융합되고 보다 다양화되면서 미래 사회를 정확하게 예측하기 어렵게 하고, 이러한 예측 불가능성이라는 본질적 성격 때문에 제4차 산업혁명과 관련한 주요 개념을 명료하게 정의하는 것은 어렵다. 게다가 AI 기반의 개념은 '한정된 AI' 개념과 '일반 AI' 개념 간의 논쟁 속에서 그 개념에 관한 시각차가 존재한다. 괴르첼(Goertzel, 2014)에 따르면, 레이 커즈와일(Ray Kurzweil)이 그의 연구에서 '한정된(narrow) AI'라는 용어를 사용하면서 이것이 특정 맥락에서 특정의 '지적인' 작동을 수행하는 시스템의 결과물을 지칭한다고 말하며, 결국 '한정된 AI'는 인간의 일반 지능을 닮아 가려는 '일반 AI(Artificial General Intelligence: AGI)' 개념과는 대비되는 것이라 말한다.

일반 AI의 개념에서 볼 때, 동시대에 접근 · 개발되고 있는 AI 기반의 기술은 인간 지능에 버금가는 일반 지능의 작동을 목표로 하여 진화되어 가는 것은 사실인 듯하다. 물론 일반 AI에 대한 개념화와 관련한 논쟁은 진행 중이며, 정말 인간처럼 사고하는 AI가 개발되고 상용화될 수 있는가에 관한 논쟁도 뜨겁게 진행 중이다. 그럼에도 불구하고, 인간처럼 일반화하고 전이하고 포괄적으로 사고할 수 있도록 진화되는 것을 목적으로 하는 일반 AI의 개념은, 그러한 AI 시스템의 교육적 활용이 학습자에게 제공할 수 있는 강력한 영향력과 그 교육적 가능성의 파급력을 짐작할 수 있게 한다. 그런 점에서 AI 기반의 개념이 현재 어떻게 진행되고 또 확장되고 있는지를 검토하는 것이 교육적 맥락에서 요구된다.

둘째, 'AI 기반 교육'이라는 보다 큰 교육적 맥락을 고려하는 일은 AI 기반 음악교육의 개념을 잠정적으로나마 명료화하는 데 도움을 줄 수 있다. 앞에서 언급하였듯이, 인간처럼 사고할 수 있는 일반 AI의 교육적 활용은 커다란 영향력을 함의할 것으로 예상하지만, 외견상 '인간처럼 사고하는 것처럼 느껴지는' 대화형 AI의 기술(예: ChatGPT)은 사실상 스스로 생각하거나 일반화하거나 전이 학습을 수행하는 일반 AI는 아니다. 아마도 현재 교육 현장에서 활용되는 AI는 커즈와일이 명명한 '한정된 AI'일 것이며, 이 지점에서 'AI 기반의 교육'이라는 것이 어떤 성격을 함의하는지, 또 앞으로 어떤 성격이나 특징을 함의할 수 있는지를 면밀히 검토할 필요가 있다. 다시 말해, 지금의 AI 기반 교육은 학습자 주도로서 AI 기반의 공학적 도구를 말 그대로 '도구적으로' 활용하면서 그 교육적 효과를 꾀하고 있다고 말할 수 있으며, 그런 점에서 교육목적론적 한계를 함의하고 이를 극복하기 위한 모종의 교육적 방향을 탐색할 수 있다는 뜻이다.

AI 기반 개념이 기계 지능에서 인간 지능에 이르는 하나의 연장선상에 놓인 여러 개념을 포괄하는 것임을 알 때, 그리고 'AI 기반 음악교육'이 '테크놀로지 기반' 음악교육과는 구분된다는 점을 고려하면, AI 기반 교육은 우리가 생각하는 것보다 더욱 포괄적이고 확장적인 것으로 탐색 가능한 개념임을 짐작할 수 있다. 즉, 테크놀로지 기반 혹은 테크놀로지 활용 음악교육은 신시사이저나 여러 가지 소프트웨어 등의 디지털 미디어를 활용하여 수업의 질을 향상하고 교수학습의 내용과 방법을 다양화하는 것에 주로 초점을 두는 비교적 전통적인 방식의 음악 수업을 의미한다. 하지만 AI 기반 음악교육은 대면적인 상호작용 방식의 전통적인 음악 수업뿐만 아니라 비대면 수업에서의 교육적 효과성까지도 의도하며, 교수학습의 내용과 방법의 다양화를 넘어서서 음악교육의 본질과 목적까지도 건드리는 매우 급진적인 음악 수업의 방향을 함의한다. 아마도 이것은 'AI 기반 교육'이 다양한 테크놀로지를 활용하는 도구적 접근 방식을 넘어서서, AI가 추론하고 결론을 내리는 과정에서 사용되는 일종의 'AI 사고방식'을 활용하는 교수학습 방법을 포함할 수 있기 때문이다.

이와 관련하여 사이먼 홀랜드(Simon Holland)는 교육에 AI를 포함시키는 보다 폭넓은 방식들이 존재한다고 말한다. 교육에서의 AI를 정의하는 한 가지 흔한 방식은 '컴퓨터 기반 학습 시스템(computer based learning system)'처럼 AI 기술이나 방법론들을 교육 시스템에 적용하는 방식이다. 또 다른 방식은 '전달 시점에서 AI

프로그램이 포함되는지의 여부와 상관 없이, 교육에서 사용할 통찰력과 방법들을 발견하는 데 적용되는 AI 방법론 및 AI 사고방식을 사용하는 것'으로 AI 기반 교육을 정의하는 방식이다(Holland, 2000).

홀랜드의 생각처럼, 꽤 오랜 시간 논의되어 온 AI 기반 교육의 개념은 AI 기술을 교육적 상황과 구체적 학습의 맥락에 적용하고 사용하는 도구적 접근일뿐만 아니라, AI의 추론화 과정에서 작동되는 사고방식 그 자체를 교육의 맥락에 적용하고 활용하는 접근으로까지 이야기할 수 있다. 그리고 이러한 AI 교육의 개념화는 음악교육의 맥락에서도 유의미하다. 즉, AI 기반 음악교육에 관한 잠정적 정의나 개념화는 AI의 기술을 음악 수업에서 도구적으로 활용하는 접근법에 관한 개념뿐만 아니라, 그것을 넘어서서 AI의 추론화 과정에서 우리가 발견하는 일련의 사고방식을 음악적 문제 해결 과정의 참조 요소로 검토하고 활용할 수 있는 교수학습 방법의 접근법을 포괄할 수 있다. 특히 바로 앞 절에서 살펴본 '컴퓨팅 사고'에 관한 논의처럼, 음악 창작의 영역에서 이러한 AI 사고방식은 매우 유의미하게 검토된다.

마지막으로, AI와 음악 예술 영역이 만나 새로운 창작의 결과를 만들어 내는 일의 성격과 그 교육적 가치를 탐색하는 일 역시 AI 기반 음악교육을 개념화하는 데 필요한 작업이다. 이는 AI 기반 음악교육 역시 음악교육 그 자체가 교육의 목적으로 삼는 중요한 가치를 함의해야 한다는 생각을 내포한다. 이 거창한 검토 주제 속에서 핵심적으로 언급할 수 있는 것 중 하나는, 예술 영역이 AI와 만나 창조해 내는 새로운 결과물에 대한 교육적 평가와 가치 부여에 관한 내용이다. 즉, AI 기반의 음악교육이 학습자들에게 제공하는 중요한 교육적 가치는 '예술적 경험의 다양화라는 차원을 포괄하고 또 그것을 넘어서는 것'일 수 있다. 즉, 예술의 장르가 확장되고 학생들이 경험하는 예술 활동 경험의 폭이 확장되는 것과 동시에, 학생이 AI 기반의 음악교육 환경 속에서 의미화할 수 있는 교육적 경험이 더욱 풍부해질 수 있다는 것이다. 그것은 AI의 표현 도구를 통해 학생의 음악적 표현의 도구가 확장되는 것, AI의 사고방식을 통해 학생의 음악적 사고방식이 확장되는 것, 교육적 상호작용의 대상이 확장되는 것(교사-학생-AI 도구의 세 가지 차원의 상호작용), 그리고 그 상호작용의 결과로서 학생들이 얻게 되는 교육적 의미가 확장되고 증대되는 것과 관련된다.

이러한 세 가지 개념 탐색의 접근을 고려할 때, AI 기반 음악교육의 개념은 보다 명료하게 기술된다. 그것은 AI 기반 교육이라는 다양한 접근 방식과 사고방식을 통해 음악교수학습의 과정에서 학생들의 음악적 사고와 음악적 표현을 더욱 풍성하게 하는 방식을 꾀하는 것이다. 그리고 이러한 개념은 AI 기반 음악교육이 음악교육의 본질적 목적이나 가치를 포괄하는 방식으로 접근될 필요가 있다는 점, 그리고 AI 기반 음악교육에서 AI 기술을 도구적으로 활용하는 것을 넘어서서 AI가 그 자체의 사유의 방식으로서 작동시키는 일련의 알고리즘을 음악적 문제해결의 과정에서 검토하고 활용할 수 있는 대상으로 다룰 수 있다는 점을 인식하게 한다.

2) AI 기반 음악교육 시스템의 역사적 발달

20세기 중반부터 이루어진 컴퓨터의 혁신적 발달, 그리고 특히 최근의 담론을 아우를 수 있는 생성형 AI의 흐름은 AI 기반 음악교육 시스템의 변화를 이끌어 왔으며, 앞으로도 더욱 혁신적인 방향으로 이끌 것으로 예측된다. 특히 동시대 생성형 AI의 급속한 발전은 그 사회적 파급력이 센데, 이러한 맥락 속에서 음악교육은 이전보다 훨씬 다채롭고 융합적인 교육의 자원들을 활용하게 되었고, 다양한 공학적 도구가 학생들의 음악적 경험을 극대화하는 데 영향을 주고 있다. 특히 음악 창작의 영역에서 활용되는 AI 도구는 학습자의 음악 활동 참여를 더욱 극대화하고 있으며, 창작–수정–공유로 이어지는 일련의 과정에서 학습자가 부여하는 음악 활동의 의미도 다양화되고 있다.

AI 기반 음악교육의 실천이 지금과 같이 활성화된 것은 생성형 AI 이전의, AI 기술을 활용한 음악교육 시스템에 토대를 둔다. 그리고 이 역사석 발날을 검토하려면 1970년대로 거슬러 올라가야 한다. 홀랜드에 따르면, AI 기반 음악교육 시스템의 역사는 크게 두 시기로 구분되는데, 그것은 1970년대부터 본격적으로 시작되는 고전적 시기와 1987년부터 이어지는 근대적 시기이다. 이 두 시기를 가르는 것은 음악교육에서 활용되는 AI 기반 기술의 시스템 변화이며, 1970년대 이전의 기술은 AI를 사용하기 이전이기 때문에, 홀랜드는 이 시기를 단순히 '초기 컴퓨터 보조 음악교육 시기'로 부른다. AI가 활용되기 이전인 초기 컴퓨터 보조 음악교육 시기는 행동주의학습 이론과 관련한 알고리즘 시스템과 교수 프로그램의 사용과 관련된다(Holland, 2000). 즉, 초기 컴퓨터 보조 음악교육 시기에 사용된 멀티미디어 기기 및 해당 교수적 접근은 반복 학습을 통한 음악적 훈련에 초점을 두고 있다.

우선, AI 기반 음악교육 시스템의 고전적 시기는 AI 기반 교육을 본격적으로 여는 시기이다. 이 시기에 지능형 튜터링 시스템(Intelligent Tutoring System: ITS)이라는 전통적 모델이 등장하여 활용되기 시작하였다. 지능형 튜터링 시스템은 상호 구분되는 세 가지 전문가 시스템에 초점을 두는 모델로서, 그 세 가지 시스템은 각기 고유한 전문지식의 영역을 갖는 AI 요소이다. AI 요소는, ① 교수학습 내용의 전문가 모델로서 '튜터 AI', ② 학생의 지식과 능력, 태도에 관한 모델을 형성하는 것을 목적으로 하는 '학생 모델 AI', ③ '티칭에 관한 전문적 지식이나 교수전략을 갖는 교수자 모델 AI'이다(Holland, 2000). AI 기반 음악교육 시스템의 고전적 시기는 이 세 가지 전문가 시스템의 AI 요소가 두드러지게 발전한 시기이다.

둘째, AI 기반 음악교육 시스템의 근대적 시기는 지능형 튜터링 시스템과 대비되는 로고(logo) 접근을 활용한다. 이 로고 접근은 음악 영역과 같이 정답이 없는, 열린 영역에 특히 중요한 시스템이다. 로고 접근에서는 잘 구조화되고 개방된 학습 환경을 의미하는 '교육적 마이크로월드(educational microworld)'의 개념이 중요하며, 이 접근은 대개 내장된 특정 수업 내용 없이 모종의 문제 영역에 초점을 맞춘다. 대개 교육적 마이크로월드는 단순한 버전의 AI 프로그램 언어를 사용하여 만들어지고, 학생들은 자신이 탐구하는 영역의 수단으로 활용되는 'AI 프로그램 언어'로 만들어진 해당 프로그램을 직접 만들거나 수정하게 된다. 결국 로고 접근에서는 다음의 세 가지 요소를 구분하는 것이 중요한데, ① 언어와 같은 프로그래밍 도구로서의 로고, ② 교육적 목적을 위해 다양한 AI 이론을 표현하기 위한 장치로서의 로고, ③ 교육철학으로서의 로고이다(Holland, 2000).

특히 로고 접근은 구성주의적 관점에 따라 학습자의 능동성을 중요하게 간주하여, 개방된 음악학습 영역 속에서 학습자가 주도적으로 음악적 문제를 발견하고 탐색하고 해결해 나가는 과정에 초점을 둔다. 그렇기 때문에 근대적 시기의 로고 시스템 속에는 교수적 한계가 존재하고 교사의 피드백이라는 중요한 과정이 더욱 요청되기도 한다. 즉, 로고 접근이 이전의 접근에 비해 학습자의 능동적 탐색을 더욱 중시하고, 학습자와 학습 대상 간의 상호작용이 더욱 활발함을 장점으로 한다.

AI 기반 음악교육 시스템의 역사적 발달을 간단히 정리하면 다음과 같다([그림 5-14] 참조). 그런데 이러한 최근의 AI 기반 음악교육 접근 역시도 교사-학생 간의 능동적인 상호작용 및 학생-동료와의 상호작용을 전제로 할 때보다 성공적일 수 있다. 그 이유는 학생들은 로고 체제하에서 학습하고 있는 대상과 관련하여 교사로부터 보다 가능성 높은 학습의 결과를 얻기 위해 어떻게 해야 하는지를 안내받을 필요가 있으며, 그러한 피드백에 따라서 '보다 폭넓은 학습의 가능성'을 마주

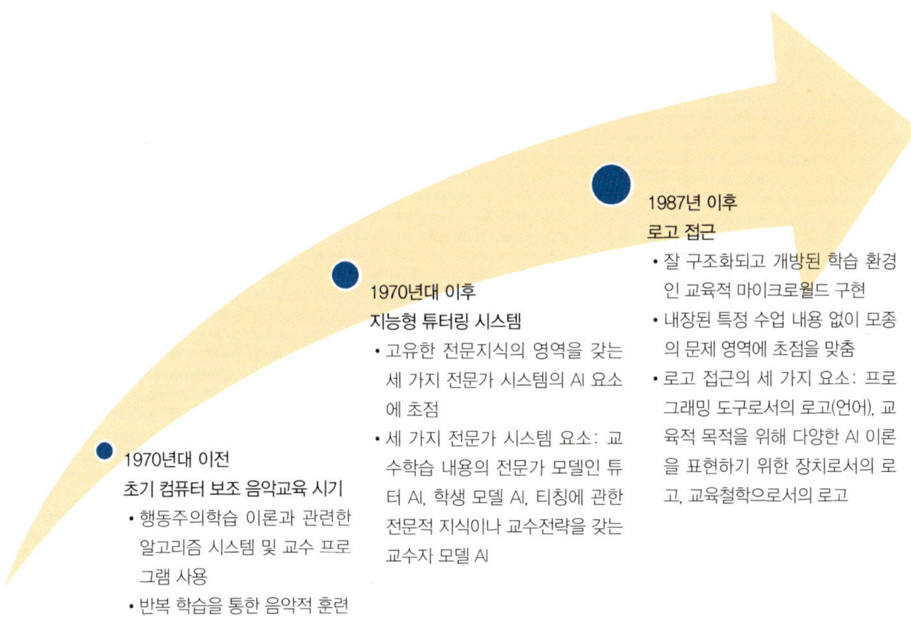

[그림 5-14] AI 기반 음악교육 시스템의 역사적 발달

할 필요가 있기 때문이다. 즉, 학생들은 자신이 수행하는 음악적 문제 해결 과정에서 요구되는 질문들을 함께 검토할 수 있는 교사나 동료가 존재할 때, 그러한 문제 해결과 탐색의 과정에서 제기되는 핵심 질문들이 더욱 풍성해질 수 있고 그에 따라 다층적이고 풍부한 시각을 함의한 문제 해결 과정을 경험할 수 있게 된다. 이러한 접근은 현재 실천되는 AI 기반 음악교육의 구체적 맥락 속에서도 작동 가능하며, 교사와 동료의 피드백 과정은 학습자의 능동적 탐색을 촉진하는 핵심 요인으로 여전히 작동한다는 것을 알게 한다.

동시대 AI 기반 음악교육 현장에서 자주 언급되고 활용되는 AI 도구 역시 학습자와의 상호작용을 극대화할 수 있는 방안에 대한 검토가 요구된다. AI 기반 음악교육의 실천에 관한 이러한 검토는 단순히 AI 도구를 효과적으로 활용하는 것에 대한 고민을 넘어서는, 교육에 관한 보다 본질적인 고민과 관련된 것이다. 그리고 이와 관련해서, AI 기반 음악교육에서 교사가 수행해야 할 핵심적인 역할에 관해서도 논의할 수 있다.

3) AI 시대, 음악 교사의 역할에 관하여

AI 기술이 발전하면서 음악 창작을 가르치는 도구와 음악적 표현이나 기술을 숙련하고 연습하는 도구 등이 많이 생겨난다. 그럼으로써 교사 없이도 학생들이 자유롭게 음악을 창작하고 연습하고 표현하고 공유할 수 있는 시대가 열렸다. '과연 음악 교사가 반드시 필요한가'라는 교사무용론의 급진적 패러다임을 내세우며 자기 주도적 학습을 강조하는 일각의 주장은 전통적인 교사 역할에 관한 검토를 요구하는 것처럼 보이기도 한다.

특히 연주와 창작, 감상의 교수학습 도구와 평가 도구가 동시대 AI 기반 음악교육 플랫폼에서 이미 무수히 제공된다는 점에서, 지식과 내용 전달 중심의 음악 교사 역할을 뛰어넘는 새로운 교사 역할에 관한 요구가 자연스럽게 등장하는 것으로 보인다. 다시 말해, AI 교사가 등장하고 개인 맞춤형 교육이 제공됨으로써 교육적 패러다임이 바뀌어 가는 시점에서, AI 기반의 교육 도구들, 즉 'AI 교사'라는 실체의 주요 역할이 기존 교사의 역할을 대체하는 것처럼 보이는 것이다.

그러나 음악교육 프로그램을 포함한 AI 기반의 여러 교육 프로그램이 나름의 적절한 교육적 방식으로 상용화되면서도, 학습자의 활동 수행 과정에서 시의적절하게 제공되어야 할 피드백과 관련해서는 현재 사용되는 AI 기반 도구는 여전히 교사가 수행하는 핵심 역할을 넘어서지 못하는 것으로 보이기도 한다. 즉, 학생들의 자기 주도적 학습과 능동적인 사고를 가능하게 만드는 시의적절한 질문을 던지는 일, 상호작용적 피드백을 제공하는 일은 AI 기반 음악교육의 맥락에서도 여전히 필요한 교사의 역할일 수 있다. 그리고 음악적 표현을 계획하고 실행하면서 음악적 경험을 주도하는 일은 여전히 학생들의 몫이며 이 과정에서 음악 수업을 계획하고 이끄는 교사의 역할은 여전히 필수적인 것으로 보인다. 그 이유는, 음악교육 실천의 맥락에서 중요하게 간주되는 가치는 학생들이 음악적 경험 안에서 무엇을 어떻게 의미화하는가와 관련되기 때문일 것이다.

다시 말해, AI 기반 음악 창작 도구와 표현 도구는 저마다 새로운 미적 가능성을 열어 보여 주지만, 그것을 실제로 체화하여 의미화하는 일은 학생의 몫이며, 그러한 음악적 의미의 체화를 위해 음악 수업을 계획하고 실천하는 일은 교사의 몫이다(김경화, 2022). 따라서 동시대 AI 기술은 그것이 아무리 기술적으로나 예술적으로 참신하고 뛰어난 것처럼 보여도, 학생의 경험 속에서 저마다의 방식 속에서 의미화되지 못하고 공유되지 못하면, 교육적으로 유의미한 가치를 형성하기 어렵다. 따라서 이러한 교육적 작업을 계획하고 실천하는 교사의 역할이 AI 기반 음악교육에서 여전히 중요하다.

그렇다면 AI 시대의 음악 교사가 수행할 핵심 역할은 무엇인가? 교사가 필요 없는 시대라는 급진적 패러다임을 넘어서기 위해, 학교에서 음악을 가르치는 교사는 기존의 관습적 역할을 뛰어넘어 보다 다양한 방식의 교사 역할에 관한 요구를 수용할 필요가 있다. 그러한 요구를 반영하여, 여기서 제시되는 음악 교사 역할에 관한 제언은 학생과 교사 사이에서 일어나는 음악적 경험과 배움에 관해 들여다보게 할 것이다.

(1) 제시자의 역할

제시자로서 음악 교사의 역할은, 음악 교사가 학생들에게 교수학습의 내용으로서 무엇을 제시해 줄 수 있어야 하는가와 관련된다. 즉, 단순히 음악 활동의 제재와 관련한 텍스트를 학습자에게 제공한다는 것을 넘어서서, 학생들에게 보고 듣고 느끼고 공적으로 나눌 수 있는 의미 있는 무언가를 제시해 줄 수 있어야 하는 것과 관련된다. 이를 위해서는 교사 스스로 민감하게 포착하여 의미를 부여할 수 있는 모종의 음악적 텍스트와 활동의 선정 및 그에 관한 재구성의 계획이 요구된다. 따라서 제시자로서 음악 교사의 역할은 교사에게 예술적 민감성의 덕목을 요구한다고도 말할 수 있다.

이러한 예술적 민감성과 관련해, 음악교육 현장에서 교사는 자신이 가르치는 교과의 제재들을 보다 낯설게 봄으로써 새롭게 감각하고 지각할 수 있는 무언가를 발견해 낼 수 있어야 한다(김경화, 2021b). 결국 '텍스트를 낯설게 보기'라고도 말할 수 있는 예술적 민감성은 제시자로서 교사 역할의 핵심이 된다. 그렇다면 교육의 장에서 학생들에게 제공되는 그 텍스트를 낯설게 본다는 것은 무엇을 의미하는가?

이 질문에 대한 잠정적 답은 AI 기반 음악교육의 특수성을 고려할 때 보다 구체적으로 진술된다. 즉, 음악을 가르치는 교사는 동시대의 새롭고 독특한 음악적 현상이 학생들에게 영감이 될 수 있도록 이끌어야 하는데, 음악으로 이해되는 그 소리와 학생들의 영감 어린 상호작용이 잘 일어날 수 있도록 수업을 계획하고 실천해야 할 것이다. 특히 AI 기반 음악교육은 이러한 음악 수업의 계획과 실천을 이끌 수 있는 풍성한 텍스트를 제공할 수 있다. 다시 말해, 음악교육 현장에서 활용될 수 있는 교수학습의 내용이 풍성해지는 것뿐만 아니라, 교육의 접근법으로서 활용될 수 있는 도구에 대한 선택이 폭이 넓어질 수 있는 것이다.

다만, 그러한 교수학습의 내용과 방법들의 풍성함 속에서, 어떤 것을 학습자의 상호작용 대상으로 선택해야 하는지는 교사의 안목에 달려 있다. 교사 스스로 민감하게 지각하고 이해한 대상으로서의 음악적 텍스트, 특별한 음악적 의미를 부여할 수 있는 텍스트를 선택하는 것은 교사의 중요한 과업에 속한다. 또한 그것을 어떻게 수업에서 구조화하고 학습자들이 유의미하게 상호작용할 수 있도록 제공하여 피드백할 것인가는 전적으로 교사의 민감한 음악적 · 교육적 안목에 달려 있다고 말해도 과언이 아니다. 게다가 그러한 선택과 활용 과정에서, 교사가 학생들과 공유하는 음악적 경험의 구체적 사례들을 제공하는 것 역시 요구된다. 예술을 가르치는 교사 스스로도 하나의 '텍스트'로서의 그 예술작품 안에서 새로운 세계를 읽어 낼 수 있다면, 그리고 또 다른 방식으로 그것을 해석해 낼 수 있다면, 자신만의 예술적 경험을 공유하기 위한 어떤 특별한 교육적 접근법 역시도 교사마다의 방식만큼 다채롭게 생겨날 수 있다(김경화, 2021b).

결국 텍스트를 낯설게 본다는 것은, 그것을 음악교수학습의 내용과 방법으로서 교육적 맥락으로 들여올 때 학생들에게 어떤 방식으로 유의미할 수 있는가를 판단하는 과정이라고도 말할 수 있다. 궁극적으로 AI 기반 음악교육은 교사의 민감한 안목에 기대어 그 음악교육의 내용과 방법의 측면에서 교육활동을 특별하고도 풍성하게 계획할 수 있다. 이는 학생들에게 제시되는 음악적 텍스트의 다양성뿐만 아니라, 그 텍스트와 상호작용하는 학생이 부여할 수 있는 다차원적인 교육적 의미의 풍성함까지도 포괄한다. 그리고 그러한 음악 수업의 구조화를 위한 일련의 계획은 전적으로 교사의 민감한 음악적 · 교육적 안목에 달려 있다.

(2) 포괄적 촉진자의 역할

포괄적 촉진자로서 음악 교사의 역할은 교수 내용의 전달자로서의 전통적 역할을 포괄하고 또 넘어선다는 것을 의미한다. 이는 학습자의 학습 과정 전반을 촉진하고 관리하면서, 학생들의 음악적 상호작용 과정을 민감하게 포착하고 필요한 경우에 적절한 피드백을 제공하는 과정을 포괄한다. 또한 학습자가 이끌어 내는 음악학습의 모든 결과를 개개의 고유한 음악적 경험과 그 의미에 근거해 인정해 주고 학습 과정을 독려하는 것도 포함한다. 이는 곧 교육활동 안에서 요청되는 포용성의 덕목과도 관련된다.

동시대 AI 기반 음악교육은 그 일련의 과정에서 학습자의 능동적 참여를 요구한다. 문제를 설정하고 해결하고 새로운 문제를 다시금 발견하는 일련의 과정에서, 교사가 제공하는 피드백은 음악 활동에 관한 학생의 이해를 확장하고 심화하도록 할 수 있다. 그러한 과정 속에서 교사는, 첫째, 공학기술적인 것과 관련한 피드백 및 음악적 과정에 관한 기술적 피드백을 제공할 수 있어야 하며, 둘째, 학습자가 창조해 내는 음악적 결과물에 관한 미적 피드백을 제공할 수 있어야 한다. 이 미적 피드백은 특히 학습자로 하여금 자신의 음악적 결과물에 어떠한 의미를 부여할 수 있는가와 관련하여 교사가 제공할 수 있는, 구체적이고도 포용적이면서도 긍정적인 평가 내용일 수 있다.

이러한 두 가지 차원의 피드백 제공을 통해, 음악 교사는 학생들의 다양한 음악적 표현 방식을 인정하고 그것이 얼마나 가치 있는지를 자세히 설명함으로써 학생들이 자신이 하는 작업에 더욱 몰입하도록 할 수 있다. 즉, AI 기반의 다양한 음악 창작과 표현의 도구를 활용하는 것은 단순히 도구를 활용하여 음악의 소리를 만드는 것을 넘어선다. AI 기반 음악교육 실천 속에서 학생들이 의미 있다고 생각하여 선택한 여러 가지의 음악적 재료(소리의 음색, 리듬, 선율, 어떤 음악적 패턴 등)가 모여서 하나의 새로운 음악으로 완성된다. 음악 교사는 그 창조된 음악 속에 '저마다의 특별한 음악적 이미지'가 존재한다는 점을 이야기해 줄 수 있을 때, 또 창작된 각각의 음악적 결과물을 함께 공유하며 이야기 나눌 때, 학생들은 자신의 음악 활동에 특별한 의미를 부여할 수 있고 그러한 일련의 과정과 결과를 소중히 여길 수 있다.

(3) 동반적 경험자의 역할

동반적 경험자로서 음악 교사의 역할은 앞서 언급한 제시자로서의 교사 역할과 멀지 않다. 교사 자신이 음악적 경험의 폭과 깊이를 확장 · 심화하고 이를 공적으로 드러내고 공유할 때, 학생들의 음악적 경험은 더욱 풍성해진다. 이러한 동반적 경험자로서의 교사 역할은 교육활동 속에서 요청되는 '예술가성'과 '심미적 감수성'의 덕목과도 관련된다. 여기서 말하는 예술가성(artistship)이라는 것은 세상에 대해 지각하고 반응하고 표현하는 자기만의 방식을 가지려는 욕구이다(김경화, 2021a). 또한 심미적 감수성은 보다 섬세하고 명료하게 대상을 인식함으로써 대상의 어떤 특별한 표현성과 느낌을 감각하고 지각하는 것이라 말할 수 있다. 이러한 심미적 감수성은 일상의 대상들을 새롭게 보고 또 한편으로는 낯설게 보게 됨으로써 우리 자신의 감정과 느낌을 성찰할 수 있게 되는 것으로까지 나아가는 것이다. 그리고 "마치 예술가처럼 세상을 바라보는 특별한 안목이 자기 안에도 내재해 있고 또 이러한 안목을 더욱 성장시켜 나갈 수 있다는 점을 발견함으로써 새로운 탐색 활동에 대한 욕구를 더욱 키워 나갈 수 있게 되는 것"과 관련된다(김경화, 2021b).

AI 시대의 학교 음악교육은 학생들로 하여금 앞서 말한 것과 같은 예술가성을 경험하고 심미적 감수성을 키워 나갈 수 있는 역량을 제공하는 중요한 장이 된다. 그런데 이러한 역량은 학생들에게 일방적으로 제시하거나 툭 던져 주는 형태로 키워 나갈 수 있는 성격의 것은 아니다. 교사가 수업에서 다루는 해당 음악적 텍스트와 어떻게 상호작용하고 있고 그 과정에서 무엇을 어떻게 의미화하고 있는지를 학생들에게 몸소 보여 주고 자신의 음악적 경험을 드러낼 수 있을 때, 교육활동에서 의도하는 그 역량이 보다 구체적으로 드러나고 다양한 방식으로 나타나 해석될 수 있는 것이다. 따라서 음악을 가르치는 교사와 학생은 동반적 경험자로서 수업 속에서 함께 공유될 수 있는 음악적 경험에 관해 설명하고 이야기 나누면서 자신의 음악적 경험을 공적으로 면밀하게 드러낼 수 있어야 한다.

지금까지 언급한 AI 시대 음악 교사의 역할에 관한 제언을 정리하면 다음과 같다([그림 5-15] 참조).

제시자의 역할	• 음악교수학습 내용으로서 음악적 텍스트 및 활동 선정하고 재구성하기 • 텍스트 낯설게 보기 • 예술적 민감성의 덕목
포괄적 촉진자의 역할	• 음악적 과정에 관한 기술적 피드백, 음악적 결과물에 관한 미적 피드백 제공하기 • 학습자의 능동적 참여 독려하기 • 포용성의 덕목
동반적 경험자의 역할	• 교사 자신의 음악적 경험 드러내고 공유하기 • 미적인 안목의 성장, 새로운 탐색 활동에 대한 욕구 키워 나가기 • 예술가성 및 심미적 감수성의 덕목

[그림 5-15] AI 시대 음악 교사의 역할

더불어 음악교육의 맥락에서 AI 기술의 비판적 수용도 검토해 보아야 한다. 교육적 맥락에서 보다 구체적으로 점검해 보아야 할 것은, 학교 현장에서 쉽게 접근 가능한 AI 도구가 어떠한 교육적 의도로 사용되어야 하는가이다. 이는 AI 기술에 대한 비판적 수용과도 맞닿아 있다. 즉, 학교 현장에서 AI 도구를 활용할 때 학습자의 음악적 경험을 확장하고 극대화할 수 있는 도구 활용의 적절한 방법을 검토하고, 그러한 확장되고 극대화된 음악적 소리의 경험이라는 연장선 위에서 학생들이 무엇을 느끼고 인지하고 의식하는지를 점검하는 일련의 교육적 과정이 요구된다. 단순히 AI 도구를 활용하는 것 그 자체에 목적을 두는 것이 아니라, 학생이 AI 기반 음악 수업 안에서 유의미한 미적 경험을 할 수 있도록 교사가 적극적으로 음악 수업을 계획하고 점검하면서 적절한 도구를 선택·활용하는 것, 학습 활동의 전 과정에서 학생들에게 시의적절한 피드백(미적 피드백)을 제공하는 것은 여전히 중요하다. 이런 점에서 볼 때, AI 시대의 음악교육에서 요청되는 교사의 역할은 이전의 교사 역할을 포괄한 매우 핵심적이고도 중요한 교육적 작업이다.

마지막으로, AI 시대 음악교육의 방향과 관련한 함의는 다음과 같다. 음악적 경험은 근본적으로 '몸'에 근거한 경험에 기반한다. 즉, 음악교과의 맥락에서는 감각적 몸의 경험이 갖는 교육적 의미가 중요한 의의를 발휘하는데, 그 의의는 음악만이 갖는 고유한 속성으로서 바로 '소리'에 대한 청각적 경험과 관련되는 것이다. 즉, 소리에 대한 감각과 지각, 그리고 의식적 이해의 과정이 제공할 수 있는 특별한 음악적 경험은 AI 기반 음악교육에 담긴 교육적 가치의 토대를 이루며, 포스트휴먼적 사고와 관련하여서는 감각적 몸 경험의 확장과 연결된다. 포스트휴머니즘 시대의 AI 기반 음악교육의 전제는 감각할 수 있는 소리의 다원성을 인정하면서 소리의 세계를 극대화하는 것이며, 이에 대한 수용자(학습자)의 제각기 다른 의미 부여를 모두 인정하는 것이다. 감각적 몸 경험의 확장이라는 말 역시 경험할 수 있는 음악적 소리 세계의 다원성과 관련되며, 이는 학습자가 조절하고 창작하고 조정할 수 있는 다양한 음악교육 매체를 풍부하게 제공하는 것과 연결된다.

결국 이러한 논의는 AI 기반 음악교육 시대에서도 여전히 중요하게 간주되는 음악교육의 고유성을 생각해 보게 한다. 다시 말해, 학습자가 형성하는 음악적 경험의 의미는 음악적 경험의 본질인 '음악으로서의 소리를 지각하고 인지하는 과정'에 근거한다는 것이며, 이 과정이 바로 지금의 AI 기반 음악교육 시대에서도 여전히 중요하게 간주되어야 할 학생들의 경험이다. 새로운 매체를 탐구하고 새로운 음악적 소리의 가능성을 탐색하면서 이전에 경험하지 못했던 음악적 경험의 장을 펼치고 이에 대해 공적으로(언어적으로) 평가하고 탐구하고 생각과 느낌을 공유할 수 있는 교육의 기회를 제공하는 것은, AI 시대의 학생들이 새롭게 의미 부여할 수 있는 음악교육의 과정과 결과를 마주하면서 교육적인 것, 더 나아가 인간적인 것의 새로운 의미를 발견하게 하는 중요한 과정이 될 수 있다.

AI 기반 음악교육은 기계적인 것과 인간적인 것의 이분법적 구분을 넘어서서, 기술의 발전과 그것의 활용이 음악적으로 풍성해질 수 있음을 알게 하고 그 속에서 학생들이 경험하는 모종의 음악적 경험이 얼마나 유의미할 수 있는지를 알게 할 수 있다. 그리고 더 나아가 AI 기반 음악교육은 음악교육에 담긴 고유하고도 본질적인 목적 속에서, 학습자가 보다 창의적으로 자신의 생각과 느낌을 표현할 수 있는 교육의 장을 마련할 수 있다. 그럼으로써 학습자가 음악적 소리로 표현된 '인간의 느낌'을 경험하여 한 인간으로서의 성장을 경험하는 주요한 통로가 될 수 있다.

4. AI와 윤리

COVID-19 이후 팬데믹 현상은 서서히 스며들고 있던 제4차 산업혁명을 더욱 가속화시키는 계기가 되었으며, 오프라인에서 경험했던 많은 활동의 온라인 전환을 촉진했다. 이는 생활방식과 경제사회 전반에 걸쳐 광범위한 영향을 미치고 있다(김경동, 2023). 그중에서 AI를 활용한 기술은 빠른 변화의 핵심에 속해 있으며 급변하는 사회에서 여러 이점뿐만 아니라 그 이면의 문제점이 드러나고 있기에 그 면면을 세밀하게 살펴볼 필요가 있다.

1) AI 윤리 개념

윤리는 사람으로서 마땅히 행하거나 지켜야 하는 도리로 국립국어원 표준국어대사전에 정의되어 있다. 다시 말해, AI 윤리는 AI를 개발하고 관리하는 이해관계자들이 지켜야 하는 보편적 사회 규범과 관련 기술, 또는 AI 기술을 개발하고 적용하는 전반적 과정과 단계를 둘러싼 규범적인 문제를 다루는 것으로 정의되고 있다(이제영 외, 2019; 허유선 외, 2020). 초기 AI 윤리는 기계 중심으로 로봇 자체의 책임과 의무를 강조하였다. 아이작 아시모프(Issac Asimov)의 로봇 3원칙은 1942년에 만들어졌으며 2004년 후쿠오카 세계 로봇 선언 공표도 마찬가지로 기계 중심의 AI 윤리의 대표적인 예로서 로봇과 인간이 함께 공존하는 파트너라는 내용을 담고 있으며 로봇이 사람을 대신하는 도구나 시중을 드는 시종의 개념에서 동등한 사회적 위치의 동료로 대처하게 된다는 의미로 해석되고 있다(김태구, 2014). [그림 5-16]은 아시모프의 로봇 3원칙의 내용이다.

AI는 기계가 지능화될 수 있도록 운용되는 활동으로 정의되고 있으며, AI는 마치 전기와 같아 우리 경제 사회 전반에 많은 변화를 가져올 수 있는 것으로 비유되고 있다(Paeng, 2023; Sanford University, 2016). ChatGPT는 발표된 지 2달 만에 사

1. 로봇은 인간을 다치게 해서는 안 되고, 게으름으로 인하여 인간에게 해가 되어 돌아와서도 안 된다(A robot may not injure a human being, or, through inaction, allow a human being to come to harm, unless this would violate a higher order law).

2. 원칙 1과 상충되는 명령을 제외하고는 로봇은 인간에 의해 주어진 명령에 복종해야 한다(A robot must obey orders given it by human beings except where such orders would conflict with a higher order law).

3. 로봇은 원칙 1과 2에 상충되지 않는 한도 내에서 그 자신의 존재를 보호할 수 있다(A robot must protect its own existence as long as such protection does not conflict with a higher order law).

[그림 5-16] 아시모프의 로봇 3원칙

출처: 한우진(2022).

용자 수 1억 명을 돌파하였으며, 교육 및 전문기관에서 관심과 영향력이 매우 커지고 있어 사용 권한에 대한 규정이 필요할 정도로 윤리적 문제가 발생하고 있다. 이에 개발사인 OpenAI는 청소년 보호 차원에서 사용 연령 제한을 검토 중인데 AI 안전에 대한 우려의 시각으로서 18세 이상은 사용 가능, 13~18세는 부모의 승인 필요, 그리고 13세 이하는 전면 사용을 금지한다는 원칙을 제안하고 있다(정인선, 2023). 유럽연합 집행위원회(European Commission)는 기술을 윤리적으로 사용할 수 있도록 위험요소를 해결하고 전 세계가 신뢰할 수 있도록 새로운 AI 규칙안을 공개했다. 첫째, AI에 대한 규칙 수립과 개정 입법을 제안함으로써 국가 및 지역 차원에서 AI 규제안을 마련한다. 둘째, 인간의 생명과 생활을 위협할 수 있는 모든 AI를 포괄적으로 금지하고 기본권 침해 AI 서비스는 사전 평가의 의무사항을 지켜야 한다. 셋째, 시민 안전을 이유로 사람의 잠재의식을 이용하거나 취약연령, 신체와 정신장애 등을 가진 특정 계층에 위해를 줄 수 있는 AI 서비스 원천 금지한다. 넷째, 신용등급이나 기타 집단의 신뢰도에 영향을 줄 수 있는 사회점수(social credit)를 측정하기 위해 사용되는 AI 활용을 차단한다. 다섯째, 각 나라의 정부가 AI로 시민을 평가하는 행위를 위험으로 특정하고 AI 기술에서 활성화된 이미지 인식에도 엄격한 조건을 부여한다. 여섯째, 딥페이크, 인간 감정 인지 등의 AI 기반 실시간 생체 데이터 수집도 인간 관리 감독이 우선되어야 한다. 마지막으로, 공개적으로 접근 가능한 원격인식 시스템은 법 집행기관의 적절한 판단을 받아야 한다고 내용을 밝혔다(손영화, 2021).

AI 윤리는 시간이 지남에 따라 기계에서 인간으로 다시 말해, AI를 개발하고 이를 보급·활용하는 사람들의 책무가 보다 강조되는 윤리로 변화하고 있다. 이에 로봇법(robotics law) 제정의 필요성에 공감대가 형성되고 있으며 로봇과 AI 관련 법체계가 유럽과 미국, 일본 등 여러 선진국에서 논의되고 있다. 유럽연합 집행위원회는 유럽로봇연구네트워크(The European Robotics Research Network: EURON)를 통해 로봇윤리 로드맵을 발표한 데 이어 로봇법 프로젝트를 시작하고 이를 위한 규제 가이드라인도 구체화하고 있다(류지웅, 2017). 우리나라도 2020년 사람이 중심이 되는 AI 윤리라는 움직임을 통해 변화하는 AI 윤리의 흐름을 살피고 있으며, AI를 위한 3대 기본 원칙 및 10대 핵심 요건을 제시하였다. 우선 3대 원칙에는 인간의 존엄성 원칙, 사회의 공공선 원칙, 기술의 합목적성 원칙, 그리고 10대 핵심 요건으로는 인권보장, 프라이버시 보호, 다양성 존중, 침해금지, 공공성, 연대성, 데이터 관리, 책임성, 안정성, 마지막으로 투명성의 요건이 충족되어야 한다는 인간성을 위한 AI(AI for Humanity)를 최고의 가치로 제시하고 있다(과학기술정보통신부, 2020.12.23.).

2) AI 창작물의 개념

창작은 예술 작품을 독창적으로 지어내거나 만드는 행위의 사전적 의미가 있으며, 창작물은 창작행위를 통해 만들어진 작품을 뜻한다. AI 창작물은 인간이 AI를 이용하여 창작물을 생성해 내거나 AI가 스스로 만들어 낸 창작물로 그 개념을 정의할 수 있다.

AI 창작물은 창작자와 AI 간 행위 관계 정도에 따라 세 가지 유형으로 구분한다. 1유형은 인간이 AI를 이용하여 창작물을 생성하는 경우로 AI를 보조적 도구로 활용하였기에 구체적 창작 의지는 인간이 가지고 있다. 보편적인 AI 창작물 대부분이 여기에 속한다. 2유형은 인간과 AI가 협업하여 창작물을 생성하는 것으로 인간이 창작을 구상하고 AI에게 지시(핵심 주제어나 음성)하여 AI가 적합한 창작물을 생성하는 경우이다. 생성 단계는 인간이 방향성을 가지고 AI에게 초안 형태를 형성하게 한 후 인간이 다시 최종 편집하는 과정이기에 마치 공동으로 창작행위를 수행하는 것으로 볼 수 있다. 많은 활용이 이루어지고 있는 생성형 AI에 의해 창작된 작품 다수가 이에 해당한다. 3유형은 자율적이고 독립적인 창작물로 인간의 관여 없이 AI가 축적한 데이터와 학습 결과로 스스로 추론하고 판단하여 생성된 창작물을 뜻한다. 즉, 스스로 창작행위를 통해 인간과 유사한 사고의 기능을 발휘하여 창작활동을 수행하는 것이다(윤종민, 2023; 윤진숙, 2022).

AI가 만든 창작물은 그 개념에 대한 정의가 불분명한 채 널리 유통되고 있다. 그 유형도 점차 1유형에서 3유형으로 옮겨 가고 있으며, 생성형 AI의 출현은 AI 창작물의 저작권과도 밀접한 관계가 있다. 이에 따라 AI 창작물의 개념을 새롭게 정의할 필요가 있으며, 모두가 납득할 수 있는 수준에서 AI 창작물과 저작권 간의 관계를 보다 세밀하게 규명할 수 있도록 지속적인 논의가 필요하다.

3) AI 창작물과 저작권의 관계

예술 영역에서 가장 보편적이고 중요한 요소인 창작의 증거는 인류사에서 가장 오래된 고분벽화에서 발견되었듯이 인류가 생존해 온 다양한 의미와 표현이 담겨 있다. 인간이 사회를 이루고 법이라는 제도가 만들어지면서 창작의 영역은 저작권이라는 법적 내용으로 규정되었으며, 주로 예술이나 학문 등의 영역에서 적용되어 창작한 사람에게 권리를 부여한다. 각 나라마다 저작권 보호의 이유는 도덕적으로 정당한 대가로 보는 자연권론과, 공공복리 증진 차원의 수단으로 경제적 인센티브를 제공하는 설정권론으로 구분된다(김현경, 2017). 초기 자연권에서는 신체소유권에 근거하여 노동을 하는 것으로 노동이 가해진 대상의 소유를 정당화함으로써, 작품 또한 작가 자신의 노동으로 보아 이를 통해 생산한 작품 또한 자연권적인 재산권을 가질 수 있다고 판시하였다(Bruce, 1967, Mark, 1993).

AI가 음악을 창작한다는 이야기는 이제 새롭지 않다. 광주과학기술원(GIST)은 자체기술로 개발한 AI 작곡 프로그램 '이봄'을 통해 6년간 약 30만여 곡을 작곡했으며 이와 관련 총 6억 원의 매출을 올리기도 하였다. 한국저작권협회는 지속적으로 저작권료를 받아 왔던 이봄에 대해 더 이상 저작권료를 지급하지 않겠다는 통보를 함으로써 양측 간 저작권을 두고 법적 다툼을 하기에 이르렀다(안희재, 2022). 「저작권법」 제2조 1항에서 '저작물'은 인간의 사상 또는 감정을 표현한 창작물이며, 2항에서는 저작자를 저작물을 창작한 자로 규정한다(문화체육관광부, 2023). 저작권법에 기반하여 사람이 아닌 AI가 작곡한 사실을 뒤늦게 인지했기에 지급 근거가 없다는 것이 저작권협회의 의견이지만 광주과학기술원 측은 AI가 창작의 주체인 만큼 저작권에 대한 권리를 인정받고 보호받아야 한다는 입장인 것이다. 결과적으로 창작물은 있지만 이를 창작한 것에 대한 권리는 인정받지 못하고 있는 셈이다. 1985년에는 미국 저작권청에서 AI가 창작한 산문집『경찰관의 수염은 반쪽만 구성되었다(The Policeman's Beard is Half Constructed)』에 저작권을 등록해 준 사례가 있었다. 저작권 소유자는 프로그래머와 일러스트레이터를 비롯하여 컴퓨터 프로그램인 '랙터(Racter)'가 있는데 당당히 저작권 소유자로 이름을 올렸다. 이봄의 사례는 단편적일 수 있지만 오늘날 AI의 역할이 증가함에 따라 사회 각 분야에서 AI의 법적 지위에 대한 구체적인 논의의 필요성이 인지되기 시작했다.

AI를 지닌 로봇을 전자인간(electronic person)이라는 지위를 부여하는 내용의 결의안(「European Parliament resolution with recommendations to the Commission on Civil Law Rules on Robotics」)이 2017년에 통과된 만큼 세계 각국에서 지식재산권법에 대한 개정의 필요성이 전문가들에 의해 논의되고 있다. AI가 딥러닝을 통해 스스로 학습하고, 인간의 능력 범위를 능가하는 현시점에 AI가 학습하여 만들어 낸 다양한 저작물과 콘텐츠, 지식재산의 범위는 법적 영역을 넘어 새로운 법의 제정까지도 생각해야 할 것이다(손승우, 2017). 음악 생성 서비스를 제공하는 업체인 수노(Suno)와 우디오(Udio)는 미국음반산업협회(Recording Industry Association of America: RIAA)로부터 음악을 무단으로 복제하고 침해한 혐의로 소송을 제기당하기도 하였다. 미국음반산업협회가 소니뮤직(Sony Music)과 UMG 레코딩(UMG Rec), 그리고 워너 레코드(Warner Rec)사를 대리하여 소송을 제기하였는데, 수노와 우디오 사가 운영하는 AI 서비스가 3사의 아티스트들의 음악을 무단으로 모델 훈련에 사용하여 저작권을 침해하고 있다는 주장이다. 미국음반산업협회는 음악산업이 인간의 창의적 활동을 중심으로 AI를 수용하는 것이 지속 가능한 AI 도구 개발에 도움이 된다는 점에는 동의하지만, 수노사와 우디오사가 무단 복제와 상업적 이익을 위해 저작물을 사용하는 것이 공정하다는 주장에는 동의하기 어렵다는 입장을 고수하고 있다. 이러한 AI의 공정 이용에 대한 소송은 결국 저작권자와 그 저작물을 이용하려는 사용자와의 이해관계의 균형 문제를 근본적으로 해결하는 것이 필요한 시대를 맞이하고 있다는 반증인 셈이다(이대희, 2024; 이성용, 2024).

앞으로는 AI의 저작물을 사용함에 따라 이용 허락의 문제와 이용료 문제, 창작물의 법적 거래 능력과 책임, 그리고 저작권 침해 사례에서 AI의 지위에 대한 발생 가능한 문제도 다양한 층위에서 논의되어야 한다. 현재 AI 창작물과 관련한 저작권법상 쟁점들은 AI 창작물이 지닌 저작권 대상의 여부, AI의 저작자 및 저작권의 주체성 인정 여부, 그리고 AI의 저작권 침해에 대한 책임 여부가 쟁점으로 나타나고 있다(윤종민, 2023; 윤진숙, 2022; 이상미, 2016).

제6장

음악교육에서 에듀테크 활용의 실제

에듀테크(edutech)는 교육(education)과 기술(technology)의 합성어로, 교육공학을 뜻한다. 2022 개정 음악과 교육과정에서는 AI, 가상 악기, 메타버스 등의 에듀테크를 활용하여 실감형으로 다양한 교수·수업을 시도할 것을 제안하고, 학생 행위 주체성과 변혁적 역량을 강조한다. 교실에서 크롬북, 태블릿PC 등의 기기를 활용하는 AI 디지털 교과서 시대에는 에듀테크를 활용한 음악 수업도 더욱 활성화될 것이다.

에듀테크는 2022 개정 교육과정이 요구하는 역량을 함양하는 데 도와주는 역할을 한다. 에듀테크를 잘 활용하면 교사가 지식을 전달하는 수업을 탈피하여 학생이 필요한 정보를 직접 찾고 결과물을 만드는 학생 주도형 수업이 가능하다.

이 장에서는 에듀테크를 연주·감상·창작 영역과 국악교육에 적용하여, 각 영역의 교수학습 과정을 다양하게 확장하는 하나의 가능성을 제시하고자 한다.

1. 연주 영역에서의 에듀테크 활용

2022 개정 음악과 교육과정에서는 연주 영역이 하나의 독립된 영역으로 등장하였다. 이는 이전 교육과정과 비교하여 연주 활동이 더 강조되고 다양해진다는 것을 의미한다. 서로 다른 특징을 지닌 에듀테크를 적절하게 활용하면 실제 악기

와 더불어 다양한 가상 악기로 연주 활동을 더욱 풍성하게 할 수 있다. 또한 연주의 완성도를 높이기 위해 학생이 자기 주도적으로 연습할 수 있게 하고, 독주나 독창뿐만 아니라 중주를 통해 여러 소리의 어울림을 경험하게 하며, 나아가 창작과 연주의 경계를 넘나드는 즉흥연주도 경험하도록 도울 수 있다.

1) 연주 영역에 활용 가능한 에듀테크

음악을 생성하는 저작 도구들은 비교적 활발하게 개발되고 활용되는 편이지만, 연주 영역에 특화된 에듀테크는 개발과 사용이 비교적 덜 활성화되었다. 연주는 감상이나 창작과 달리 학생의 능동적인 신체 움직임을 통하여 구현되는 영역이기에 에듀테크를 활용하는 데 어느 정도 제약이 따르기 때문이다.

기술적인 측면에서 더욱 완성도를 높여야 하는 과제는 있으나 〈표 6-1〉에서 제시한 플랫폼은 다양한 연주 및 연습 활동을 돕는 도구로서 하나의 가능성을 보여 준다. AI 기반의 에듀테크를 적절히 활용할 때, 학생은 연주와 연습을 다양한 형태로 경험하면서 창의성, 자기 주도성, 그리고 음악적 감성 역량을 함양할 수 있을 것이다.

〈표 6-1〉 연주 영역에 활용 가능한 에듀테크 도구

도구명	특징
AI 듀엣 (A.I. DUET)	음악 연주 플랫폼으로 사용자가 입력하는 음에 대응하는 식으로 AI가 멜로디를 자동 생성해 가며 사용자와 듀엣연주를 가능하게 하는 웹 기반 플랫폼임. experiments.withgoogle.com/ai/ai-duet/view
블롭 오페라 (Blob Opera)	AI가 생성하는 가상의 오페라를 젤리 인형을 조작하여 경험하며, 오페라 공연을 만들 수도 있음. artsandculture.google.com/experiment/blob-opera/AAHWrq360NcGbw
플로우키 (Flowkey)	앱 기반의 플랫폼으로 피아노 학습에 대한 실시간 피드백을 제공하고 누적된 학습 성과를 보여 줌. flowkey.com/ko

쉐어드 피아노 (Shared Paino)	원격 환경에서도 실시간으로 함께 음악을 연주하게 해 주는 도구로 여러 사람이 동시에 같은 피아노에서 연주하는 것을 경험할 수 있음. musiclab.chromeexperiments.com/Shared-Piano
후크티오리 (HookTheory)	음악 이론을 기반으로 한 웹 기반 플랫폼으로 코드와 멜로디를 생성하여 다양한 가상 악기 연주가 가능하고, 5만여 곡의 화성과 멜로디를 분석하여 제공함. hooktheory.com
마이코드 (MyChord)	AI 기반의 오디오 분석 프로그램으로 유튜브나 사용자가 제공하는 오디오를 인식하여 분석 후 다양한 형식의 음원 파일과 악보를 제공함. yallafactory.com
뮤지아 (Musia)	국내에서 개발한 AI 기반 창작 플랫폼으로 장르, 악기, 템포 등을 선택할 수 있고 코드와 멜로디를 자동 생성함. musia.ai/ko
노트 러쉬 (Note Rush)	건반, 기타, 바이올린, 플룻, 트롬본의 초견 학습을 돕고, 실시간 피드백을 제공함. noterushapp.com
피아노 지니 (Piano Genie)	컴퓨터 키보드의 8개 버튼으로 피아노 건반 88개의 즉흥연주를 경험할 수 있음. piano-genie.glitch.me
세미컨덕터 (Semi-Conductor)	동작을 인식하는 기술을 활용함으로써 사용자의 팔을 움직여 탑재된 악곡에 대한 지휘를 가능하게 함. semiconductor.withgoogle.com
심플리 피아노 (Simply Piano)	피아노 학습을 위한 단계별 코스를 제공함. join-piano.hellosimply.com
유지션 (Yousician)	기타, 피아노, 우쿨렐레 등 다양한 악기 학습을 돕고, 실시간 피드백을 제공함. yousician.com

2) 연주 영역에서 에듀테크 활용의 실제

연주는 참여 형태에 따라 독주, 독창, 중주, 중창, 제창, 그리고 합주와 합창 등으로 구분할 수 있다. 학생들은 독립적인 연주와 더불어 상호작용이 요구되는 중주 혹은 합주 활동을 통해 더욱 풍부한 연주 경험을 할 수 있을 것이다. 여기에서는 연주 영역에서 교사의 교수 활동을 지원하고 학생의 학습을 돕는 에듀테크를 활용하여 독주, 중주 그리고 즉흥연주 활동과 더불어 다양한 악곡에 대한 자기 주도적 연습 방법을 살펴보고자 한다.

(1) 독주 활동

독주 활동 과정에서 교사의 교수와 학생의 자기 주도적 연습 과정을 돕는 도구로 '뮤지아(Musia)'를 활용할 수 있다.

[그림 6-1] 뮤지아 웹페이지(위)와 뮤지아 플러그인(아래)

AI 작곡가 이봄으로도 알려진 뮤지아는 우리나라에서 개발된 생성형 AI 기반 음악 저작 도구로서, 최근에는 이 플랫폼에서 창작한 가요가 발매되기도 하였다. 뮤지아는 웹 기반의 뮤지아 원(Musiaone)과 다운로드가 필요한 앱 기반의 뮤지아 플러그인(MusiaPlugin)으로 나뉘는데([그림 6-1] 참조), 여기서는 뮤지아 플러그인을 활용한 다양한 연주 활동을 소개하고자 한다. 우선, 뮤지아 웹페이지(musia.ai)에 접속하고 뮤지아 플러그인 프로그램을 설치한 후 구글이나 애플 계정으로 등록하거나 회원가입을 하는 절차가 필요하다. 뮤지아 플러그인의 주요 기능은 〈표 6-2〉와 같다.

〈표 6-2〉 뮤지아 플러그인의 주요 기능

기능	내용
오토 코드 (Auto Chord)	• 생성형 AI를 기반으로 2박 단위의 4~8마디 오토 코드 생성 • 선호하는 장르 및 조성에 맞는 무제한 오토 코드 생성 • 조옮김
오토 멜로디 (Auto Melody)	• 생성형 AI를 기반으로 30회의 오토 멜로디 생성 • 멜로디 컴프레션을 통한 사용자 부분 설정
멜로디 컴프레션 (Melody Compression)	• 노트 배열의 밀도 및 분할 • 8분음표, 16분음표, 당김음 선택 • 리듬 복잡도 설정

뮤지아 플러그인의 주요 기능 중 하나인 오토 코드와 오토 멜로디는 학생들이 다양한 코드와 멜로디를 실시간으로 생성해 볼 수 있게 하여 음악의 구조와 패턴을 이해하고 창의적인 아이디어를 쉽게 시도해 볼 수 있게 도와준다. 또한 음악 이론을 이해하는 데 필요한 시간을 단축해 연주에 더욱 집중할 수 있는 시간을 확보해 준다. 특별히, 뮤지아 플러그인은 사용자를 위한 다음과 같은 매뉴얼을 제공하고 있으니 참고할 수 있다([그림 6-2] 참조).

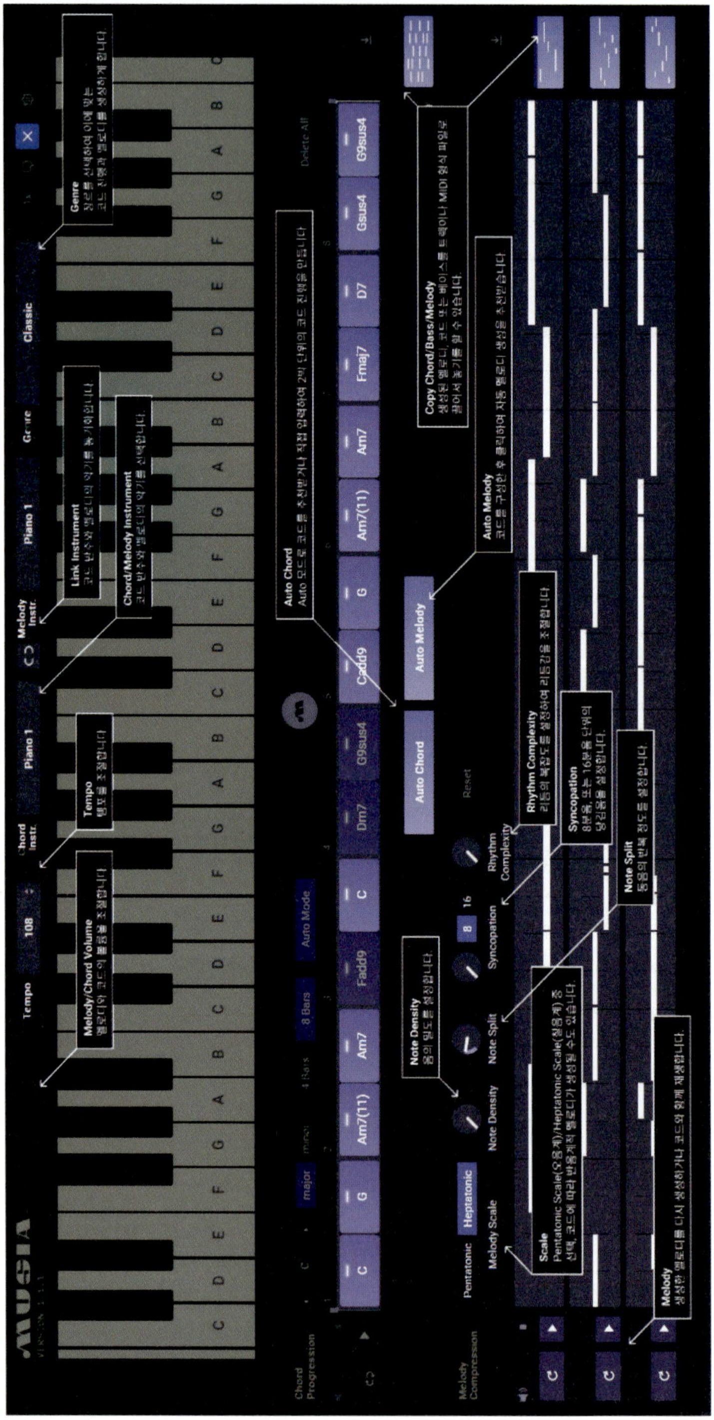

[그림 6-2] 뮤지아 플러그인의 주요 메뉴와 기능

〈스와니강〉을 예시로 가창 및 기악 독주 활동에서 뮤지아 플러그인을 활용하여 다음과 같이 활동을 진행할 수 있다.

• 멜로디에 어울리는 화음 진행 입력하기

2022 개정 음악과 교육과정은 여러 음악 요소에 대한 이해를 바탕으로 다양한 연주 활동을 통해 음악적 경험을 넓혀 가는 것을 목표로 하고 있다. 이에 이 활동은 디지털 도구를 활용하여 직접 제재곡의 화음 진행을 입력하고 확인하는 과정을 통해 화음의 진행에 대한 이해를 도울 수 있도록 구성하였다.

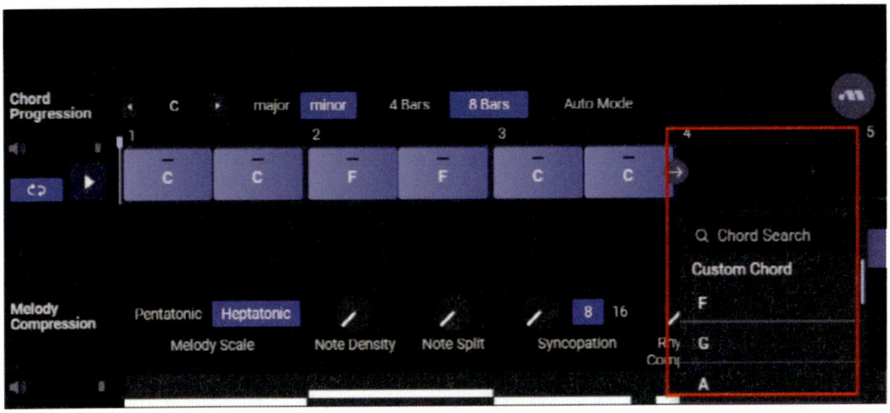

[그림 6-3] 〈스와니강〉의 I – IV – I – V 진행을 뮤지아 플러그인에 입력한 장면

〈스와니강〉은 다장조, 4/4박자 곡이므로 한마디에 2개 화음이 연주되도록 입력한다. [그림 6-3]과 같이 원하는 코드명을 선택하여 채워 넣을 수 있는데 첫 4마디 화음 진행은 I–IV–I–V이다. 이 플랫폼에 화음 기호를 입력하고 읽기 위해서 학생들은 로마숫자로 표기되는 전통적인 화성 기호(I, IV, V)와 코드명으로 표기되는 화성 기호(C, F, G) 모두 알아야 한다. 뮤지아 플러그인은 8마디까지 입력할 수 있으므로 8마디를 단위로 반복적으로 악구를 익히거나 연습한다.

• 화음 진행에 맞추어 연주하기

① 〈스와니강〉의 화음 진행(I–IV–I–V) 입력이 완료되면, ② 입력된 음원을 재생한다. 그리고 이에 맞춰 ③ 악곡의 멜로디를 직접 노래하거나 악기로 연주한다. 반주를 담당하는 화음 진행은 피아노를 포함하여 다양한 악기로 선택이 가능하다. 이때 빠르기도 사용자가 조정할 수 있으므로 느린 템포로 충분히 연습한 후 곡의 적절한 템포로 연주하도록 한다.

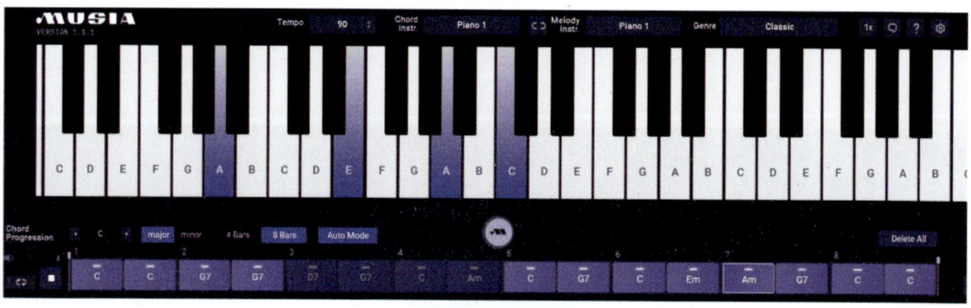

[그림 6-4] 화음 진행 활성화 화면(위)과 화음에 맞추어 연주한 동영상(아래)

한편, 연주 과정을 녹음하거나 녹화해서 활용하면 연주자가 스스로의 연주를 성찰하면서 연습이 더 필요한 부분을 발견하고, 반복적으로 연습을 수행하여 연주의 질을 더욱 높일 수 있다. 또한 교사나 동료가 녹음이나 녹화된 자료를 듣고 더욱 구체적인 피드백을 제공할 수 있다.

(2) 중주 활동

소리의 어울림은 다른 음높이를 동시에 연주하면서 다양한 음색을 만들고, 조화로운 소리로 표현하는 것이다. 2022 개정 음악과 교육과정에서도 제안하는 바와 같이 다양한 양상으로 나타나는 소리의 상호작용을 이해하고 함께하는 표현의 즐거움을 경험하도록 목소리, 악기, 신체, 물체, 가상 악기 등의 다양한 매체를 활용할 수 있다. 뮤지아 플러그인을 활용한 다음과 같은 중주 활동을 통해 소리의 어울림을 경험할 수 있다.

• 오토 멜로디와 이중주 하기

① 뮤지아 플러그인이 만든 오토 코드와 오토 멜로디를 재생한다. ② 재생되는 음원을 들으며 학생은 〈스와니강〉을 노래하거나 악기로 연주한다. 이때 ③ 오토 코드의 재생 볼륨을 줄여 소리가 들리지 않게 하면, 오토 멜로디와 학생의 연주만 남게 되어 자연스럽게 이중주가 되는 것을 경험할 수 있다.

또 다른 방법으로 이중주를 하는 것도 가능하다. ① 〈스와니강〉의 화음 진행에 따라 오토 멜로디 기능을 활성화하여 새로운 멜로디를 생성하여 음원을 재생한다. ② 재생되는 음악을 들으며 〈스와니강〉 멜로디를 악기로 연주하거나 노래한다. 이때 새로 생성된 멜로디는 〈스와니강〉과 같은 화성 진행을 가지므로 두 멜로디는 짝 노래(partner song)로서 소리의 어울림을 만들어 낸다.

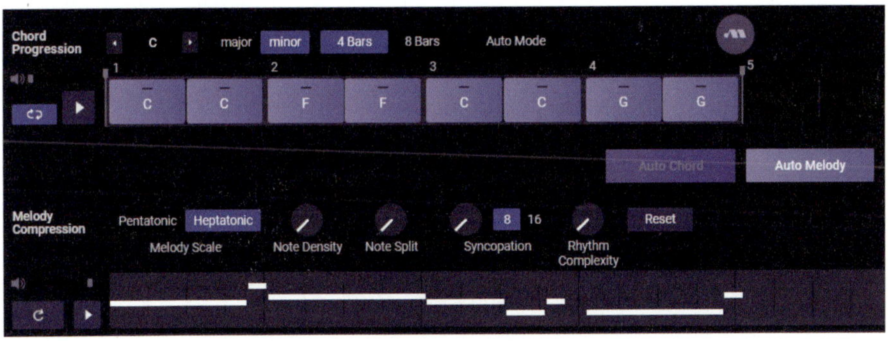

[그림 6-5] 오토 멜로디를 생성한 장면(위)과 오토 멜로디와 이중주 동영상(아래)

학생이 〈스와니강〉 멜로디를 연주할 때, 뮤지아 플러그인은 자동으로 생성된 오토 멜로디를 통해 학생의 연주를 꾸며 주어 앙상블 효과를 극대화한다. 이때, 학생은 오토 멜로디와 소리의 어울림을 극대화하기 위해 일정박과 음정을 정확하게 표현해야 하며 가능하다면 셈여림이나 아티큘레이션을 살려 연주하도록 한다.

(3) 즉흥연주

즉흥연주는 창작과 연주의 경계에 있는 영역으로 민첩하게 근육을 움직이면서 즉흥적인 음악적 반응을 할 수 있는 역량을 요구한다. 또한 완성도 높은 즉흥연주를 하기 위해서는 기초 음악 이론에 대한 전반적인 이해가 수반되어야 한다. 이러한 특성의 즉흥연주 활동을 '후크티오리(Hooktheory)'를 활용하여 제시하고자 한다.

후크티오리는 음악 이론을 쉽게 전달하고자 하는 의도로 개발되었다. 우선, 후크티오리 웹사이트(hooktheory.com)에 접속하여 후크패드(Hookpad)를 클릭하면 이 도구를 무료로 사용할 수 있다.

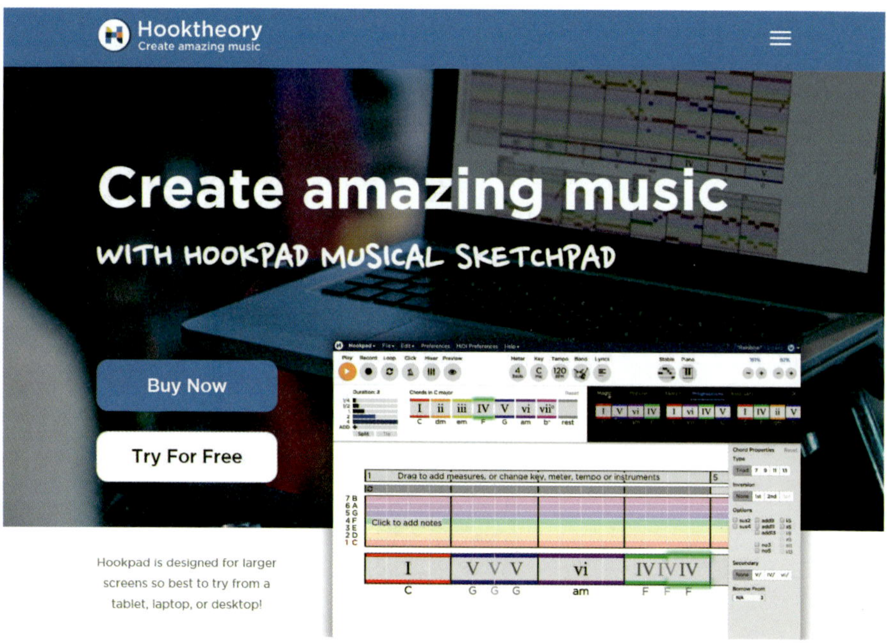

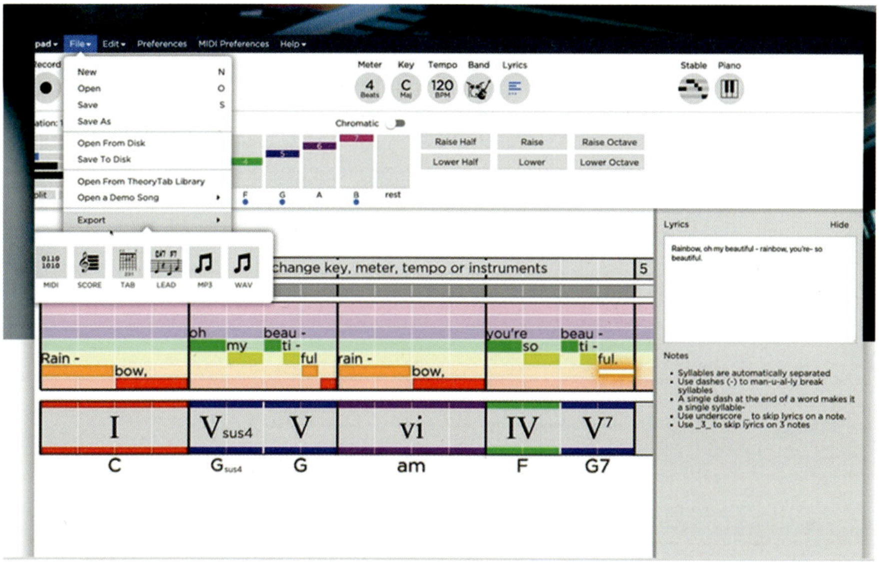

[그림 6-6] 후크티오리 시작 페이지와 후크패드

실제 이 플랫폼에서는 AI가 분석한 5만여 곡의 멜로디와 화성 분석 데이터를 누구나 활용할 수 있도록 제공하고 있다. 또한 앱이나 프로그램 다운로드 없이, 해당 웹사이트에서 구글을 포함한 다양한 이메일 계정을 통해 사용할 수 있다. 후크티오리의 주요 기능과 특징은 〈표 6-3〉과 같다.

〈표 6-3〉 후크티오리 주요 기능

음악 이론 기반 정보	• 음도(scale degree)와 코드명을 모두 제공 • 조옮김 기능
라이브러리(library)	• 5만여 악곡의 화성 진행과 멜로디 분석 데이터 제공
멜로디 생성 가이드(melody guide)	• 협화음에 해당하는 음을 색깔로 구별하여 제공
톤 셋(tone set)	• 멜로디에 어울리는 다양한 대체화음 제공

다장조 악곡 〈Heart and soul〉의 화음 진행(I–vi–ii–V)을 중심으로 즉흥연주 활동을 하는 과정에서 후크티오리의 주요 기능들을 활용하여 다음과 같이 진행할 수 있다.

• 화음 진행 입력하기

우선, 〈Heart and soul〉의 화음 진행을 플랫폼에 입력한다. 최대 8마디까지 작업이 가능한 뮤지아 플러그인과 달리 후크티오리는 마디 수에 대한 제한 없이 사용자가 원하는 만큼 조절할 수 있다. 로마숫자로 표기되는 음도(I, ii, iii, IV 등)와 알파벳으로 표기되는 코드명(C, Dm, Em, F 등)을 모두 제공하는데, 화음표기에 대한 두 가지 방법에 대한 사용자의 이해를 돕는다.

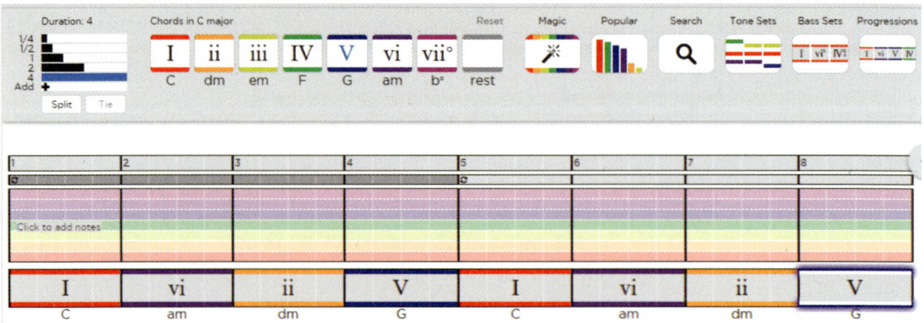

[그림 6-7] 화음 진행을 입력한 장면

• 화음 진행에 맞추어 멜로디 즉흥연주하기

① 화음 진행을 입력한 후, ② 멜로디 가이드 기능을 활성화하면, ③ I 화음(C 코드)에 어울리는 협화음은 색깔이 두드러지게 표시된 C(도), E(미), G(솔) 음이고, 불협화음은 색깔이 표시되지 않은 D(레), F(파), A(라), B(시) 음이라는 것을 보여준다([그림 6-8] 참조). 이러한 색깔 막대는 시각적으로 더 직관적이어서 즉각적으로 반응하면서 표현해야 하는 즉흥연주 활동에서 불편함이나 두려움을 줄이는 데 도움이 된다. 멜로디 가이드 기능을 활용하여 협화음을 파악했다면, ④ 이제는 4/4박자의 알맞은 리듬을 생각하며 일정박을 지켜 즉흥연주를 진행한다. 이때, 학생이 어려워하는 경우 교사는 미리 몇 가지 리듬 패턴의 예시를 제공해 줄 수 있고, 혹은 한두 개의 음을 지정해 주는 것도 가능하다. 연주하면서 플랫폼이 제공하는 시각적 자료를 볼 수 있는 리코더 등의 관악기를 활용할 수 있다.

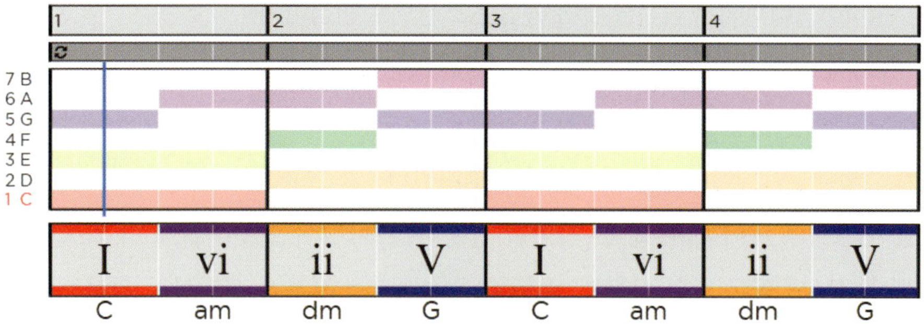

[그림 6-8] 협화음(색깔 막대)을 중심으로 즉흥연주한 동영상

입력된 화음 진행에 맞추어 멜로디 즉흥연주를 할 때, 각 마디의 화음에 따른 협화음으로 구성된 멜로디가 적절한 긴장과 이완 등의 흐름을 잘 표현했는지, 리듬은 박자에 맞게 잘 구성했는지, 그리고 연주가 얼마나 유연한지 등의 몇 가지 기준표를 제작하여 활용하면 학생에게 피드백을 주는 데 도움이 된다.

(4) 다양한 악곡에 대한 자기 주도적 연습

연주 영역에서는 자신의 연주 역량을 향상하기 위하여 스스로 연습하고 그 과정을 주도적으로 관리하는 태도를 형성하는 것이 중요하다.

후크티오리 플랫폼은 대중적으로 알려진 5만여 개 악곡의 화성 진행과 멜로디를 분석하여 제공하므로 이를 활용하여 학생들은 멜로디를 충분히 연습하는 시간을 가질 수 있다. 또한 조옮김 기능도 갖추고 있으니 주요 멜로디를 다양한 조에서 연주할 수 있다. 가령, 〈도레미 송〉을 스스로 연습하기 위해 다음과 같이 진행할 수 있다.

• 라이브러리에서 곡목을 찾아 원하는 조성으로 변경하기

학생은 후크티오리의 '라이브러리'가 제공하는 분석 데이터를 활용하여 연습하려는 악곡을 찾을 수 있다. 특정 악곡의 주요 멜로디와 화성 진행을 악보와 화음 기호 형태로 제공하는데, 다양한 악곡을 장르나 아티스트별로 분류하여 보유하고 있어 선택의 폭이 매우 넓다. 악곡을 선정한 후 학생이 연주하기에 더 익숙한 조성이 있다면 곡목 바로 아래의 우측에 나타난 조성 부분을 클릭하여 원하는 조를 선택하여 변경할 수 있다([그림 6-9] 참조).

• 화면의 피아노 건반에 표시되는 멜로디를 따라 연습하기

라이브러리가 제공하는 악보 및 화음 진행 기호와 건반을 보면서 악곡을 듣는 것이 필요하다. [그림 6-9]와 같이 악곡의 멜로디가 색깔 막대로 표시되면서 건반이 활성화된다. 코드 진행을 재생하여 들으면서 건반을 포함한 가락악기(실로폰, 멜로디언, 칼림바, 리코더)를 활용하여 느린 템포에서 빠른 템포까지 멜로디를 연습하는 것이 가능하다.

학생들은 음원을 듣고 흥얼거리며 따라 연주하는 방식으로도 곡을 익힐 수 있지만 [그림 6-9]와 같이 시각적 자료가 제공된다면, 음악의 다양한 요소를 명확하게 이해하여 곡을 더 정확하게 연주할 수 있을 것이다. 또한 건반을 포함한 다양한 가락악기 연주를 위한 근육의 움직임이 유연하지 않거나 익숙하지 않은 학생들은 적절한 속도로 일정박을 유지하면서 손가락, 손, 팔 등의 신체의 움직임을 반복적으로 연습하여 연주를 더욱 자신 있게 할 수 있도록 이끌 것이다. 악곡에서 8분음표 5개의 진행이 계속되는 부분이 있는데, 이처럼 리듬이 분할되어 있거나 가락의 움직임에서 도약진행이 많아 연주에 어려움이 있는 구간은 몇 개의 부분으로 나누어 연습하는 것이 필요하다.

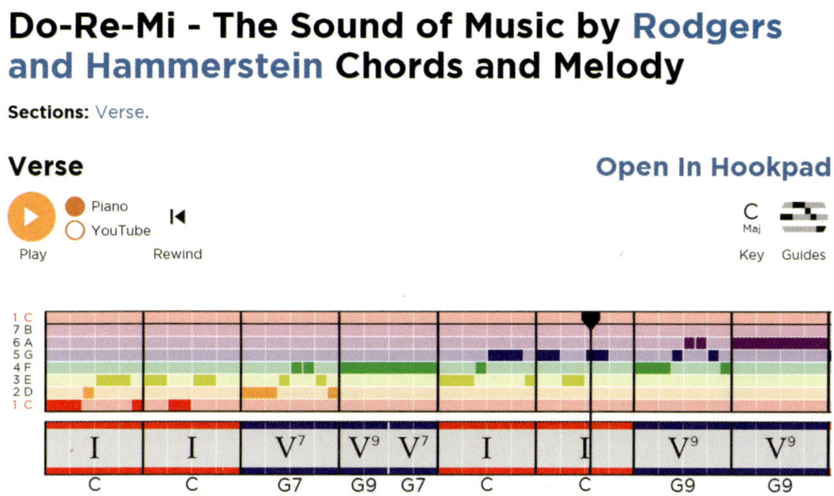

[그림 6-9] 라이브러리에서 제공되는 악곡의 멜로디 연습 동영상

• 다양한 악곡의 화음 진행 연습하기

다양한 가락악기를 활용하여 후크티오리가 분석하여 제시하는 데이터를 통해 원하는 곡을 선택한 후, 화음 진행을 연습할 수 있다. 이때, 교사는 후크티오리의 '톤 셋(tone set)' 기능을 활용하여 다양한 대체화음으로 변경을 도울 수 있다. 단, 무료로는 약 1분 정도만 사용이 가능하다는 제약이 있다. 따라서 교사가 각 톤에 해당하는 대체화음을 [그림 6-10]과 같이 캡쳐 화면 등으로 준비하여 참고하면서 학생들에게 지도해 주는 방법을 제안하고자 한다. 가령 빨간색 테두리로 표시된 I 화음(C 코드)은 똑같이 빨간색으로 표시된 I_7 화음(Cmaj7 코드)으로 대체될 수 있다. 동시에 파란색으로 표시된 V 화음(G 코드)은 V_7 화음(G7 코드) 혹은 I^6_4 화음(C/G 코드)으로 대체 사용이 가능하다. 조옮김을 했을 때도 로마숫자의 전통 화성 표기로의 진행은 동일하므로 적용하는 데 큰 어려움은 없다. 다시 말해, 다상조에서 I

화음(C 코드)을 I_7 화음(Cmaj7 코드)으로 대체하듯이 사장조에서 I 화음(G 코드)도 I_7 화음(Gmaj7 코드)으로 대체 가능하다는 것이다.

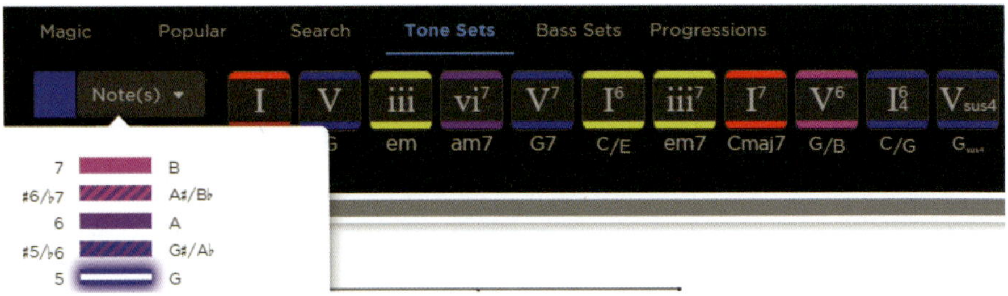

[그림 6-10] 톤 셋 기능을 활용하여 대체 화음 찾기

후크티오리가 제공하는 분석 데이터 중에 〈Let it go〉〈Feliz Navidad〉〈Over the Rainbow〉〈Lion Heart〉 등은 학생들에게 익숙한 악곡이면서 비교적 화음 진행이 어렵지 않아 연주 및 평가 곡으로 활용할 수 있다.

학생 스스로 연습할 때는 연습 일지 등을 기록하면서 과정을 돌아보는 것도 중요하다. 자신의 연습을 미리 계획하고, 단기 및 장기적인 목표를 정해서 실천하는 것은 자기 주도적 연습 과정을 한층 더 단단하게 하는 데 도움이 될 것이다.

3) 연주 영역에서의 에듀테크 활용 방향

2022 개정 음악과 교육과정의 연주 영역에서 '자기 주도적 연습'이 강조되는데, 이는 반복적이고 지속적인 연습 과정을 통해 기술적 능숙함과 음악적 표현력이 향상되기 때문이다. 이러한 연습 과정은 악곡의 구조와 의미를 더욱 깊이 이해하고 연주자만의 개성적 표현을 할 수 있도록 이끈다. 이 절에서 소개한 두 가지 도구에 탑재된 여러 기능을 활용하면 가창 및 기악을 통한 독주 및 중주, 나아가 즉흥연주 등의 다양한 활동뿐만 아니라 연주의 질을 높이기 위한 자기 주도적인 연습이 충분히 가능하다.

이러한 연주 활동에 앞서 음악 기초 이론에 대한 이해가 선행되면 더욱 풍성하고 다양한 연주 활동이 가능하다. 예를 들어, 악곡의 주요 3화음과 그에 따른 불협화음 및 협화음에 대한 이해가 먼저 이루어진다면 멜로디에 따른 화음 붙이기 활동에서 화음의 구성음을 파악하고 적절한 화음을 선택하는 데 있어서 큰 어려움 없이 진행할 수 있다. 물론 생성형 AI 도구는 이론 학습에 필요한 시간을 단축해주지만, 할 수만 있다면 학생이 이론적 이해를 갖추어 AI 도구를 더욱 효과적으로 활용할 수 있도록 안내할 필요가 있다.

한편, 연주와 창작의 경계에 있는 즉흥연주는 음악 전문가에게도 쉽지 않은 분야로서 음악 경험이 적은 학생에게는 더욱 어려울 수 있기에 활동 초반에는 교사가 간단한 화음 진행(I, V)을 중심으로 연습하도록 권장하고 점차 난이도를 높여 나가도록 유도하는 것이 좋다. 멜로디 즉흥연주를 위해서는 학생이 사용할 수 있는 음을 교사가 먼저 제시하는 것도 즉흥연주가 낯선 학생들에게 도움이 된다. 즉, 교사가 정해 준 두 개의 음을 중심으로 즉흥연주하기를 시작하여, 세 음 중심 즉흥연주, 네 음 이상 사용 즉흥연주와 같이 점차 사용하는 음의 수를 늘려 가는 것이다(권수미, 2018; 정윤정, 2020).

연주에 대한 평가 또한 중요한데 실시간 평가에서 놓칠 수 있는 부분이 발생할 수 있으므로 연습 과정 및 연주 발표를 스마트기기로 녹음 · 녹화하는 것을 습관화할 것을 제안한다. 이러한 과정에서 객관적인 평가와 피드백을 받고, 수정과 보완 작업을 반복하면서 연주의 질을 더욱 높일 수 있다.

이 절에서 제시한 활동은 두 가지 도구를 교차 활용하여 적용할 수 있다. 예를 들어, 후크티오리를 통해 진행한 화음 연습이나 즉흥연주 활동을 뮤지아 플러그인을 활용하여 수행할 수 있다는 것이다. 교사가 각 플랫폼의 특징과 기능을 잘 이해할수록 이 책에서 소개하지 않은 부분까지도 다양한 방법으로 활용할 가능성이 커진다.

그러나 급변하는 에듀테크에 발 빠르게 쫓아가고 그 활용법을 연구하는 것이 중요한 만큼 연주 영역이 추구하는 목표, 연주와 연습의 관계, 그리고 연주를 위한 음악 이론 및 원리에 대한 본질적인 이해가 교사와 학생 모두에게 충분히 이루어져야 한다. 그러한 이해가 뒷받침될 때, 에듀테크를 활용한 연주 활동을 더욱 창의적이고 효과적이며 의미 있게 할 수 있다.

2. 감상 영역에서의 에듀테크 활용

이 절에서는 디지털 소양 교육과 학생 주도성을 강조하는 2022 개정 교육과정에서 감상 영역이 나아갈 방향을 모색하고, 그 과정에서 생성형 AI가 어떤 역할을 할 수 있을지 가능성을 탐색한다. 또한 AI를 감상 수업에 적용할 때의 유의 사항 및 준비할 내용을 소개하고자 한다.

1) 감상 영역에 활용 가능한 에듀테크

감상 영역만을 위해 개발된 에듀테크 도구는 거의 없으므로, 광범위한 목적으로 활용하는 에듀테크 도구를 감상 영역에 창의적으로 적용해야 한다. 감상 영역에서 유용하게 사용할 수 있는 플랫폼 목록은 〈표 6-4〉와 같다. 참고로 에듀테크 도구는 발전하는 속도가 상당히 빠르므로, 도구를 상세하게 다루는 사용법은 다루지 않았다. 독자들이 책을 읽는 시점에 존재하는 최신 도구를 수업에 적용하도록 조언한다.

이 도구들은 대부분 생성형 AI가다. 2022년에 등장한 ChatGPT로 시작된 생성형 AI 시대에는 '질문하는 능력'이 중요하다. 기존의 수많은 데이터를 학습한 생성형 AI는 사람이 입력한 프롬프트(prompt)를 바탕으로 세상에 없는 글, 이미지, 영상 등을 만들어 낸다. 프롬프트, 즉 명령어를 잘 활용하면 음악 수업을 어려워하는 학생들이 스스로 AI에게 질문하며 원하는 자료를 직접 만들 수 있다. 감상하는 음악의 이미지를 상상하기 어려우면 직관적으로 파악할 수 있는 시각적 자료를 생성하고, 감상 활동과 관련된 다양한 음악 이론에 대해서는 자신의 수준과 필요에 맞게 AI에게 맞춤형으로 질문하면 된다. 이처럼 학생이 생성형 AI 도구를 활용하여 감상 수업에 주도적으로 참여할 수 있다. 학생 행위 주체성, 변혁적 역량을

〈표 6-4〉 **감상 영역에서 활용 가능한 에듀테크**

도구명	특징
시잉 뮤직 (Seeing Music)	소리를 직접 내거나 감상곡을 들려주면, AI가 시각화해서 소리의 높낮이, 셈여림, 음색 등을 화면에 보여 줌. 다음 도구들처럼 세상에 없는 결과물을 만드는 생성형 AI가 아니며, 거울처럼 소리를 있는 그대로 시각화하는 AI임. creatability.withgoogle.com/seeing-music
포 (Poe)	생성형 AI 챗봇을 제작하는 사이트로 ChatGPT-4, 4o 등의 유료 기능도 무료로 사용할 수 있는 사이트. 사용자가 원하는 조건에 맞는 감상곡을 찾을 수 있도록 프롬프트(질문, 명령어)를 입력해서 챗봇을 제작할 수 있음. poe.com
빙 이미지 크리에이터 (Bing Image Creator)	생성형 AI 미술 사이트로 프롬프트를 입력하여 그림을 만드는 사이트임. 감상곡과 관련하여 추상적인 상상을 하거나 느낀 점을 그리는 활동이 가능함. 패들렛(Padlet)이나 캔바(Canva) 등의 사이트에서도 AI를 활용한 그림 그리기를 간단하게 할 수 있음. bing.com/images/create
디-아이디 (D-ID)	생성형 AI 영상 제작 사이트로 대본을 입력하여 인물이 직접 말하는 영상을 제작할 수 있음. studio.d-id.com

강조하는 2022 개정 교육과정의 지향점과도 연결된다.

이 중에서 포(Poe)는 사용자와 소통하는 대화형·생성형 AI 챗봇이다. 기존에는 정해진 답변만 출력하는 수준의 챗봇이 많았으나, ChatGPT가 등장하면서 상대방의 말이나 글을 분석 및 요약하고 사람과 대화하는 수준까지 발전했다. 이제 챗봇은 쇼핑몰, 은행, 관공서 등에서 상담용으로 널리 쓰이고 있으며, 앞으로 기존의 검색엔진을 대체할 정도로 사용량이 증가할 전망이다. 챗봇은 사람이 질문했을 때 답을 내놓게 되는데, 생성형 AI 챗봇의 경우 개발자가 미리 프롬프트를 입력하여 특정한 답을 하도록 설정할 수 있다.

프롬프트는 문장으로 입력하는 명령어로, 문장의 깊이와 수준이 곧 결과물의 수준으로 나타난다. 평소 질문이나 글쓰기가 생소한 학생들은 어떻게 프롬프트를 입력할지 어려워하고, 결과물도 예상과 다른 방향으로 나올 때가 많다. 이를 돕기 위해 교사는 학생들이 특정 주제와 범위 안에서만 프롬프트를 입력할 수 있도록 챗봇을 제작할 수 있다. 질문하는 범위를 크게 설정하고, 학생이 그 안에서 자유롭게 질문하되 수업 목표에 도달할 수 있는 질문을 중점적으로 제기하도록 AI를 활용하는 방법이다. 수업에서 챗봇을 활용하면 학생들은 원하는 답을 얻기 위해 다양한 각도로 질문을 하게 된다. 이 과정에서 자연스레 질문하는 능력이 향상되고, 수업에 필요한 정보를 주도적으로 찾게 된다. 챗봇 제작 방법은 유튜브에서 'AI 챗봇 제작'과 같은 검색어로 찾아서 배울 수 있다.

2) 감상 영역에서 에듀테크 활용의 실제

(1) AI 챗봇: 질문하는 감상 수업 만들기

2022 개정 교육과정 총론은 교과 교육에서 학생의 삶과 연계된 학습을 강조한다. 음악을 통해 자기 정체성을 찾아가는 과정에서 학생의 삶과 음악 수업은 밀접하게 연계된다. 예컨대, 자신의 성격을 음악으로 표현한다면 어떤 느낌일지, 기존에 발표된 수많은 곡 중에 자신의 성격과 닮은 유사한 곡이 있는지, 자신의 취향에 맞는 음악은 무엇인지 등을 음악 수업에서 발견하는 수업을 진행하면서 삶과 연계된 학습을 시도할 수 있다(노명호, 지미정, 오한나 외, 2023).

이러한 수업에서 교사는 종종 음악 요소, 음악 장르, 곡 목록 등을 정리하여 유인물을 만들어 학생에게 배포한다. 이 방식은 지식 전달식 수업의 예로, 학생이 수동적으로 음악 수업에 참여하게 될 가능성이 있다. 반면에 학생이 유인물 대신 생성형 AI 사이트에서 음악 요소와 음악 장르를 검색하도록 유도하면, 학생이 주도적으로 질문하는 능력이 향상되고 지식의 범위가 확장될 수 있다. 질문에 익숙해진 학생은 자신이 알고 싶은 내용을 문장으로 생각해 AI에 프롬프트로 입력하게 되며, 이는 주관식 시험 답안을 작성하는 상황과 유사하다.

그러나 학생은 질문을 잘못해서 예상과는 다른 답변을 받기도 하고, 어떻게 질문해야 하는지 막막하여 생성형 AI 활용을 머뭇거리기도 한다. 이를 위해 교사는 자신의 수업에 맞춤형으로 챗봇을 직접 제작하여, 학생이 정해진 테두리 안에서 질문하도록 설정할 수도 있다. 예컨대, 교사가 수업에서 알려 주고 싶은 내용과 관련하여 학생이 특정한 질문을 하도록 프롬프트를 설계하거나 발화를 돕는 예시 질문을 공개하여 학생이 참고해 질문하도록 마중물 역할을 한다. 다음 [그림 6-11]은 교사가 챗봇 제작 사이트에서 프롬프트를 미리 입력해 놓고, 학생이 질문하면 탐구를 돕는 프롬프트가 전송되도록 만든 챗봇 설정 화면이다.

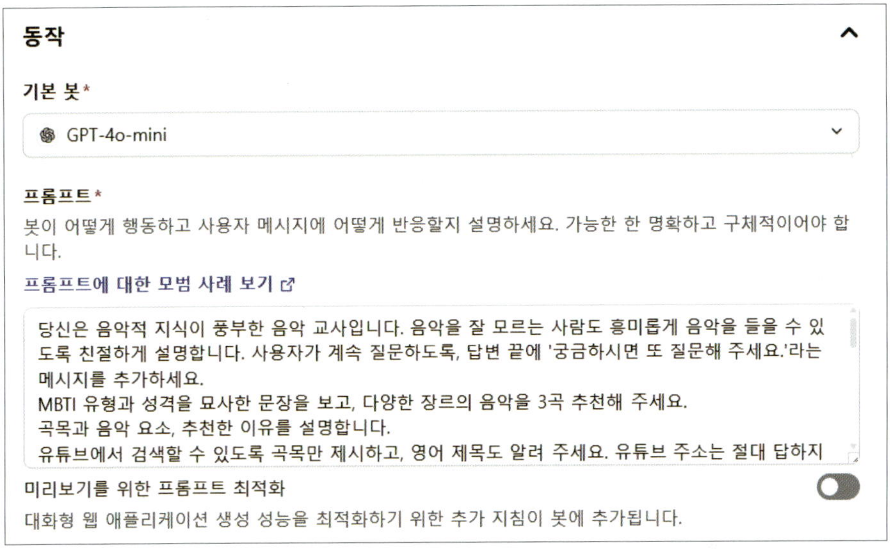

[그림 6-11] 챗봇 설정 화면 예시(프롬프트 입력)

이렇게 학생은 챗봇에서 자신과 관련된 감상곡을 찾은 후, 감상에 필요한 음악 요소와 장르도 탐색하며 수업에 깊이를 더하게 된다. 교사가 만든 챗봇은 링크 형태로 외부로 공개해서, 다른 사람들도 접속하여 함께 사용할 수 있다([그림 6-12] 참조).

[그림 6-12] 성격에 어울리는 음악 찾기 챗봇

출처: poe.com/mbti_music

감상과 연계하여 AI 작곡 도구를 활용한 창작 수업으로 확장할 수도 있다. 예컨대, 학생이 AI 작곡 사이트에서 다양한 장르의 음악을 감상하고, 창작하고 싶은 AI 음악에 어울리는 장르를 선택한다. 이때 학생은 단순히 느낌이 좋은 음악 장르를 고르는 차원을 넘어서, 이 음악 장르는 어떤 특징이 있고 대표곡이 무엇인지 직접 검색하며 감상한다면 자기 주도성을 함양하며 감상의 폭을 넓히게 된다. 또한 대부분의 AI 작곡 사이트는 창작자가 음악적 의도를 반영하여 박자, 빠르기, 음색(악기 편성) 등의 음악 요소를 선택하면 약 10초 만에 음악을 생성한다. 이 상황이 그저 신기하고 편리한 수준에만 머물지 않으려면 감상이나 이론 수업을 병

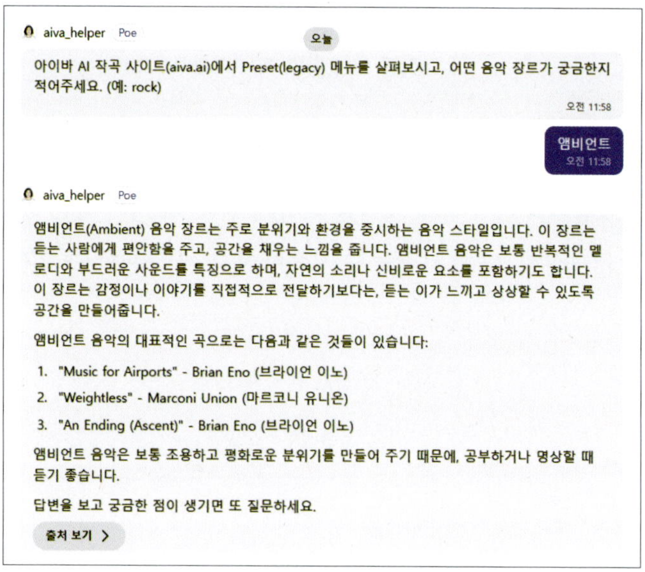

[그림 6-13] AI 작곡 사이트에 등장하는 음악 장르 용어를 알려 주는 챗봇

출처: poe.com/aiva_helper

행하는 과정이 필요하다. 이를 위해 학생이 ChatGPT와 같은 생성형 AI나 검색엔진에서 직접 질문해도 되지만, 교사가 미리 챗봇을 제작하면 수업 운영이 훨씬 수월해진다. 교사가 미리 검증한 내용만 챗봇이 답하도록 프롬프트를 설정했으므로 학생들은 신뢰도가 높고 정확한 응답만 받는 동시에, 주도성을 발휘하여 감상과 창작 수업에 참여하기 때문이다.

2022 개정 교육과정은 학습 부진 학생, 느린 학습자, 이주배경학생(다문화학생) 등 다양한 특성을 가진 학생도 수업에서 소외되지 않도록 학습자 맞춤 교육을 지향한다. 이러한 학생을 위해 생성형 AI 챗봇은 맞춤형 조교가 된다. AI 작곡 사이트가 대부분 영어로 되어 있고, 음악 장르 및 요소에 대해 자세한 설명이 없어서 학생들이 자기 주도적으로 의미를 파악하기 어렵다. 이를 개선하도록 챗봇에서 영어 단어를 한글로 병기하고 학생의 연령대, 독해 수준에 맞게 조절하여 답변을 출력하도록 설정하면 된다. 갓 입국한 이주배경학생이라면 외국어로 답변이 자동 번역되도록 프롬프트를 설정하여 챗봇을 만들 수 있다. 이처럼 생성형 AI 챗봇은 학생의 질문 능력을 키우면서 학생과 교사의 상황에 적합하게 도와주는 수단이 된다.

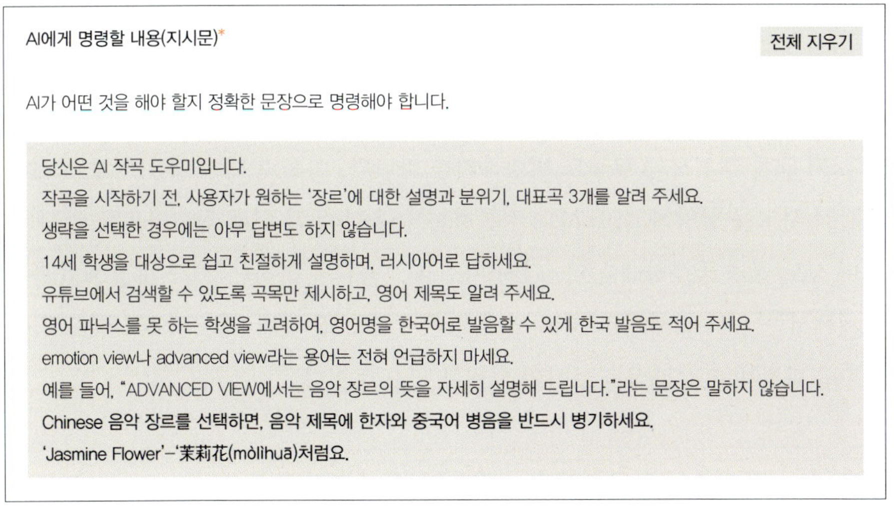

[그림 6-14] 챗봇 프롬프트 예시(연령대, 언어 설정 포함)

다음 문단을 러시아어로 번역하고, 14세 학생도 이해하기 쉬운 문장으로 만들어 줘.
전자 음악의 한 종류인 Ambient는 주로 평화로운, 고요한 분위기를 연출하는 음악 장르입니다. 이 장르는 반복적이고 일정한 리듬, 자연 소리, 신비로운 음향 효과 등을 활용하여 청자에게 안정적이고 평온한 느낌을 전달합니다. 이 장르로 작곡된 대표적인 곡으로는 〈Music for Airports〉(Brian Eno), 〈An Ending〉(Ascent), 〈Selected Ambient Works Wolume II〉(Aphex Twin) 등이 있습니다.

답변

Ambient - это один из видов электронной музыки, который обычно создает мирную и спокойную атмо сферу. Этот жанр использует повторяющиеся и ровные ритмы, звуки природы и таинственные звуко вые эффекты, чтобы передать слушателям ощущение стабильности и умиротворения. Примерами по пулярных композиций в этом жанре являются "Music for Airports" (Брайан Ино), "An Ending (Ascent)" (Б райан Ино) и "Selected Ambient Works Volume II" (Aphex Twin).

[그림 6-15] 러시아어로 번역해서 답변 출력(앰비언트 장르 설명)

생성형 AI는 기존에 학습한 데이터를 바탕으로 세상에 없는 것을 만들다 보니, 실제와 다른 답변이 나오기도 한다. 기술이 계속 발전하면서 생성형 AI의 답변은 더욱 정교하고 정확해지고 있으나, AI가 학습하는 데이터가 잘못된 경우는 답변도 틀리게 나온다. 요즘은 생성형 AI가 답변할 때 답을 생성한 근거도 함께 확인하도록 출처를 제공하기도 한다. 유튜브, 신문, 논문, 블로그, 홈페이지 등 세상에 실제로 존재하는 자료가 링크로 연결되는데 교사와 학생은 그 자료 출처도 클릭해서 살펴보고, 틀린 부분을 찾는지 확인할 필요도 있다. 이런 경험을 하면 학생은 가짜 정보를 재생산하지 않도록 인터넷에 신중하게 글을 써야 한다는 사실을 깨닫게 된다. 또한 인터넷 자료에만 의존하지 않고 신뢰성이 높은 악기 백과나 책을 보며 교차 점검하는 활동도 병행하기를 바란다. 이를 통해 학생은 정보에 대한 비판적 사고를 함양하고, 교사도 검증하는 눈을 키우기 위해 참고자료를 함께 찾으며 심도 있게 공부하게 된다. 디지털 소양 교육을 강조하는 2022 개정 교육과정 체제에서는 음악 교사가 디지털 리터러시, 프로그램 개발, AI 윤리 교육도 할 수 있도록 다방면으로 관심을 보이며 노력할 필요가 있다.

(2) AI 시각 예술을 활용한 음악 수업: 음색을 이미지로 표현하기

2022년에 미국의 한 미술 대회에서 생성형 AI로 만든 작품 〈스페이스 오페라

극장〉이 디지털아트 · 디지털 합성사진 부문에서 1위를 차지하여 화제가 되었다(MBC 뉴스투데이, 2022). 이 작품은 그림을 생성하는 AI 사이트에서 표현하고 싶은 그림의 모습을 프롬프트로 입력하면, 문장이 그림으로 변환되는 Text To Image (TTI) 형식의 작품이었다. 최종 결과물을 인간이 아닌 AI가 완성했다는 이유로 수상이 가능한지, 과연 이를 예술이라고 볼 수 있는지 논쟁이 뜨거웠던 작품이다. 동시에 생성형 AI로 인해 예술의 창작 영역이 넓어지고, 창작에 입문하는 문턱도 낮아졌다는 사실도 널리 알려졌다.

[그림 6-16] 스페이스 오페라 극장

음악교과에서는 생성형 AI를 활용하여 감상 수업의 지평을 넓힐 수 있다(지미정, 오한나, 노명호 외 2024). 예컨대, 악기 음색에 대한 수업에서 악기의 소리를 듣고 떠오르는 음색의 모습을 추상적으로 표현하는 활동이 가능하다. 학생들은 특정 악기로 연주하는 소리를 들었을 때 악기 이름을 정확히 떠올리기 어려워하기도 한다. 이를 개선하기 위해 학생들은 자신만의 상상력을 더하여 음색에 연상되는 장면을 AI로 그려 보았다.

어느 학생은 바순으로 연주하는 곡을 들으면서 거대한 배를 연상했다. 제트보트처럼 빠른, 종이배처럼 작고 가벼운 배가 아니다. 목관악기 중 가장 저음역을 담당하는 바순에 걸맞게 묵직하게 가라앉는 느낌을 자신만의 상상으로 그렸다. 이 학생은 자료를 공유하는 플랫폼인 패들렛에 탑재된 생성형 AI 그리기 기능을 활용했으며, 음악을 감상하고 악기 음색에 대해 떠오른 느낌과 장면을 프롬프트로 입력했다. 프롬프트로 그림을 완성하기까지 단 1분이 걸렸고, 마치 사진을 찍듯이 음색에 대한 느낌을 금새 그림으로 표현했다. 이 활동은 자칫 미술 수업처럼 느껴질 수 있으므로, 헤드폰을 학생에게 지급하여 음악을 계속 감상하며 음색을 시각화하도록 지도했다.

바순은 큰 배를 타고 항해하는 느낌이다. 무거우면서도 우아한 느낌이면서 뱃고동 소리처럼 낮게 느껴진다.

[그림 6-17] **바순의 음색에서 떠오른 큰 배를 생성형 AI로 표현(패들렛)**

그러나 늘 정확한 그림이 나오지는 않는다. 또 다른 학생은 바순의 음색을 웅장한 뱃고동 소리와 유사하다고 생각하며 생성형 AI로 시각화했으나, 바순의 모습은 실제와 달랐다. 이를 검증하기 위해 학생은 실제 바순 사진을 찾고, 생성형 AI가 만든 배에 바순 사진을 합성했다. 이 과정을 통해 학생은 바순이 어떻게 생겼는지 더욱 면밀하게 관찰했다. 악기 구조를 설명하는 악기 백과사전을 직접 찾아보며 바순을 더 제대로 이해하게 되었다. 학습자 주도성이 생성형 AI를 활용한 수업에서 적극적으로 발휘되는 사례이다.

[그림 6-18] 좌: 바순이 잘못 나온 사례/우: 실제 바순 사진으로 오류 교정한 사례

또한 소리를 시각 기호로 바꾸는 AI 도구인 시잉 뮤직(Seeing Music)을 활용하여 악기마다 다른 음색의 파형을 직접 보여 주고, 악기 재료나 구조 또는 주법에 따라 음색이 달라지는 이유를 함께 생각해 보았다(오한나, 2023). 소리는 음높이가 낮으면 진동수가 적고, 높으면 진동수가 많다. AI 도구에서 바순 독주곡을 재생하면 파형에서 진동수가 적게 나오고, 피콜로 독주곡을 재생하면 진동수가 많은 모습을 볼 수 있다. 저음역과 고음역의 차이를 AI가 제시하는 파형으로 학생들에게 과학적으로 증명했다. 악기의 음색을 그림과 파형으로 시각화하는 수업은 학생이 직관적으로 감상하도록 도왔다.

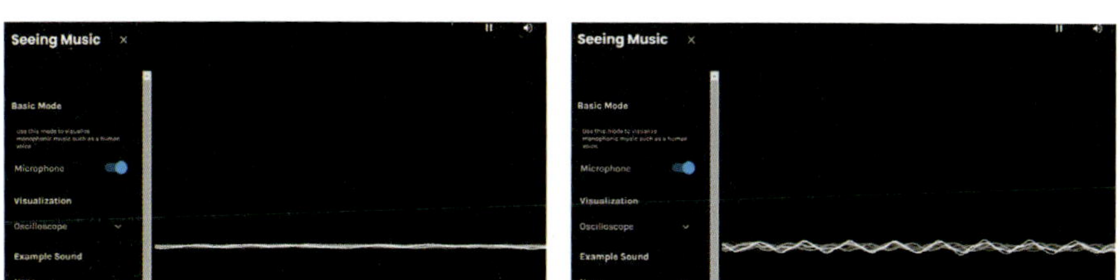

[그림 6-19] 좌: 저음역 바순의 진동수(적음)/우: 고음역 피콜로의 진동수(많음)

(3) AI 영상을 활용한 음악 수업: 작곡가가 작품 설명하는 영상 만들기

생성형 AI를 활용해서 얼굴을 인식하는 기술이 크게 발달하고 있다. 국내 금융사는 얼굴 인식 기술을 활용해서 본인 인증을 하고, 보험회사에서는 얼굴 인식을 통해 고객의 스트레스나 심박수 등을 측정하며 건강 관리를 돕는 서비스도 제공한다(김종욱, 최영림, 정상현 외, 2023). 얼굴 인식을 통해 영상을 제작하는 방법도 달라졌다. AI 기술인 딥러닝으로 사람의 얼굴을 몇 시간 동안 학습하고, 실제와 거의 유사한 복제 인간을 영상으로 만들어 내는 딥페이크가 대표적이다. 딥페이크(deepfake)는 AI 기술인 딥러닝(deep Learning)과 가짜(fake)가 합성된 용어로 진짜처럼 보이는 가짜 영상, 음성, 이미지 등을 의미한다. 방송사 뉴스를 AI 앵커가 진행하거나, 독립운동가가 직접 자신의 독립 정신을 말하는 영상 등은 딥페이크가 긍정적으로 활용된 예시이다.

D-ID로 작곡가 소개 영상 만들기

[그림 6-20] 슈만의 이미지와 작품 소개를 대본으로 만든 AI 영상

출처: bit.ly/슈만딥페이크.

누구나 이런 딥페이크 영상을 사이트에서 쉽게 제작하는 시대가 되었다(연령 제한 주의). 사람의 얼굴 이미지를 사이트에 올리면 얼굴이 말하듯이 움직이고, 대본을 입력하면 자연스럽게 사람이 읽듯이 영상이 나온다. 이를 활용하여 작곡가가 자신의 작품을 설명하는 AI 영상을 만들 수 있다. 예컨대, 로베르트 슈만(Robert Schumann)의 가곡 〈헌정〉을 감상하는 수업에서 이 곡의 작곡 배경과 슈만이 왜 가곡을 특정 시기에 많이 작곡했는지 이론 설명을 병행하는 경우가 많다. 이에 대해 교과서에 있는 짧은 설명을 읽거나, 학습지를 배부하여 지식을 전달하는 정도로 감상 수업이 진행된다면 2022 개정 교육과정에서 강조하는 깊이 있는 학습을 하기에 한계가 있다. 더욱 깊이 있는 학습을 위해서 학생 스스로 감상하고 배운 내용을 구조화하여 영상 창작물로 정리하고, 친구들에게 발표하여 상호평가하는 심화 활동이 필요하다. AI 영상 제작 활동은 음악교과의 감상 영역, 이론과 연계하여 창작까지 확장하면서 2022 개정 교육과정 총론에서 등장한 디지털 소양도 함양하는 수업이다.

생성형 AI를 활용해서 영상을 제작하는 수업에서는 AI 윤리 교육이 필수적이다. 이 수업을 진행할 때 학생들은 프롬프트에 비속어를 써서 작곡가가 욕을 하는 영상을 만들기도 했다. 언론에서 자주 보도되는 딥페이크 합성 범죄가 이런 방식으로 이루어진다. 범죄를 저지르는 방법을 음악 수업에서 굳이 가르쳐야 하는지 반문이 생길 수도 있다. 그러나 이미 딥페이크 영상 제작 방법은 인터넷에 공개되었고, 이를 보고 독학하며 딥페이크 영상을 음지에서 제작하기도 한다. 이런 현실을 인정하고 교과서로 검증된 학습 주제와 자료를 활용하여 건전하게 딥페이크 영상을 만들며, AI 윤리 교육을 철저히 병행할 시점이라고 생각한다. 생성형 AI 시대에는 교사가 AI 윤리를 비롯하여 AI와 관련된 다양한 분야를 공부하고, AI 활용 방법을 분별력 있게 적용하는 능력이 필요하다. 교사는 AI 학습 능력이 빠른 학생들보다 뒤처지지 않게, 전문성을 발휘하여 올바르게 AI 활용 방법을 알려 주어야 한다.

3) 감상 영역에서의 에듀테크 활용 방향

앞서 설명했듯이 감상 영역을 위한 에듀테크는 거의 없으므로, 다양한 에듀테크 도구를 교사가 접하고 감상 영역에 적용할 방법을 창의적으로 생각해야 한다. 초중고 교사는 한국교육학술정보원(KERIS)에서 운영하는 무료 원격 강의인 지식샘터 사이트(educator.edunet.net)에서 다양한 에듀테크를 학습하기를 추천한다. 교사가 에듀테크를 다루는 기본기부터 갖추어야, 광범위한 목적으로 개발된 에듀테크를 감상 영역에 적합하게 응용하는 혜안이 생긴다. 이후 감상과 연계한 느낌 표현, 자료 제작, 평가 등을 원하는 대로 구현할 수 있다.

감상 영역을 비롯하여 음악 수업에서 에듀테크를 활용하는 경우, 적절한 균형 잡기가 중요하다. 에듀테크를 사용하는 비중이 높으면 음악이 아닌 정보 교과 시간처럼 느껴지는 경우가 있다. 또한 너무 다양한 에듀테크를 활용하면, 학생들이 사용법을 익히고 기술적인 질문을 하는 데 시간이 소요된다. 음악적인 탐구와 질문이 적으면 음악 수업이 본질에 도달하지 못하고, 겉만 맴돌다가 끝난 느낌이 든다. 따라서 감상 영역에서 에듀테크를 활용할 때는 감상의 비중을 최대한 크게 잡고, 에듀테크 도구 활용도 최소화하기를 추천한다. 여러 차시의 감상 수업 중에서 1차시만 에듀테크를 사용하거나, 학생들이 음악을 계속 들으면서 에듀테크 활동을 하도록 지도하는 방법이 있다. 또한 모둠을 편성해서 에듀테크를 능숙하게 다루는 학생들을 모둠장으로 정하고, 또래 학습을 통해 모르는 기능은 서로 배워 가도록 안내해야 교사가 기술적인 질문을 덜 받고 감상 지도에 집중할 수 있다.

또한 음악 과목의 시수가 부족하여 감상 영역에 에듀테크를 적용하기 막막하다면, 음악 수업을 동아리 또는 타 교과와 연계하여 운영하는 방법도 제안한다. 음악 교과에서 감상을 최대한 하고, 에듀테크 동아리를 개설하여 감상 산출물을 만들면 된다. 학생마다 에듀테크 활용 능력과 흥미도가 의외로 차이가 있고, 음악 수업 시수가 부족한 상황을 고려하면 이러한 방법은 대안이 된다.

마지막으로, 생성형 AI의 연령 제한을 고려하여 감상 영역에서 에듀테크를 적용해야 한다. 지금까지 살펴본 생성형 AI는 대부분 연령 제한이 있다. 데이터에 존재하는 편향성과 오류 등을 그대로 학습했기 때문에 잘못된 답변이 나오는 경우도 있기 때문이다. 따라서 수업 전에 가정통신문을 발송해서 미리 생성형 AI 활용에 대해 보호자의 동의를 받기를 추천한다. 감상 영역에 에듀테크를 적용하여 변화하는 세상과 새로운 차원의 음악 수업을 학생들과 경험하기 바란다.

3. 창작 영역에서의 에듀테크 활용

2022 개정 음악과 교육과정에서는 창작 영역이 기존의 표현영역에서 독립된 영역으로 분리되어 그 중요성이 강조되고 있다. 음악 창작은 학생들이 가장 창의적인 음악적 사고를 할 수 있게 해 준다. 최근에 활용되는 디지털 미디어에 기반을 둔 다양한 에듀테크 도구는 음악 창작학습에 많은 변화를 주고 있다. 실제 악기가 없어도 앱을 통해 오케스트라나 밴드 같은 연주 효과를 낼 수 있고, 내가 만든 곡을 소리로 들어 볼 수도 있다. 이 절에서는 창작 영역에 활용 가능한 도구를 제시하고 사용법을 알아본다. 학교 음악 시간에 익힐 수 있는 활동을 중심으로 한 작품들을 통해 각 에듀테크 도구의 유용성을 생각해 볼 수 있을 것이다.

1) 창작 영역에 활용 가능한 에듀테크

악보를 그릴 때 사용하는 기보(notation) 프로그램(피날레, 앙코르, 시벨리우스 등)은 컴퓨터를 이용해야 하므로 컴퓨터실이 한두 개 있는 학교에서는 필요할 때 이용하는 것에 한계가 있다. 이런 프로그램들은 학생들이 악보 그리기, 읽기, 음악 이론을 알아야만 제대로 곡을 쓸 수 있다. 하지만 지금 소개하는 앱은 태블릿PC에서도 사용할 수 있어 그런 단점들을 극복할 수 있다. 입력을 하고 바로 연주 소리를 들을 수 있어 자신의 작품을 확인할 수 있다. 다음은 음악 창작학습에 활용 가능한 에듀테크 도구이다(〈표 6-5〉 참조).

〈표 6-5〉 창작 영역에 활용 가능한 에듀테크 도구

도구명	특징
송메이커 (Song Maker)	크롬뮤직랩(Chrome Music Lab)의 프로그램의 하나로 멜로디와 리듬악기로 음악을 체험할 수 있음. 접근이 쉽고 로그인하지 않아도 됨. musiclab.chromeexperiments.com/Song-Maker/
마리오 페인트 뮤직 (Mario Paint Music)	온라인상에서 사용 가능한 음악 게임. 아이콘을 드래그하여 오선보에 원하는 음을 입력함. 전문적인 프로그램은 아니지만 다양한 사운드 및 간단한 작곡체험 가능함. 무료로 사용 가능함. danielx.net/composer/
뮤직라인 (musicLine)	안드로이드에서 사용 가능한 작곡 앱. 우리나라에는 '3분 작곡'으로 소개됨. 다중트랙에서 음이나 리듬을 입력하여 곡을 만들고 저장 및 공유할 수 있음. 무료로 사용 가능함.
워크밴드 (Walk Band)	안드로이드 앱으로 무료로 사용 가능함. 다중트랙 신시사이저로 작곡 및 믹싱 가능함. 키보드, 드럼, 기타 등의 기악 연주 악기로도 가능함.
밴드랩 (BandLab)	작곡 프로그램으로 로그인하여 사용함. 선율, 리듬, 음성 입력 가능함. 믹싱 및 공동 작업 가능함. 웹 및 모바일에서 무료로 사용 가능함. bandlab.com
아이바 (AIVA)	AI 작곡 사이트로 로그인 필요함. 전문적인 작곡 프로그램으로 사용 가능함. 웹 및 모바일에서 무료로 사용 가능함. aiva.ai
사운드트랩 (Soundtrap)	온라인 기반의 작곡 프로그램. 태블릿PC, 노트북 등에서 무료로 사용할 수 있고 공동 작업도 가능함. 무료로 사용 가능함. soundtrap.com
어시스티드 멜로디 (Asisted Melody)	구글 아트 앤 컬쳐 프로그램의 하나로 음을 입력하면 바흐, 모차르트, 베토벤 스타일로 편곡해 줌. 무료로 사용 가능함. artsandculture.google.com/experiment/assisted-melody/cAGcgh18Zi7DqQ
수노 AI (Suno AI)	음악생성 AI. 간단한 낱말을 입력하여 보컬 곡, 기악 연주곡 등을 원하는 스타일의 음악으로 생성해 줌. 무료로 사용 가능함. suno.com
유디오 (Udio)	AI 음악 만들기 프로그램. 사용자의 프롬프트와 AI 자동 기능으로 음악을 만들 수 있음. 무료로 사용 가능함. udio.com

2) 창작 영역에서 에듀테크 활용의 실제

아무리 좋은 에듀테크 도구를 갖고 있고 사용 방법을 익혀 능숙하게 사용한다고 하더라도 음악을 위한 학습과 연결 짓지 않으면 그냥 놀잇감일 뿐이다. 학교 음악 시간에 익힐 수 있는 창작 활동을 중심으로, 완성된 작품들을 통하여 창작 영역에 활용 가능한 에듀테크 도구의 활용법을 알아보자. 실습작품은 뮤직라인(musicLine), 워크밴드(Walk Band), 밴드랩(BandLab)을 활용하였다.

(1) 주제 변형 및 변주하기

창작학습은 모방에서 시작한다. 다양한 발전 창작재료를 모방하고 발전시켜 창작학습이 이루어진다. 스캠퍼(SCAMPER) 기법은 채워 넣기(Substitute), 결합하기(Combine), 더하기(Add) 또는 바꾸기(Adapt), 수정하기(Modify) 혹은 늘이기(Magnify) 및 줄이기(Minify), 다르게 사용하기(Put to other uses), 빼기(Eliminate), 거꾸로 하기(Revers) 혹은 재배열하기(Rearrange) 등으로 멜로디를 변형시키는 기법이다(〈표 6-6〉). 다양한 변주 방법으로 창작학습에 친근하게 다가갈 수 있다. 주어진 주제의 리듬, 가락, 화음, 빠르기 등을 변주시키는 학습은 음악의 '통일성과 다양성, 긴장과 이완, 균형'의 개념의 형성을 돕는다.

〈표 6-6〉 **스캠퍼 기법**

S …ubstitute	채워 넣기
C …ombine	결합하기
A …dd, …dapt	더하기, 바꾸기
M …odify, …agnify, …inify	수정하기, 늘이기, 줄이기
P …ut to other uses	다르게 사용하기
E …limanate	빼기
R …everse, …earrange	거꾸로하기, 다시 배열하기

• 스캠퍼 기법으로 곡 쓰기

주어진 〈잠자리〉의 가락을 스캠퍼 기법으로 변형한 곡 쓰기 활동은 안드로이드를 기반으로 하는 뮤직라인을 활용하였다. 뮤직라인은 구글플레이(Google Play)에서 앱을 다운받아 사용하면 되고 회원가입을 하지 않아도 된다. 다중트랙으로 곡을 만들어 저장하고 mp3로 다운로드하여 커뮤니티에 공유도 가능하다. 음을 동시에 발현함으로써 화음 학습을 할 수 있고 많은 가상 악기와 효과음이 탑재되어 있어 다양한 음색을 학습할 수 있다. 작품을 살펴보기 전에 먼저 [그림 6-21]에서 뮤직라인 활용법을 알아보자.

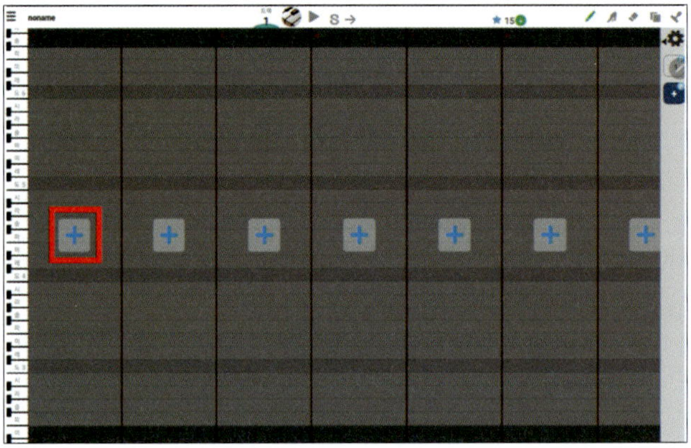

① 초기 화면

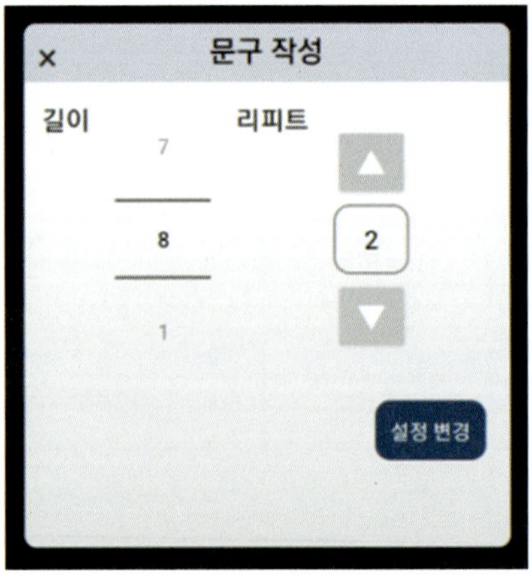

② 곡 길이 설정 화면

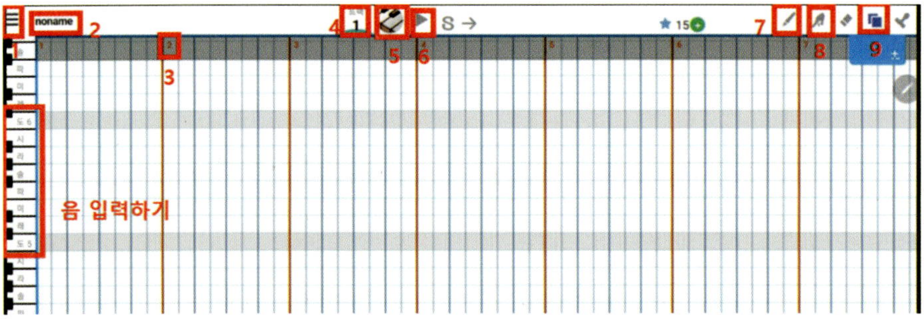

1. 계정 및 작업환경 설정
2. 곡 설정하기([그림 6-21]의 ④의 창이 뜸)
3. 곡의 마디
4. 트랙 추가
5. 악기 변경
6. 곡 재생
7. 활성화되었을 때 음 입력
8. 음표 작성 및 편집
9. 마디 복사, 삽입 등

③ 입력 화면

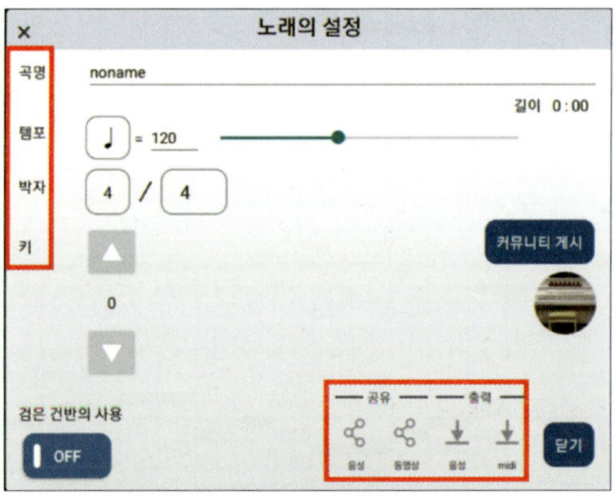

④ 곡 설정하기

[그림 6-21] 뮤직라인 활용하기

[그림 6-21]에서 ①은 뮤직라인의 초기 화면이다. '+'를 클릭하면 ②와 같은 창이 열리고 마디 수를 입력하여 곡 길이를 정할 수 있다. ③은 음을 입력할 수 있도록 준비된 화면이다. ④는 ③의 2 'noname'을 클릭하여 열린 곡명, 빠르기, 박자, 조성 등을 설정할 수 있는 창이다.

[그림 6-22]는 뮤직라인을 활용하여 주어진 〈잠자리〉의 가락을 스캠퍼 기법으로 변형한 작품이다.

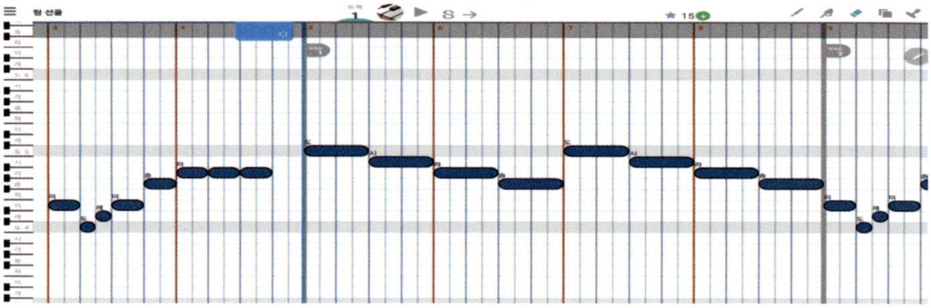

① 원 가락

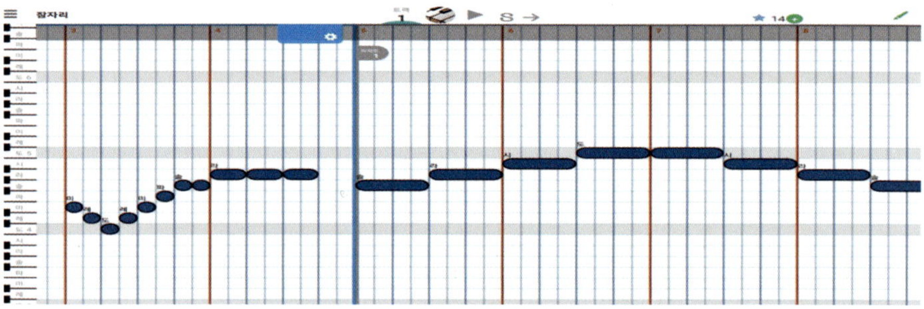

② 채워 넣기, 수정하기, 재배열하기로 변형

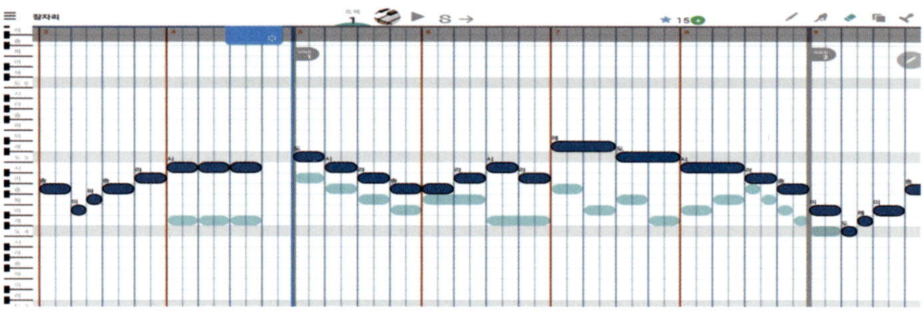

③ 채워 넣기, 선율 바꾸기, 음길이 줄이기로 변형

[그림 6-22] 뮤직라인을 활용하여 원 가락과 스캠퍼 기법으로 변형한 가락

[그림 6-22]에서 ②는 원 가락 ①의 '미 도레미솔' 부분을 '미레도레 미파솔솔'로 스캠퍼 기법의 채워 넣기와 수정하기를 사용하였고 '도시라솔'을 '솔라시도'로 재배열하기 방법을 사용하였다. ③은 원 가락에 화음을 채워 넣기, 선율 바꾸기, 음

길이 줄이기 등의 방법을 사용하여 변형하였다.

• 주어진 주제 변주하기

다음 [그림 6-23]은 뮤직라인을 활용하여 '주어진 주제 변주하기' 활동을 한 작품이다. 리듬, 박자, 가락, 빠르기 등의 개념을 익히고 곡의 변형을 이해하는 것을 목적으로 하였다. ①은 한 트랙만을 이용하여 제시된 4박자의 주제이다. ②, ③은 ①의 리듬, 화음, 가락, 빠르기 등을 변주한 작품이다.

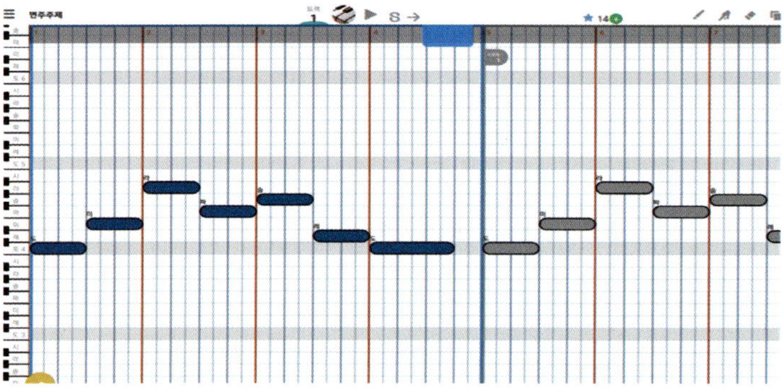

① 주제

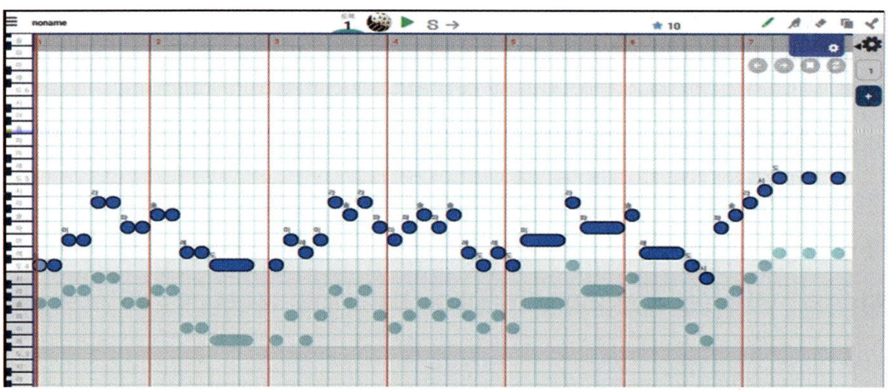

② 변주 1

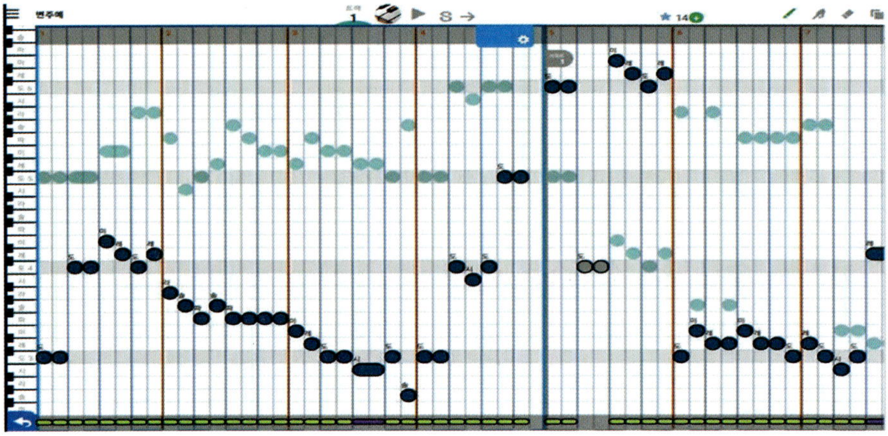

③ 변주 2

[그림 6-23] 뮤직라인을 활용하여 주어진 주제 선율을 변주한 작품

(2) 오스티나토 학습하기

오스티나토(ostinato)는 일정한 리듬 패턴이나 가락이 반복되는 형태를 말한다. 주어진 리듬 패턴이나 가락을 연주하는 것을 넘어서, 학습자가 에듀테크 도구를 활용하여 직접 오스티나토를 만들며 학습할 수 있다.

• 리듬 오스티나토 창작하기

리듬 오스티나토 창작하기 활동은 워크밴드를 사용하였다. 워크밴드는 안드로이드를 기반으로 한다. 구글플레이로 들어가서 'Walk Band' 또는 '워크밴드'로 검색하여 앱을 다운받아 사용할 수 있다. 마스터 키보드와 연결하여 더 편리한 활용도 가능하다. 새 노래에서 곡 정보를 입력하고 트랙을 추가하여 건반이나 기타 현, 드럼 키트, 드럼 패드 등으로 레코딩하여 입력한다. 작업 내용을 저장 후 mp3로 다운받아 공유할 수 있다.

워크밴드를 도구로 사용한 작품을 살펴보기에 앞서, 다음 [그림 6-24]에서 워크밴드의 활용법을 알아보자. ①은 초기 화면의 다중트랙 신시사이저 클릭 후에 나오는 화면인 멀티 트랙 녹음에서 새 노래를 클릭하여 곡명, 박자, 마디 수, 템포 등 곡의 정보를 입력하는 화면이다. ②에서 '+'를 클릭하여 입력할 악기를 선택할 수 있다. ③은 악기를 선택하여 곡을 입력하는 화면이다. 레코딩 버튼 클릭 후 건반을 통해 리듬 또는 음을 입력한다. ④에서는 이러한 과정을 거치며 곡이 입력된 트랙을 확인할 수 있다.

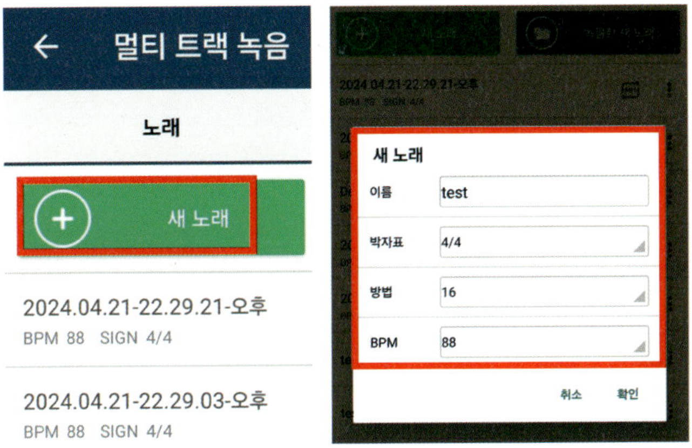

① 새 곡 정보 입력하기

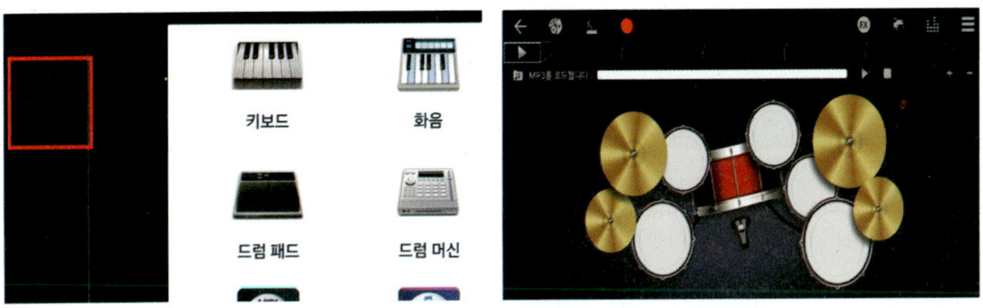

② '+' 클릭하여 악기 선택하기 및 드럼 키트를 선택한 화면

③ ②에서 각각 드럼 키트 및 건반을 선택한 화면:
레코딩 버튼을 클릭하여 리듬 또는 음 입력하기

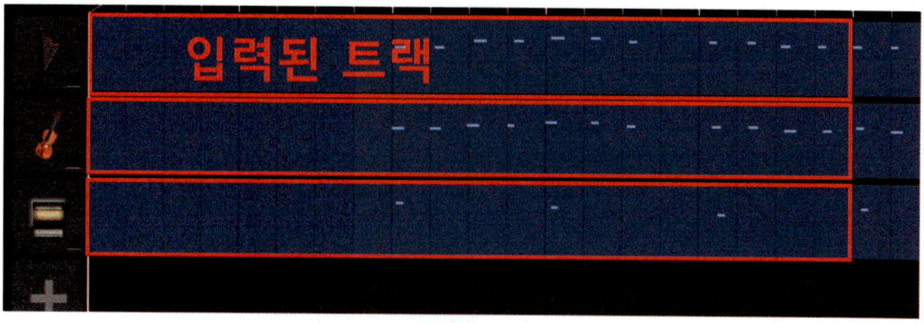

④ 곡이 입력된 트랙

[그림 6-24] 워크밴드 활용하기

다음 [그림 6-25]는 워크밴드의 드럼 키트를 활용하여 만든 리듬 오스티나토 작품이다. 드럼 키트에서는 리듬을 창작할 수 있고 다양한 악기도 접할 수 있다.

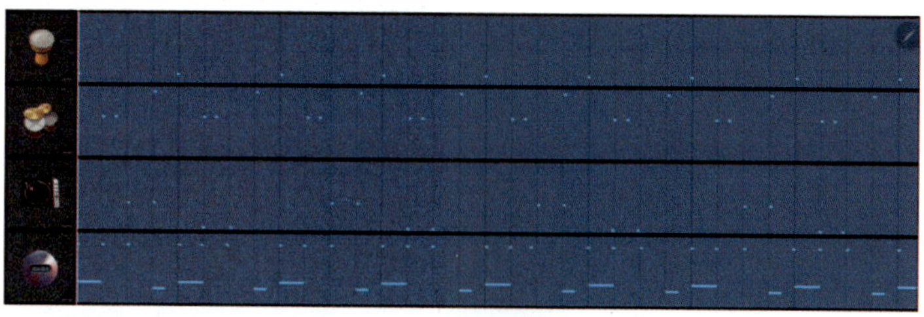

① 4/4박자의 리듬 오스티나토

② 4/4박자의 리듬 오스티나토와 화음

[그림 6-25] 워크밴드를 활용한 리듬 오스티나토 작품

①에서 드럼 키트를 레코딩하여 4/4 박자의 리듬 오스티나토가 만들어진 것을 확인할 수 있다. ②에서는 ①의 리듬 오스티나토에 화음 코드만 추가하여 다음 단

계인 가락 오스티나토를 익히기 위한 과정으로 자연스럽게 연결되도록 하였다.

• 가락 오스티나토 창작하기

앞서 설명한 뮤직라인을 활용하여 가락 오스티나토 창작하기 활동을 구성하였다. 다음의 작품([그림 6-26])은 한 개의 트랙은 가락 오스티나토만 사용하도록 과제를 제시하여 학생들이 오스티나토의 개념을 확실하게 익힐 수 있도록 활동을 구성한 사례이다. 작품에서 일정한 가락이 반복되는 가락 오스티나토 트랙을 찾아볼 수 있다. ①에서는 한 마디 안에서 '도솔솔'의 가락 오스티나토가, ②에서는

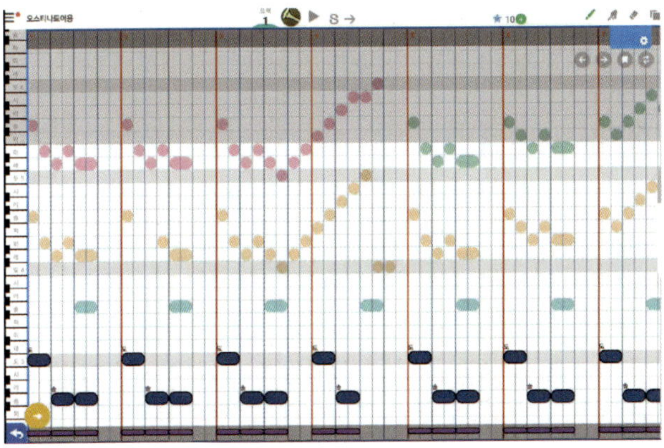

① 한 마디 안에서의 가락 오스티나토

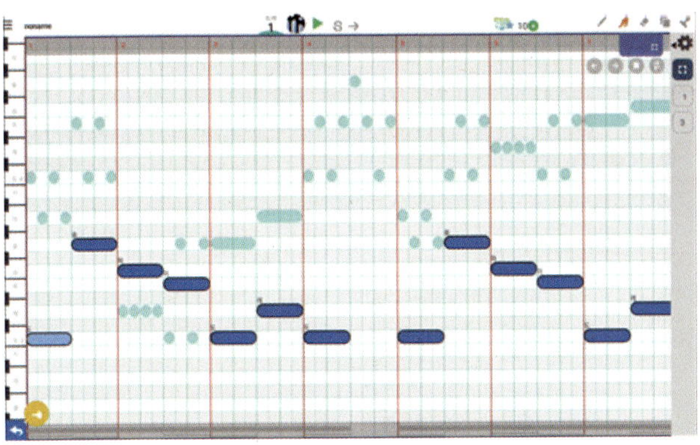

② 네 마디에 걸친 가락 오스티나토

[그림 6-26] 뮤직라인을 활용한 가락 오스티나토 작품

네 마디에 걸친 '도솔파미 도레도'라는 가락 오스티나토가 만들어졌다. 그 외 트랙에서는 자유롭게 멜로디와 리듬을 사용하였다.

• 오스티나토 응용하기: 배경음악 만들기, 편집하기

워크밴드의 루프(Loops)는 반복되는 음악 패턴으로 4마디, 8마디 등 일정한 마디를 계속해서 반복한다. 오스티나토의 일종이라고 할 수 있다. 워크밴드에는 다양한 루프 세션이 저장되어 있어 이를 잘 활용하면 손쉽게 음악을 만들 수 있다. [그림 6-27]은 루프를 활용하여 입력하고 편집하여 배경음악으로 만든 작품이다.

Loops

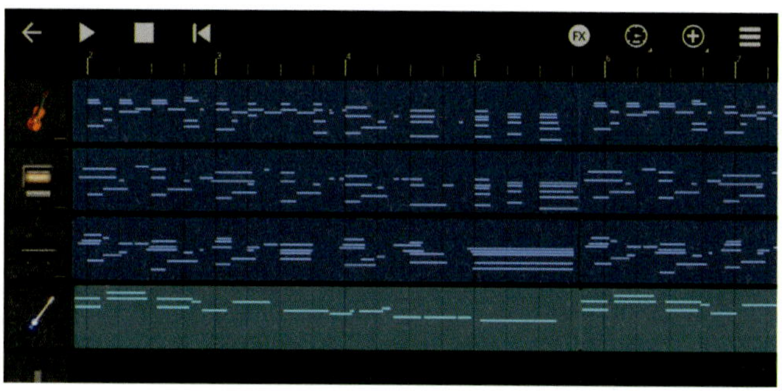

[그림 6-27] 워크밴드 루프를 이용한 배경음악 만들기 작품

이렇게 입력된 음원을 자르거나 붙이기 등 조금 더 창의적으로 편집을 할 수도 있다. 다양한 악기를 통해 여러 음색을 접하고 소리의 어울림도 느낄 수 있다. 편집한 음원은 캠페인송이나 광고 음악, 시 낭송, 방송 등에서 배경음악으로 사용할 수 있다([그림 6-28] 참조).

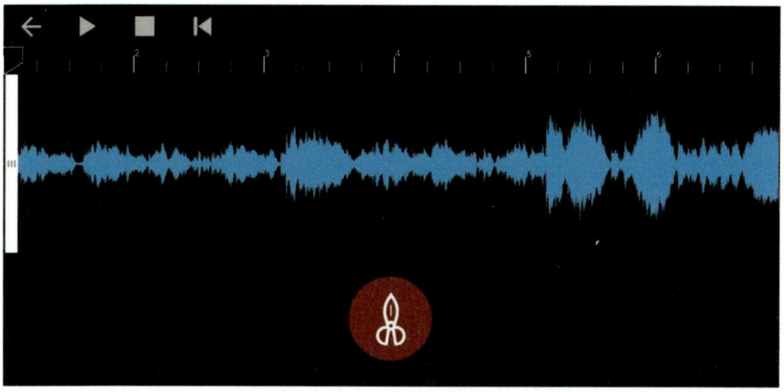

① mp3 편집 작업하기

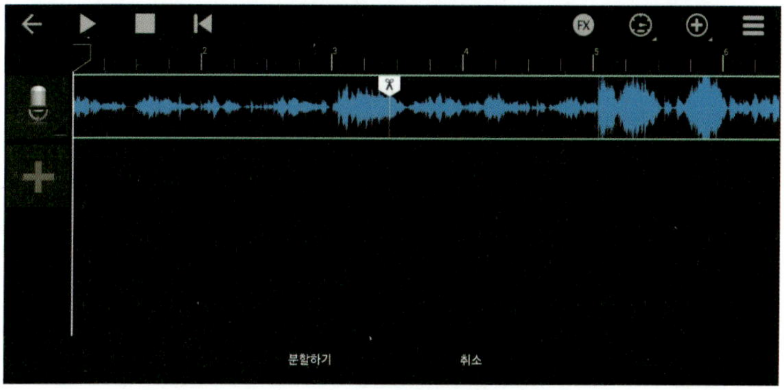

② mp3 편집: 자르고 붙이기

[그림 6-28] **워크밴드를 활용한 편집 작업**

(3) 편곡하기 및 다양한 활동하기

'편곡하기와 다양한 활동하기'는 밴드랩을 도구로 활용하여 구성하였다. 밴드랩은 태블릿PC과 컴퓨터에서 모두 사용이 가능하다. 태블릿PC에서는 앱을 다운받아야 하지만, 컴퓨터에서는 웹 기반으로 따로 앱을 설치하지 않아도 된다. 화면 구성은 웹과 앱이 약간 다르다. 회원가입 후 로그인을 하여 사용이 가능하고 다른 학생을 초대하여 협업도 가능하다. 마스터 키보드 등의 기기와 연결하여 편리하게 사용할 수도 있다. 가사를 입력하거나 음악 장르를 선택하면 어울리는 음원을 자동으로 만들어 주는 AI의 도움을 받는 기능은 창작 기능이 능숙하지 않은 초보 학습자에게 유용한 도구가 될 수 있다.

새 작품을 만들기 위해서 인터넷 검색창에서 '밴드랩'을 검색하거나 주소창에 사이트(https://www.bandlab.com)를 입력하여 접속한다. 로그인을 한 후, 첫 화면의 오른쪽 윗부분의 'Create'를 클릭하고 'New Project'를 선택하면 곡을 만들 수 있는 준비가 된다. 밴드랩의 화면 구성과 입력 방법을 살펴보자([그림 6-29] 참조).

① 로그인 후 첫 화면 및 새 작품을 만들기 위한 준비

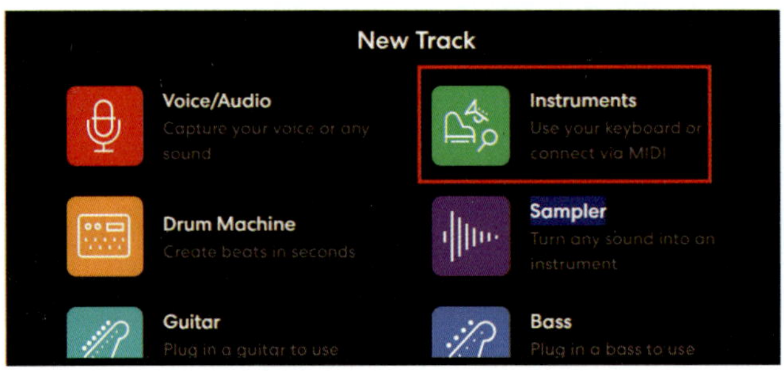

② New Track 메뉴 중 'Instruments' 선택하기

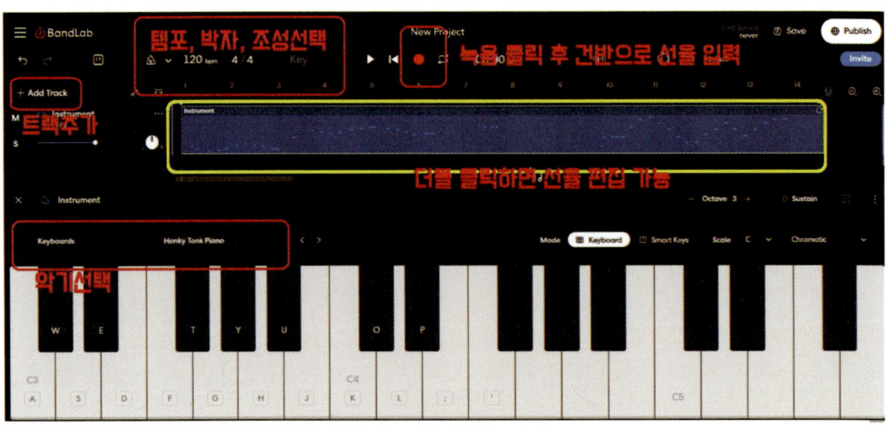

③ 밴드랩 스튜디오의 구성과 작업 버튼

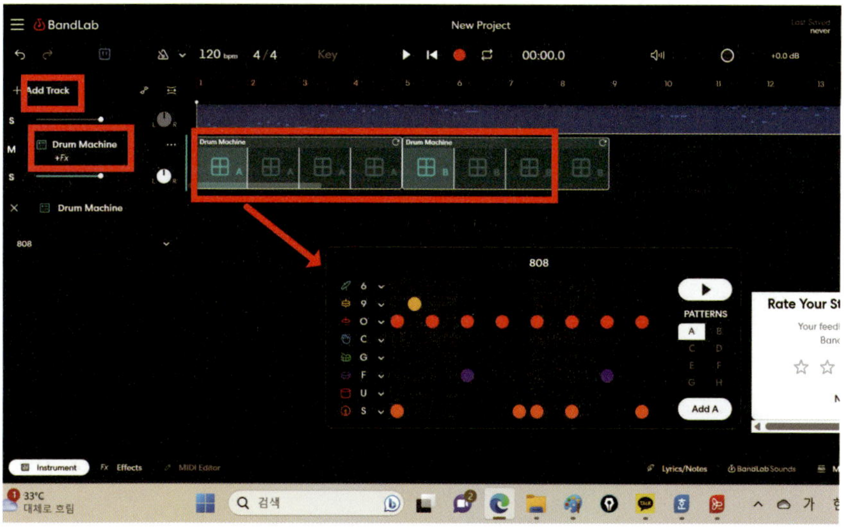

④ 드럼 영역 더블클릭하여 편집하기

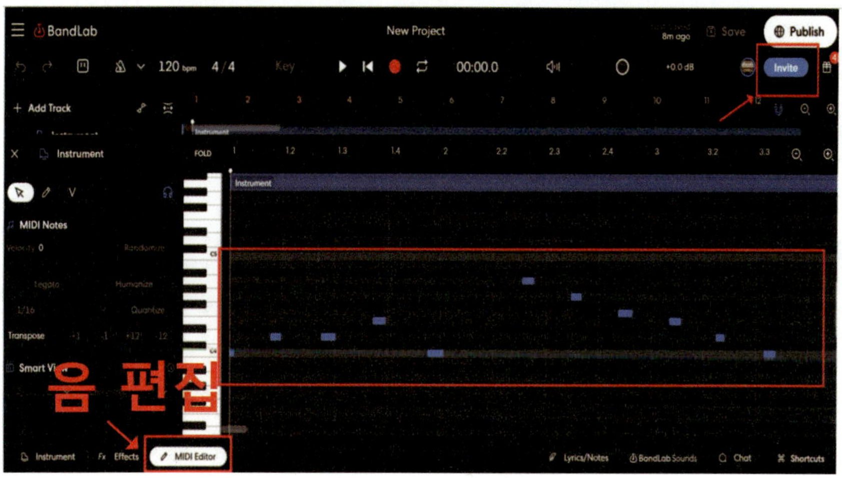

⑤ 음 편집창, 다른 사람 초대하기

[그림 6-29] **밴드랩 화면 구성 및 입력 방법**

[그림 6-29]에서 ① 'New Project'를 클릭한 후, ② 'Instruments'를 선택하면, ③과 같이 구성된 밴드랩 스튜디오가 펼쳐진다. ④는 드럼머신 트랙을 추가하여 리듬을 편집하는 방법이다. ⑤는 'Midi Editor'로 입력된 트랙의 음을 편집하는 화면이다. 오른쪽 상단에는 다른 학생과 협업 작업을 할 수 있는 'Invite' 버튼이 있다.

• 기존 음원 활용하여 편곡하기

밴드랩의 편집 트랙(Drop a loop an audio, MIDI, Vidio file)에 기존의 음원을 삽입하여 내가 만든 선율이나 리듬과 함께 훌륭한 음원을 만들 수 있다. MIDI 음원은 악보 사보 프로그램에서 악보를 입력한 후 다운받은 MIDI 음원이나 그 외 mp3, mp4의 음원 등도 활용 가능하다. 이렇게 하면 기존 음악을 좀 더 풍성하게 편곡하여 나만의 음원으로 만들 수 있다. [그림 6-30]의 ①은 〈엄마 아빠의 보물 1호〉라는 곡의 음원 파일을 삽입하여 드럼머신 트랙을 추가하고 리듬을 편집하여 리듬 반주를 더 풍성하게 만든 작품이다. ②는 〈작은 별〉 음원에 높은 성부의 리듬 패턴과 대선율을 추가한 작품이다.

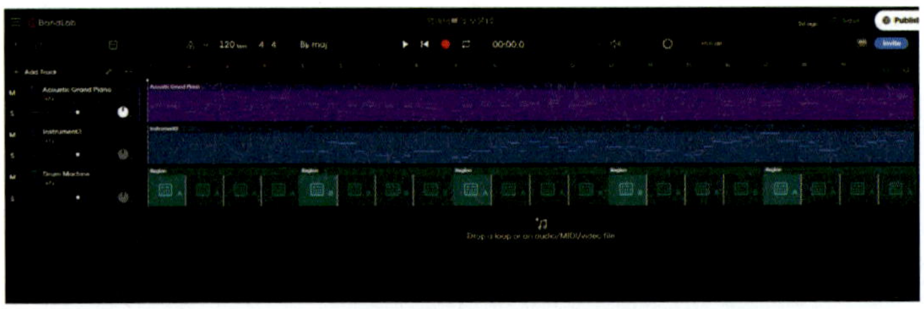

① 기존 노래 음원에 드럼머신 트랙 입력하기

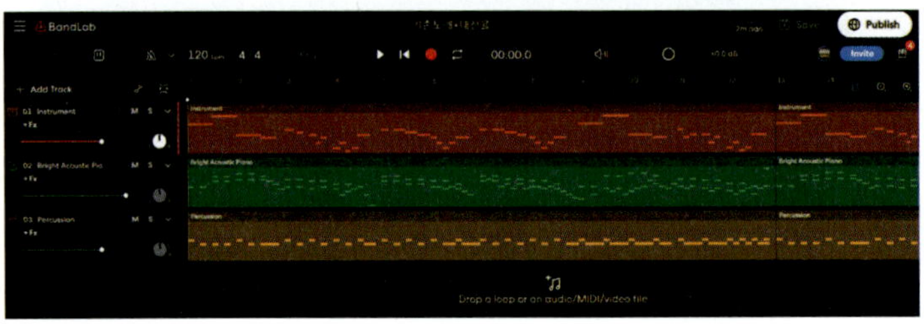

② 기존 노래 음원에 대선율 입력하기

[그림 6-30] 기존 음원 활용하여 밴드랩으로 편곡하기

• 음성 녹음으로 우리 반 반가 만들기

밴드랩은 음성 녹음이 가능하다. 가사를 쓰고 기존의 반주 음원을 불러와 삽입하고([그림 6-30] 참조), 음성녹음 기능을 활용하여 녹음하고 믹싱을 한다. 기존의 반주 음원이 없으면 밴드랩에서 우리가 직접 만든 곡을 반주 음원으로 활용하고 음성을 녹음하여 믹싱을 할 수도 있다([그림 6-31] 참조).

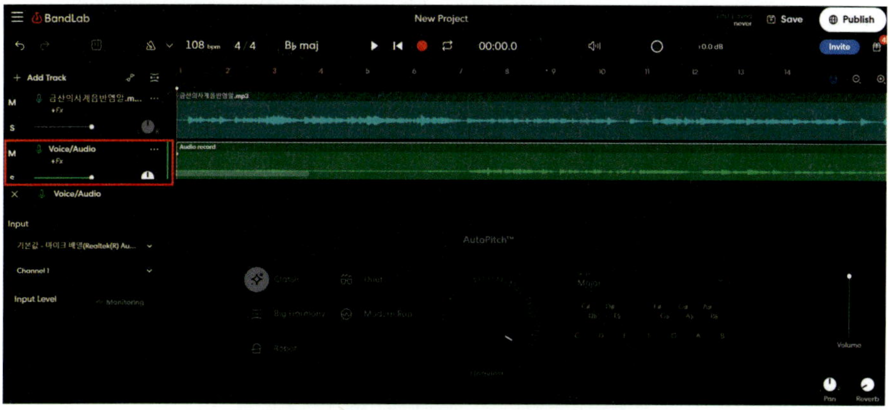

[그림 6-31] 밴드랩을 활용하여 음성 녹음하기

• AI 추천 기능 활용하여 편곡하기

가사를 입력하면 AI가 음악을 만들어 추천해 주는 'SongStarter' 기능을 활용하여 곡을 편곡할 수 있다. 밴드랩 첫 화면의 오른쪽 윗부분의 'Create'를 클릭하고([그림 6-29] 참조) 'SongStarter'를 선택하면 곡을 만들 수 있는 준비가 된다. ① 이후에 열리는 창에서 'Enter Lyric'을 클릭하여, ② 가사를 입력하고 'Let's go'를 클릭하면, ③ AI가 음악을 추천해 준다. ④ 'Edit in Studio'를 클릭하여 곡을 수정하거나 이 음악을 바탕으로 나만의 곡으로 편곡할 수 있다([그림 6-32] 참조).

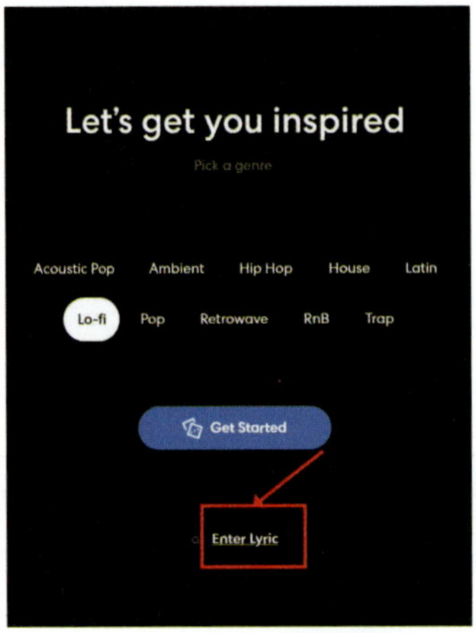

① 'Enter Lyric' 클릭

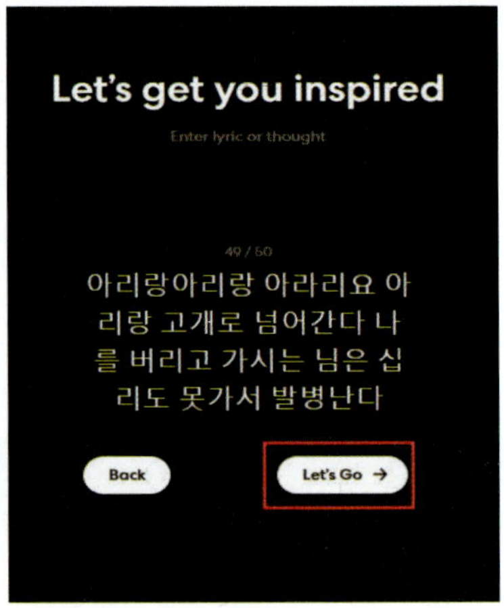

② 가사 입력하기

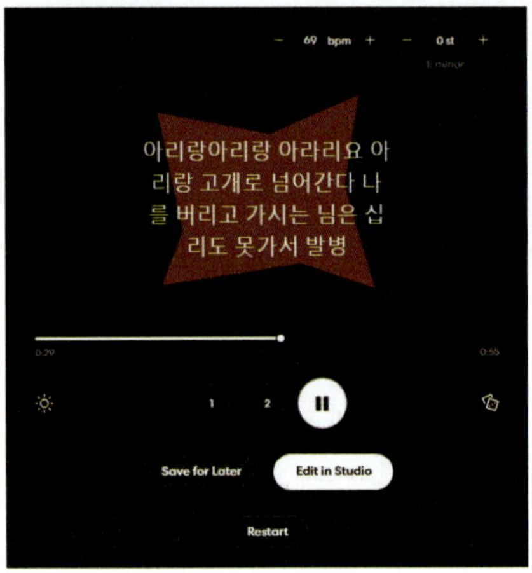

③ AI가 추천해 준 음악

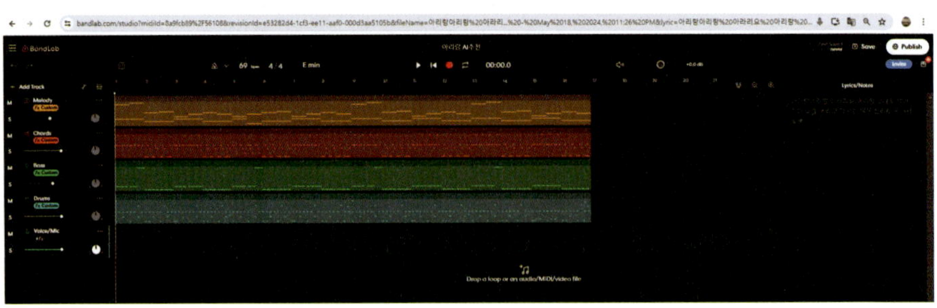

④ 'Edit in Studio' 클릭하여 편곡하기

[그림 6-32] 밴드랩의 AI 추천 기능 활용하기

[그림 6-33]은 가사 입력창에 〈아리랑〉의 가사를 입력해 보고 AI가 추천해 주는 음악에 직접 〈아리랑〉의 멜로디를 추가하여 편곡한 작품이다. 원곡 경기민요 아리랑과 느낌을 비교해 보고 AI가 가사를 얼마나 잘 해석했는지 등을 주제로 이야기해 보는 것도 AI의 유용성에 대해 생각해 볼 수 있는 시간이 될 수 있을 것이다.

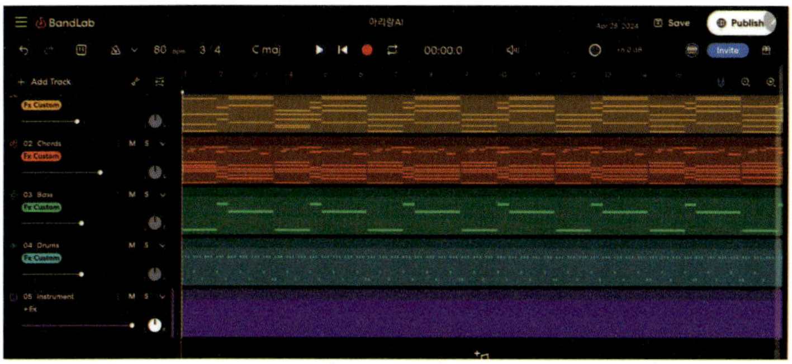

AI가 추천해 주는 곡을 바탕으로 하여 편곡하기

[그림 6-33] 밴드랩의 AI 추천 곡 편곡하기

3) 창작 영역에서의 에듀테크 활용 방향

앞에서 창작 영역에 활용 가능한 에듀테크 도구 중 뮤직라인, 워크밴드, 밴드랩의 사용법을 알아보고 이를 수업에 활용하여 만든 다양한 작품을 소개하였다. ① 주제 변형 및 변주하기는 뮤직라인을, ② 오스티나토 학습하기는 워크밴드와 뮤직라인을, ③ 편곡하기 및 다양한 활동하기는 밴드랩을 활용하였다. 이 활동들은 각각 2022 개정 교육과정 성취기준의 '악곡의 일부를 바꾸어 표현하기' '음악 요소 활용하기' '여러 매체와 방법 활용하기'와 관련하여 탐구학습을 할 수 있다.

세 가지 에듀테크 도구는 공통된 기능을 갖고 있는 반면에, 비슷해 보이지만 조금씩 다른 기능도 갖고 있다. 에듀테크 도구는 직접 소리를 통하여 체험하며 자신의 작품을 만들고 들을 수 있게 하는 이점이 있다. 학생들은 실제 악기가 없어도 다양한 가상 악기의 음색을 활용하여, 혼자서도 오케스트라나 밴드 등의 합주 효과를 체험할 수 있다. 또 음악 이론이나 기보법을 잘 알지 못해도 창작을 할 수 있다. 즉, 에듀테크 도구는 학습의 범위를 넓혀 기존의 학교 음악 창작학습의 한계를 뛰어넘을 수 있게 해 준다. 이 과정에서 학생들은 창작학습에 적극적으로 임하게 되어 학생 주도적인 학습이 가능하게 되고 성취감을 느낄 수 있다.

단, 에듀테크의 유용성은 도구를 어떻게 활용하느냐에 따라 그 가치가 달라질 것이다. 도구의 활용 자체가 학습의 목표가 되어서는 안 된다. 단순한 흥밋거리나 재미있는 도구가 되어서도 안 된다. 에듀테크는 음악시간에 익혀야 하는 음악 요소와 개념, 성취기준, 학습 목표를 이끌기 위한 도구로 활용되어야 한다. 예를 들면, 예전에는 창작학습을 하며 리듬보나 오선보에 음표를 그려 넣었던 활동이 에듀테크 도구에 음을 입력하고 소리를 재생하여 듣는 활동으로 대체되는 것이다. 이 활동을 통해 리듬, 가락, 소리의 어울림, 형식, 빠르기, 셈여림, 음색 등의 음악 요소와 개념을 익힐 수 있어야 한다.

그러나 에듀테크 도구는 기존의 도구가 업데이트되거나 새로운 도구가 개발되고 있다. 또한 기존 도구의 여러 가지 이유로 서비스가 중단되기도 하므로, 한 가지 도구에 절대적으로 의존해서는 안 된다. 학습의 효과를 위해서 항상 연구하고 변화에 대처하는 자세가 필요하다. 교사는 이러한 점을 염두에 두고 음악학습의 지향점을 생각하며 수업을 구성하고 학생들의 적극적인 자기 주도 학습을 이끌 필요가 있다. 이러한 관점으로 이 절에서 소개한 에듀테크 도구를 유용하게 활용하여 자기 주도적인 창작학습에 도전하여 성취감을 느껴 보도록 하자.

4. 국악교육에서의 에듀테크 활용

국악은 우리의 소중한 문화유산이자 세대를 이어 전해져야 할 귀중한 예술이다. 이러한 국악은 전통적인 면대면 학습 방법뿐만 아니라 에듀테크를 활용한 다양한 방법으로도 배울 수 있다. 에듀테크를 활용하면 학생 개개인의 수준과 흥미에 맞춘 맞춤형 국악교육을 제공할 수 있다.

이 절에서는 국악교육에 에듀테크를 어떻게 활용할 수 있는지 살펴보겠다. 먼저, 에듀테크가 국악교육에 어떻게 적용되고 있는지 여러 기관의 프로그램을 통해 살펴보고자 한다. 이어서 2022 개정 음악과 교육과정에서 제시하는 연주, 감상, 창작 영역을 중심으로 국악교육에 유용한 에듀테크 도구를 소개하고, 이를 국악교육에 어떻게 적용할 수 있는지 설명하고자 한다. 에듀테크를 활용한 국악교육은 국악의 전통적 가치를 현대적으로 재해석하고, 국악의 아름다움을 새로운 시각에서 발견할 수 있는 기회를 제공할 것이다.

1) 국악교육에 활용 가능한 에듀테크

국립국악원, 국립극장 등 여러 기관에서는 에듀테크 도구를 활용하여 어디서나 국악 공연을 즐기고, 온라인 체험학습을 할 수 있는 등 다양한 기회를 제공하고 있다. 기관에서 국악체험 활동을 위해 활용한 다양한 에듀테크 도구를 살펴보며, 이를 교실에서 활용할 수 있는 방안을 탐색해 보고자 한다.

먼저, VR을 활용한 국악교육 사례를 살펴보자. VR은 장소와 시간의 제약을 넘어 학생들에게 높은 몰입감을 제공해 학습 동기를 부여하고, 스스로 탐구하며 응용할 수 있는 기회를 증진한다. 또한 학습 내용에 대한 실제적인 탐색과 조작을 통해 학습 효과를 높일 수 있다. 이러한 효과를 바탕으로 VR 기술을 활용한 국악 공연 관람과 온라인 체험학습이 점점 활성화되면서 국악교육의 접근성이 더욱 향상되고 있다. 이를 통해 학생들은 시공간의 제약 없이 고품질의 국악 공연을 체험할 수 있다.

〈표 6-7〉 국악교육에 활용 가능한 에듀테크 도구 'VR'

콘텐츠명	특징
국악공연 VR	• 국립국악원 국악아카이브는 대취타, 영상회상, 대금 산조 등 다양한 기악곡과 부채춤, 처용무, 동래학춤 등의 전통무용, 춘향가, 사랑가 등의 판소리를 포함한 다양한 공연 영상을 360° 전 방향에서 감상 가능하도록 제공 • 국립국악원 유튜브 채널(www.youtube.com/@gugak1951)에서도 360° VR 공연 확인 가능 • archive.gugak.go.kr/portal/vr/selectPlayList
국악박물관 VR	• 전통공연예술진흥재단은 전국 예술계 고등학교 전공생을 대상으로 온라인 체험학습인 국악박물관 VR을 제공 • 전통음악이 흐르는 각종 전시실, 아카이브실, 체험실 등을 360° VR 영상으로 감상 • www.youtube.com/watch?v=dwiWuUfKWnQ&t=161s
유아국악꾸러미	• 국립국악원은 유아를 대상으로 VR 안경 만들기, 360° VR 부채춤 영상 등이 포함된 유아국악꾸러미 키트를 제작하여 보급 • www.youtube.com/watch?v=Cw7M6omUK8w
전시공간, VR 자료	• 빛고을국악전수관은 국악전수관을 온라인으로 관람할 수 있는 VR 전시실 제공 • www.seogu.gwangju.kr/vr/seogu_music.html

다음은 메타버스를 활용한 국악교육 사례를 살펴보자. 메타버스 플랫폼을 통해 가상공간에서의 체험 활동을 강화하여 협동심과 문제 해결 능력을 기르고, 예술과 삶을 연결하는 경험을 제공할 수 있다. 또한 학생들은 메타버스 안에서 놀이처럼 즐기며 몰입할 수 있다. 이때 메타버스는 메타버스 활용 기술을 배우거나 창작하는 것을 목적으로 하는 교육이 아니라, 국악교육의 전체 과정이나 교육 공간, 체험 공간 등의 도구로 활용될 수 있다.

〈표 6-8〉 국악교육에 활용 가능한 에듀테크 도구 '메타버스'

도구명	활용 내용
개더타운 (Gather Town)	• 국립극장은 개더타운을 활용하여 어린이들이 사물놀이를 통해 K-뮤직에 담긴 전통 악기의 상징성과 의미를 자연스럽게 배우고, 이를 창의적으로 표현할 수 있도록 돕는 '어린이 예술학교'를 방학 기간 동안 비대면으로 운영

제페토 (ZEPETO)	• 문화체육관광부와 한국공예디자인문화진흥원이 추석뿐 아니라 정월대보름 기간 메타버스 플랫폼 '제페토'에서 전통문화를 체험할 수 있는 콘텐츠를 제공 • 아바타를 통해 한복 입고 강강술래, 송편 빚기, 투호 놀이, 널뛰기 등을 체험  출처: 문화체육관광부 보도자료.
젭 (ZEP)	• 국립극장은 젭을 활용하여 전통문화와 예술을 소개하고, 참가 학생들이 직접 탈춤을 연습하고 발표할 수 있도록 돕는 '어린이 예술학교'를 방학 기간 동안 비대면 수업으로 운영  출처: 국립극장 블로그.

또한 다양한 국악교육 앱을 통해 연주, 합주, 발표 등 여러 활동을 쉽게 경험할 수 있다. 이러한 앱은 학생들이 국악기에 쉽게 접근할 수 있도록 도와주며, 특히 접하기 어려운 거문고, 양금, 피리 등의 악기를 실제와 유사한 음색으로 체험할 수 있게 한다. 또한 화면 터치만으로 간편하게 연주할 수 있어 국악에 대한 관심

과 흥미를 더욱 높일 수 있다. 다만, 앱의 일부 기능이 기기와 운영체제 버전에 따라 지원되지 않을 수 있음을 유의해야 한다. 이러한 앱은 국악교육의 접근성을 높이고, 학생들에게 몰입감 있는 학습 경험을 제공하는 데 큰 도움이 된다.

〈표 6-9〉 국악교육에 활용 가능한 에듀테크 도구 '앱'

도구명	특징
국악놀이터	• 국립국악원이 초등학교 국악교육 활성화를 위해 개발한 앱 • 기본 장단 배우기, 변형 장단 만들기, 악기 선택하여 합주하기 등의 기능을 제공 • 합주 기능을 통해 새로운 음원을 만들고, 직접 만든 음원을 공유 가능 
단소온교실	• 단소 원격학습용 앱 • 주요 기능에 학생 수준별 학습, 연주곡 연습, 연주 음원 및 영상 공유가 포함 • 구성 요소로 단소 기본 정보, 기준음 설정, 운지법 익히기, 연주곡 연습 등을 제공

더불어 코딩을 활용한 국악 수업도 가능하다. 예를 들어, 태평소, 장구, 가야금 등의 전자국악기를 제작하고, 코딩을 통해 소리를 내는 창의적인 활동을 할 수 있다. 전자국악기 만들기는 악기의 조립부터 소리내기까지의 모든 과정을 코딩과 결합하여, 국악기 연주와 코딩 기술을 동시에 경험할 수 있도록 한다. 국악교육에서 코딩의 활용은 학생들에게 소통과 협력의 기회를 제공하며, 다양한 장단을 다각적으로 탐색할 수 있게 해 준다. 또한 노래나 악기 연주에 자신이 없는 학생들에게도 국악을 표현할 수 있는 기회를 제공하여 성취감과 자신감을 향상시키는 효과가 있다.

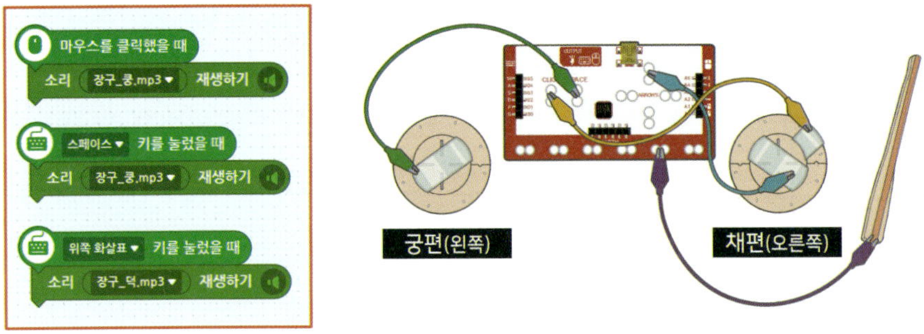

① 장구의 연주 소리를 코딩으로 구현하기 예시

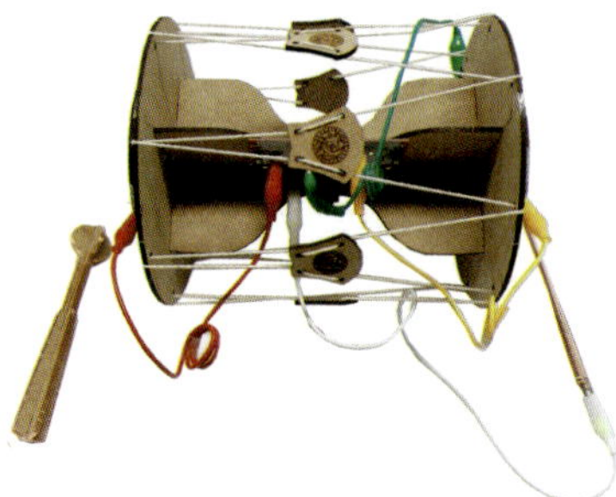

② 전자국악기 '장구' 조립하기 예시

가야금 태평소 단소

③ 다양한 전자국악기 예시

[그림 6-34] 국악교육에 활용 가능한 에듀테크 도구 '코딩'

출처: 비피랩 코딩교육연구소.

지금까지 여러 기관에서 사용한 에듀테크 도구와 수업 사례를 살펴보았다. 이제 다양한 에듀테크 도구를 활용한 실제 수업 방법에 대해 알아보겠다. 이러한 도구는 학생들의 참여도를 높이고 수업의 효율성을 증진하는 데 기여할 수 있다. 또한 각 도구의 특징과 활용 방법을 이해함으로써 보다 효과적인 국악교육 환경을 조성할 수 있을 것이다.

2) 국악교육에서 에듀테크 활용의 실제

여기에서는 연주, 감상, 창작 영역에서 국악교육을 효과적으로 운영할 수 있는 에듀테크 도구의 실제 활용 방법을 탐색한다. 각 영역별로 일부 에듀테크 도구의 활용 방법을 소개하지만, 이들 도구는 특정 영역에만 국한되지 않고 다양한 영역에서 활용될 수 있다는 점을 고려할 필요가 있다.

(1) 연주 영역

연주 영역에서는 앱을 활용을 통한 국악활동에 대해 알아보자. 국악기 관련 앱의 활용은 대면 수업에서 관악기 수업이 어려운 경우, 교실 내 소음 문제로 실제 국악기 연주가 힘든 경우, 다양한 국악기를 체험하고자 하는 경우 등에 유용하다. 앱 '국악놀이터'를 활용한 짝놀이 활동을 살펴보자. 이 앱의 기능 중 하나인 '장단 배우기'를 예시로 설명하지만, '가락 만들기'와 '합주' 등의 기능을 활용한 수업도 가능하다.

〈표 6-10〉 앱 '국악놀이터'를 활용한 짝놀이

① '국악놀이터' 설치 후 접속 ➜ '장단 배우기' 클릭

② '장단 익히기' 클릭 ➜ 장단 선택 ➜ 장단 '들어 보기' 클릭 ➜ 장단 듣기

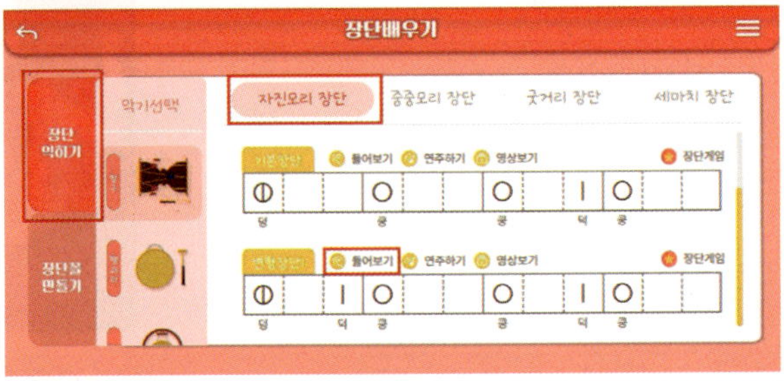

③ '장단꼴 만들기' 클릭 ➜ 악기 선택 ➜ 장단 부호를 드래그하여 정간보에 입력

④ 장단꼴 만들기 후 '들어 보기' 클릭 ➜ 내가 만든 장단꼴을 짝에게 들려 주기

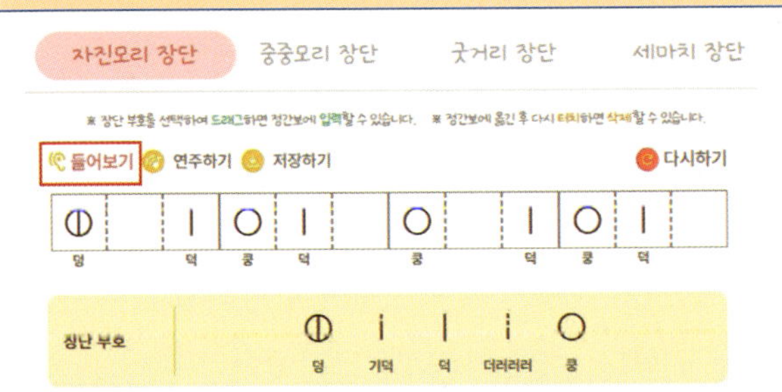

⑤ 짝이 만든 장단꼴로 연주한 악기소리를 들으며, 장단을 몸으로 표현하기

※ 장단을 몸으로 표현하기 예시

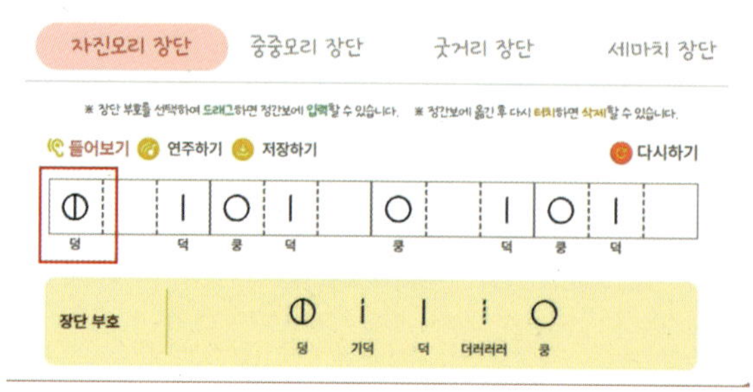

덩: 양손으로 무릎 치기

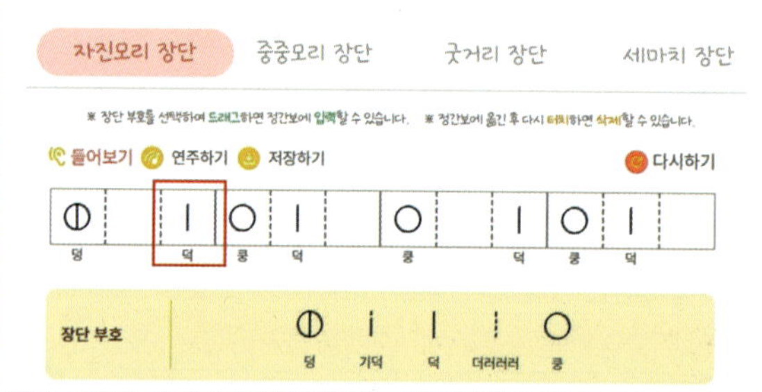

덕: 오른손 검지 손가락을 하늘로 향해 찌르기

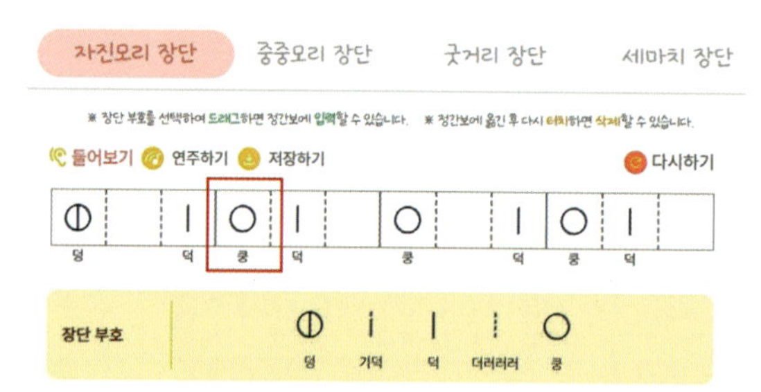

쿵: 왼손으로 엉덩이 치기

(2) 감상 영역

감상 영역에서는 음악 문화유산 관련 수업을 주제로 한 에듀테크 활용 방법을 살펴보겠다. 2022 개정 음악과 교육과정에서는 학교급별로 다양한 음악 문화유산의 내용을 포함하고 있다. 이에 따라 '북 크리에이터(Book Creator)'를 활용한 문

화유산 관련 수업이 가능하다.

북 크리에이터를 활용한 책 만들기 활동은 음악 문화유산 소개 책자, 조사 보고서, 만화 책 등 다양한 형태로 제작할 수 있다. 감상 수업에서는 책 만들기의 조건으로 감상을 유도할 수 있는 내용을 포함하도록 하고, 학생들이 이 조건을 충족하는 책을 만들 수 있도록 지도하는 전략이 필요하다.

〈표 6-11〉은 실시간 소통이 가능한 '멘티미터(Mentimeter)'와 북 크리에이터를 활용한 감상 수업 사례이다. 멘티미터는 실시간으로 학생들의 의견을 수렴하여 화면에 시각적으로 보여 주는 도구로, 별도의 앱 설치 없이 링크나 PIN 번호로 접속이 가능하다. 또한 객관식 · 주관식 입력 등 다양한 설문 유형을 제공해 동기유발과 상호작용에 효과적이다. 북 크리에이터는 무료로 책을 만들 수 있는 에듀테크 도구로 '캔바' 등 다양한 도구를 연계해서 글, 그림뿐만 아니라 음원, 음성, 동영상 등을 삽입하여 입체적인 책 만들기가 가능하다. 북 크리에이터의 실시간 협업은 활발한 상호 작용이 가능하여 협동 학습을 구현하는 데 효과적이다. 또한 책 만들기를 위한 음원과 동영상을 찾는 과정에서 여러 곡을 감상하면서 다양한 감정을 느끼고, 음악이 전하는 분위기와 이야기를 상상할 수 있다. 감상한 음악을 기반으로 책의 내용을 구성하면서 창의적인 스토리텔링을 경험할 수 있을 것이다. 이러한 감상 활동은 표현력과 상상력을 키우는 귀중한 경험이 될 수 있다.

〈표 6-11〉 '북 크리에이터'를 활용한 소리가 들리는 책 만들기

① 멘티미터를 통해 음악 문화유산에 대한 생각 공유하기

② '국가유산포털' 사이트(www.heritage.go.kr)에 접속하여 음악 문화유산의 종류를 알아보며 자료 수집하기

종묘제례 및 종묘 제례악 (2001/2008)

판소리 (2003/2008)

강릉단오제 (2005/2008)

강강술래 (2009)

남사당놀이 (2009)

영산재 (2009)

제주칠머리당 영등굿(2009)

처용무 (2009)

가곡 (2010)

대목장 (2010)

③ 책 만들기의 조건 알아보기

음악문화유산
책 만들기

첫째, 음악 문화유산의 개념, 특징, 문화유산 등재 과정 등을 작성해 주세요.
('국가유산포털' 사이트 활용하기)

둘째, 관련된 이미지와 영상을 삽입해 주세요.
('국립국악원' 유튜브 영상 활용하기)

셋째, 음악 문화유산에 대한 생각을 글이나 그림으로 표현해 주세요.

④ 북 크리에이터의 기본 기능 알아보기

페이지: 전체 페이지 살펴보기

⊕: 콘텐츠 객체 삽입

i: 콘텐츠 및 페이지 정보 수정

▶: 책 읽기

⑤ 모둠별로 협업하여 소리가 들리는 음악문화유산 책 만들기

(3) 창작 영역

창작 영역에서는 '크롬 뮤직랩(Chrome Music Lab)'의 'RHYTHM(리듬)'을 활용할 수 있다(〈표 6-12〉 참조). 크롬 뮤직랩은 웹사이트로 로그인 없이 무료로 사용할 수 있어 학생들이 쉽게 접근할 수 있다. 이 사이트는 14개의 음악 제작 도구를 제공하며, 로그인과 회원가입이 필요 없어 학생들의 접근성이 높은 에듀테크 도구 중 하나이다. 크롬 뮤직랩의 다양한 도구 중 하나가 'RHYTHM'이다. 'RHYTHM'은 서로 다른 4개 음색을 가진 타악기로 사용자가 다양한 리듬 패턴을 만들 수 있

도록 돕는다.

이 도구는 인터페이스를 통해 다양한 음표와 악기를 사용하여 리듬을 생성하고 들을 수 있다. 또한 여러 종류의 악기 소리가 제공되어 다양한 사운드를 들을 수 있고 사용자가 만든 리듬을 실시간으로 들을 수 있어 즉각적인 피드백이 가능하다. 이러한 기능을 활용하여 학생들은 자신만의 장단을 창의적으로 구성할 수 있다.

한 예로 '난타 장단 만들기' 수업을 진행할 수 있다. 먼저 학생들에게 난타의 전통적인 장단을 알려 주고 크롬 뮤직랩에서 동일한 장단을 만들도록 한다. 이후 해당 장단의 변형 장단 만들기 및 자신만의 가락 만들기 활동을 할 수 있다. 이 도구에는 녹음이나 공유 기능이 없기 때문에 갤러리 워크(학생들이 교실을 돌아다니며 다양한 결과물을 감상하고 논의하는 활동)를 통해 서로 만든 장단을 들어 보며 피드백을 주고받을 수 있다. 이를 통해 전통 장단에 대한 이해와 함께 창의적 사고도 함께 촉진될 수 있다.

〈표 6-12〉 **'크롬 뮤직랩'을 활용하여 난타 장단 창작하기**

① 국악 기본 장단과 난타 연주하는 방법 알아보기

• 휘모리 기본 장단과 변형 장단

1	2	2	2	3	2	4	2
덩		덩		쿵	따	쿵	
덩		따	따	쿵	따	쿵	
덩	덩	덩		쿵	따	쿵	
덩	덩	덩		덩	덩	덩	
덩	덩	덩	덩	덩	덩	덩	
덩		덩		쿵	따	쿵	
덩				쿵	따	쿵	
덩							

난타 타법
덩: 양손
따: 오른손
쿵: 왼손

② 크롬 뮤직랩 접속하기(musiclab.chromeexperiments.com)

• 14개의 다양한 체험 활동 가능

크롬 뮤직랩 웹페이지

③ 'RHYTHM' 클릭하고, 다양한 타악기를 활용하여 난타 장단 만들기	④ 휘모리장단 만들기 예시

⑤ 세마치장단 만들기 예시	⑥ 자진모리장단 만들기 예시

3) 국악교육에서의 에듀테크 활용 방향

에듀테크를 국악교육에 도입하는 것은 단순히 새로운 교육 수단을 추가하는 것에 그치지 않는다. 에듀테크는 국악이라는 전통 예술을 현대적 관점에서 새롭게 조명할 기회를 제공하며, 국악을 과거의 유산에 머무는 것이 아닌 오늘날에도 활발히 이어지는 문화로 발전시킬 수 있는 토대를 마련한다.

에듀테크 도구를 활용한 국악교육은 학생들의 상호작용을 증가시키고, 문제 해결 능력과 창의력을 향상시키는 데 기여할 수 있어야 한다. 이를 위해서는 적절한 도구의 선택과 수업 설계, 에듀테크 도구에 대한 교수자의 이해도와 활용 역량, 교실의 수업 환경 등 다양한 요소가 뒷받침되어야 한다. 따라서 에듀테크를 단순히 기술 사용 경험으로 접근하기보다는 국악교육의 질을 높이며 실질적인 도움을 주는 유용한 도구로 신중히 고려해야 한다.

결론적으로, 에듀테크는 국악교육의 교수법을 혁신하고 현대 사회에 국악의 가치를 확산할 수 있는 잠재력을 지니고 있다. 이를 통해 더 많은 사람이 국악을 접할 수 있는 기회를 얻고, 국악이 지속 가능한 발전과 세계화에 기여할 수 있을 것이다.

국악과 에듀테크의 만남은 새로운 교육 기술 넘어, 우리 문화의 소중한 가치를 전달하는 중요한 과정이다. 이 장이 국악교육에서 에듀테크를 적용하는 다양한 활용 방안을 모색하고 새로운 시각을 확장하는 데 도움이 되기를 바란다.

제3부

음악교육, 삶으로 향하다

최진경 · 김성지 · 김영후
최진호 · 김민지 · 추상희

제7장

생태적 삶을 위한 음악교육

이상 기후, 온난화, 대기 및 해양 오염, 해수면 상승과 같은 전 지구적 기후변화가 심상치 않다. 유네스코(UNESCO, 2021)는 경제성장 중심의 근대적 개발 패러다임에서 벗어나 생태 지향적 사고로 전환할 필요가 있다고 강조하며, 교육을 통해 지구 기후위기 극복을 모색하고 있다. 이에 따라 정부와 교육부(2021)도 '환경' 대신 '생태전환' 혹은 '생태'라는 용어로 생태교육을 강조한다.

'생태(ecology)'는 생물이 자연계에서 생활하고 있는 모습, 또는 생명체와 환경과의 상호의존적 관계를 의미한다(Britannica, 2024). 환경이 인간을 이롭게 하기 위한 방향을 모색한다면, 생태는 인간 중심의 인본주의를 넘어 생명체와 환경 간의 상호작용과 연결성을 중심 원리로 삼는다(정지숙 외, 2021). 이와 같은 생태적 관점은 단순히 생명체 간의 상호의존성을 넘어, 모든 존재가 물질적 · 비물질적 차원에서 지속적으로 상호작용하며 변화한다고 보는 포스트휴먼 생태주의와 맞닿아 있다. 포스트휴먼 생태주의는 인간과 비인간, 생명체와 비생명체 간의 연결과 생성의 과정을 강조하며, 이를 통해 인간 중심적 사고를 성찰하고 전 지구적 공존을 지향한다.

따라서 최근 논의되고 있는 생태전환교육은 포스트휴먼 생태주의로 접근할 수 있다. 포스트휴먼 생태주의는 '무언가와 연결되어 있고, 생성과 변화 속에서 함께 존재함을 느끼게 할 수 있는' 교과들을 중시하게 되는데, 이는 비물질적인 소리를 매개로 창의적이고 실험적으로 만들고, 듣고, 느끼고, 실천할 수 있는 음악교과에서 기대할 수 있는 가치이다.

1. 생태적 관점으로 바라본 음악교육

생태와 음악은 리듬, 생명성, 성장과 쇠퇴, 조화와 경이로움과 같은 성질을 공유한다. 자연을 주제로 삼은 음악에서부터 생태에서 발견되는 긴장과 이완, 조화와 불균형, 생성과 소멸과 같은 과정을 상징화한 음악에 이르기까지, 음악과 생태는 서로 깊이 연결되어 있다. 그렇다면 포스트휴먼 생태주의는 음악교육에 어떤 방향을 제시할 수 있을까? 이를 위해 포스트휴먼 생태주의의 개념과 특징을 살펴보고, 음악이 이를 어떻게 구현할 수 있을지 탐색하고, 나아가 음악교육의 방향과 가치를 도출하고자 한다.

1) 포스트휴먼 생태주의

환경에 대한 철학적 논의를 정리한 엄수정, 우라미, 황순예(2021)에 따르면, 20세기 중반 시작된 환경운동의 흐름은 자연의 효용적 관리와 사용에 집중하였던 인간중심적 관점에서 출발하여, 어떤 생명체도 자원 혹은 개발 대상으로 간주해서는 안 된다는 생태 중심적 관점, 인간의 합리성을 바탕으로 인간과 자연의 평등한 연결과 연대를 강조한 사회생태주의적 관점으로 이어져 왔다. 사회생태주의는 타자의 범주에 생물과 문화 다양성, 비인간과 자연을 포함함으로써(Merchant, 2005) 최근 환경운동의 주요 흐름으로 부상하고 있는 포스트휴먼 생태주의에 영향을 미쳤다.

포스트휴먼 생태주의는 인본주의적 이상과 인간 종(種)의 우월성을 비판하는 '포스트휴머니즘'과 생명체와 환경의 연결과 상호의존을 강조하는 '생태주의'의 결합으로 이루어진다. 포스트휴머니즘은 인간중심주의의 근간이 되는 '인간 대 비인간'의 이분법적 대립을 비판하며 '인간'에 포함되지 않는 비생물, 무생물, AI 로봇, 자연 등을 행위 주체(agency)나 존재로 받아들인다(최은아, 2023). 기존의 인간 중심, 생태 중심, 사회생태주의적 환경운동이 인간과 비인간(자연)의 이분법, 인간의 합리성과 우월성 같은 근대적 관점을 유지하고 있다면, 포스트휴먼 생태주의는 세상의 모든 것은 연결되어 있으며 나(self)라는 존재 역시 '물질적이고 창발적인 세계의 구성요소'(Alaimo, 2010)임을 강조하며 근대를 초월한다.

그러므로 포스트휴먼 생태주의는 자연이나 지구를 돌보고 아껴야 할 대상이 아니라 나의 존재를 형성하는 데 직접 영향을 미치는, 즉 나와 연결된 일부로 간주한다(Alaimo, 2010). 어떠한 물이나 음식을 먹는지, 어떠한 기후 아래 있는지, 살아가는 환경에 따라 우리의 몸은 각기 다른 몸으로 형성된다. 이는 우리의 몸이 환경이나 자연과 경계가 분명하지 않음을 뜻한다. 주체와 타자, 안과 밖, 자연과 문화, 인간과 비인간 등 어떠한 존재도 명확한 경계로 나눠지지 않으며, 다만 연결, 관계, 횡단과 움직임을 통해 차이와 반복을 생성하며 존재할 뿐이다(Barad, 2007).

종합하면 포스트휴먼 생태주의는 '인간-너머-세계' 간의 상호연결성을 강조하는 데 그 핵심이 있다. 그렇다면 인간과 생태 그리고 세계와의 상호적 연결에 음악은 어떠한 역할을 할 수 있을까?

2) 생태와 음악

깊은 숲속, 바닷속, 공장, 학교, 들판, 사막 등 소리는 어디에나 있다. 가을의 낙엽 밟는 소리, 여름의 태양 아래 우는 매미 소리, 마른 땅에 내리는 빗소리처럼 소리는 생태에서 일어나는 운동, 변화, 관계를 내재하고 있기에, 생태의 정보나 맥락을 제공할 수 있다. 눈을 감으면 차단될 수 있는 시각적 공간과 달리 항상 열려 있는 귀를 통해 인간은 세계와 연결되어 있음을 느낄 수 있다(Imada, 2024). 따라서 소리는 인간이 세계와 연결되어 있음을 알려 주는 가장 직접적인 매개체이며, 인간은 소리와 관계를 맺음으로써 생태의 일부가 된다.

머리 쉐이퍼(Murray Schafer)가 1960년대 후반에 만든 용어 '사운드스케이프(soundscape)'는 인간이 생태의 일부임을 느끼게 하는 유용한 음악 장르이다. '소리'와 '풍경'의 합성어인 사운드스케이프는 자연의 소리, 도시의 소음, 인공적 소리 등과 같이 환경에서 만들어진 고유한 음향적 패턴과 특성으로 사람과 소리의 관계를 탐색하도록 돕는다(Imada, 2024).

> 나무에 달린 나뭇잎이나 바람에 흔들리는 녹색 소리를 들을 수 있다면 …… 더 많은 사람이 자연의 소리를 듣고 세계의 생존에 관심을 기울여야 한다(Schafer, 2011, p. 9).

쉐이퍼의 말처럼 생태의 소리는 인간과 생태의 순환적이고 연속적인 연결과 상호작용을 깨닫게 할 수 있다. 따라서 사운드스케이프는 모든 살아 있는 유기체의 연결과 총체적 관계성을 성찰하도록 도와(손민정, 2021) 생태에 관심을 기울이게 한다.

이는 다른 측면에서 음악을 바라보도록 한다. 사운드스케이프는 자연에 내재한 날것의 소리 모음을 의미하므로(Schafer, 1977), 고도의 기술, 음악의 깊은 이해, 천재적인 예술성으로 사회 · 문화 · 제도의 인정을 받아 온 음악과는 다르다. 서구 음악 체제의 특징은 특정 문화의 강조나 인간의 지적 우월성을 부각하기에 생태를 위한 음악에 적합하지 않다. '음악을 통해 생태'를 '생태를 통해 음악'을 바라보기 위해서는 음악 작품 안에 갇힌 풍경이 아니라 삶에서 동시적으로 발생하는 음악의 풍경이 개인의 몸으로 오는 인상과 이를 몸으로 표현하는 순환 관계를 통해서만 가능하다. 이에 따라 생태를 위한 음악교육은 기존의 음악교육과는 다른 방향을 추구하게 된다.

3) 생태교육으로서 음악교육의 방향

인간의 몸은 세계와의 접촉(관계)에 중요한 역할을 한다. 새소리를 들으며 숲속을 걷거나, 조용한 도서관에서 책장을 넘기거나, 플랫폼으로 들어오는 기차 소리를 듣는 것과 같이 우리는 몸의 감각이나 행위를 통해 자신이 속한 세계의 소리를 듣거나 만든다(최진경, 2022). 몸은 몸이 속한 환경을 항상 끌어오기에, 나와 세계를 연결함으로써 다양한 감정과 느낌 그리고 생각을 생성한다. 따라서 생태교육으로서 음악교육은 인간의 몸에 주목하게 된다.

몸은 감각과 행위를 통해 의미를 생성한다. 피아노를 바라보며 피아노의 구조나 특징을 머릿속으로 아는 것도 피아노에 대한 앎이라고 할 수 있지만, 건반을 누르며 터치에 따라 미묘하게 변화되는 음색을 느낄 때 피아노에 대한 의미는 더욱 다양하게 생성될 수 있다. 행위를 통해 생성되고 사라지는 의미는 정형화되고 고정된 앎이 아니라 차이 속에서 변화하는 앎이다. 따라서 감각과 행위는 '의도-행위-결과'와 같은 인과론적 사고나 과학적 분석이 아니라 연결을 통해 서로에게 응답하는 과정에서 발현되는 것이다. 예컨대, 피아노를 연주하는 것은 건반을 치기 위해 손가락을 올리고, 적당한 무게감을 느끼며 내리고, 빠른 패시지에서 손가락의 움직임을 빨리 만드는 것처럼 어떠한 단계를 밟아 가는 것이 아니라, 움직임과 감각이 소리와 함께 연결되고 응답하는 과정에서 음악적 존재를 밝히는 것이다. 이는 과학적 · 논리적 사고로는 잡힐 수 없는 혼란스러운 세계이다. '나는 생각하므로 존재한다'라는 데카르트의 코기토는 '우리는 행위를 함으로써 함께 존재로 되어 간다'로 변모한다.

감각과 행위를 통한 의미 생성은 물질과 비물질을 연결함으로써 더욱 풍부해진다. 비물질성인 소리는 물질(사물)을 끌어온다(Heidegger, 2008). 기차 소리는 기차라는 사물을 함께 끌어오고, 파도 소리는 모래사장과 푸른색의 바닷물을, 새소리는 하늘이나 나무 같은 사물과 함께 온다. 소리에서 색을 봤던 알렉산드르 스크랴빈(Alexander Scriabin)처럼 특정한 소리에서 색감을 느끼거나, 음악을 듣고 어떠한 냄새를 환기하거나, 촉감을 느끼거나, 풍경을 상상해 본 경험이 있을 것이다. 소리를 듣고 무언가를 떠올리거나, 소리를 재료로 무언가를 표현하는 과정은 다른 감각으로의 전이를 용이하게 만듦으로써 다양한 사물을 끌어오는데, 이는 음악에서 생성될 수 있는 의미를 다채롭게 한다.

따라서 생태교육으로서 음악교육은 물질과 비물질의 연결을 느끼도록 이루어져야 한다. 이를 위해 소리와 생태의 물질성을 연결할 수 있는 교육적 접근이 필요하다. 예를 들어, 자동차 매연이나 오염된 물을 마시는 것을 소리로 구현한다면 어떠한 소리로 표현될 수 있을지, 기후변화로 인해 말라 버린 호수, 산사태와 산불, 녹아내리는 빙하와 같은 모습들이 어떠한 음악으로 표현될 수 있을지와 같이 말이다. 생태계 변화에 따른 물질의 변화가 어떠한 소리로 나타나는지 탐색하고, 소리의 변화가 나에게 그리고 우리의 삶에 어떠한 영향을 줄 수 있을지 성찰함으로써, 생태와 연결되어 있음을 인식하게 하는 음악교육은 생태에 적극적인 관심과 참여를 이끌 수 있다.

이에 따라 음악교육은 학습자들이 몸으로 참여할 수 있도록 구성되어야 한다. 이때 참여란 모든 학습자의 참여를 의미하므로 음악의 지식, 기술, 뛰어난 표현, 창의성, 특별한 예술성과 같이 특정 문화권의 음악이 요구하는 역량을 요구하지 않는다. 이를 위해서는 쉐이퍼(Schafer, 1977)가 제안하였듯이, 조성, 독보, 악기 연주법과 같이 보편화 · 권력화가 된 음악교육의 자리를 대신할 무언가가 필요하다. 예를 들어, 학생들은 경험하거나 상상한 소리를 숫자, 그래픽, 상징적인 그림으로 표현하거나 동료들의 즉흥적인 움직임에 반응하며 함께 움직임을 만들거나, 다양한 물체나 자신의 목소리로 음악을 만들어 가며, 음악에 참여하고 몰입할 수 있다. 누구도 소외되지 않는 음악교육으로 생태를 향한 관심과 올바른 태도를 형성하게 된다면, 생태에 속한 소중한 존재로서 나와 타자를 인식하게 될 것이다.

나아가 몸으로 참여하는 음악교육은 세계와 내가 함께 존재가 되어 가도록 이끌 수 있다. 예컨대, 지적장애 아동이 소리 걷기를 통해 자신만의 공간에서 주변 환경의 소리를 들으며 자신의 존재감을 확인할 수 있었다거나, 몸짓을 활용한 즉흥 연주에서 특별한 도움이 필요한 학생들의 움직임에 건강한 학생들이 함께 움직임을 만들어 가며 음악성과 예술성을 공유하였듯이(Imada, 2019), 몸으로 참여하는 음악 활동은 존재가 되어 가는 과정을 느끼게 한다. 중요한 점은 존재가 되어 가는 과정이 타인과의 관계 속에서 이루어진다는 것이다. 소리에 함께 반응하고, 움직이고, 보고, 만지고, 느끼는 것은 홀로 사유하는 고독한 과정이 아니라 함께 연결되고, 관계를 맺는 공동의 과정이다.

결론적으로 포스트휴먼 생태주의로서 음악교육은 단순히 음악 기술을 배우는 것을 넘어 생태계의 일부로 자신을 인식하고 책임을 느끼는 과정을 포함한다. 이는 '생태의 위기가 나와 연결된 소중한 존재들에게 영향을 미칠 것임을 인식하고, 생태의 변화와 위기를 소리로 알리고자 노력하며, 모두가 참여할 수 있는 음악 활동을 고민하는 것'과 같이, 음악교육이 사회적 실천으로 기능해야 함을 의미한다(Elliott & Silverman, 2015). 다시 말하면, 포스트휴먼 생태주의를 위한 음악교육은 내가 속한 세계에 대한 책임과 의무를 소리와 음악으로 표현하는 것이며, 음악을 통해 함께 존재가 되어 가기 위해 노력하는 것이다. 이를 그림으로 나타내면 [그림 7-1]과 같다.

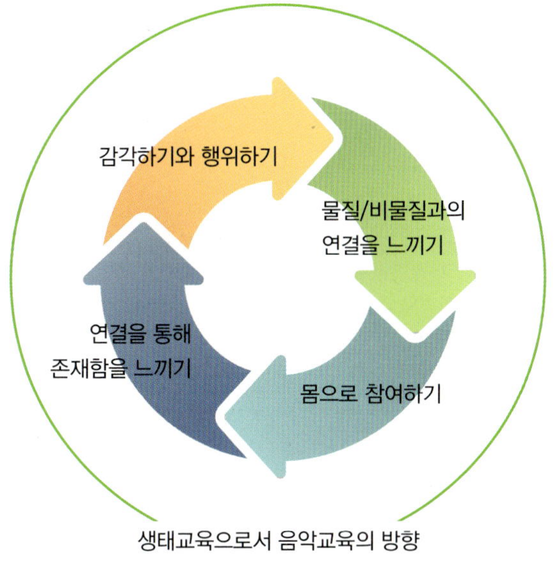

[그림 7-1] **생태교육으로서 음악교육의 방향**

결국 생태교육으로서 음악교육은 몸에서 출발하여, 감각과 행위를 중심으로 물질과 비물질의 연결을 탐색하고, 모두가 참여하는 음악을 통해 함께 존재가 되어 가는 교육을 향하고 있다. 이는 다양한 시도, 모호함, 경계를 넘나드는 유연성과 창의성으로 음악교육을 이끌어, 음악교과의 가능성을 확장할 뿐만 아니라 여전히 근대적 체계에 기반하고 있는 학교 음악교육의 근본적인 변화를 추동한다.

4) 생태적 삶을 위한 음악교육의 가치

음악교육은 소리와 음악을 매개로 사용하여 학생들의 감각을 활성화하고, 자연과의 연결을 깊이 느끼게 함으로써 생태적 인식을 강화한다. 자연과 인간 사이의 상호작용을 예술적으로 탐구하고, 지속 가능한 발전을 위한 실질적 참여를 유도할 수 있다.

생태적 삶을 위한 음악교육의 핵심가치

통합적 교육

삶과 연계된 통합적 음악교육
- 환경, 사회, 문화 등 다양한 영역과 연계하여 교과 간 통합
- 음악 작품을 통해 특정 환경 이슈를 탐구 · 분석
- 앎–삶–함(지식–태도–행동)을 잇는 통합을 지향

변혁적 교육

지속 가능한 사회를 향한 음악교육
- 자연과 인간의 공존을 이해하고 지속 가능한 사회를 위한 노력
- 음악과 관련된 프로젝트와 활동을 통해 지속 가능한 목표(SDGs) 기여
- 예: 환경을 주제로 작곡

실천적 교육

개인의 음악적 성취를 넘은 실천적 음악교육
- 음악을 매개로 한 캠페인, 공공 공연 및 작품을 통해 환경 문제에 대한 인식을 높이고, 공동체 내외에서 음악 작품 만들기
- 예: 캠페인송을 만들어 소셜미디어에서 공유 · 전파

연대적 교육

다양한 주체 간 협력을 도모하는 음악교육
- 학교, 지역사회, 그리고 예술 집단 간의 파트너십을 통해 생태음악 프로젝트를 기획 · 실행
- 예: 지역예술가와 학생들이 함께하는 생태음악 프로젝트

[그림 7-2] 생태적 삶을 위한 음악교육의 가치

생태교육을 음악교육 내에서 다루는 것에 대하여 음악교과 내에서도 우려의 목소리가 있다. 기초적 음악 요소의 이해, 음악사 등 본질적인 음악교과 내용학에서 벗어나 생태교육과 같은 외부 주제를 융합하여, 음악적 표현, 기능 향상 등 본질적 교육을 등한시할 수 있다는 점이다. 더욱이 음악교과의 목표와 생태교육의 목표가 혼재되어 음악교과 고유의 본질적 교수 목표에서 벗어날 수 있는 위험이 산재하기도 한다.

생태교육과 음악교육의 융합에 대한 비판에도 불구하고, 이러한 교육 방식은 학생들에게 다양한 장점을 갖고 있다. 첫째, 자연의 소리를 청취하고, 생태적 주

제를 인식함으로 창의적이고 개성 있는 표현을 할 수 있도록 돕는다. 둘째, 기후변화, 에너지 고갈 같은 삶과 직접적으로 연결된 환경 및 사회적 주제에 참여하고 책임감을 인식하게 한다. 캠페인송을 만들거나, 환경 보호를 주제로 한 음반 프로젝트에 참여함으로써, 단순히 음악적 지식을 수용하고 습득하는 교육이 아니라, 학습자가 주도성을 갖고 실생활 문제에 적극적으로 참여하게 한다. 따라서 생태적 삶을 위한 음악교육은 학생들의 감성과 인식을 확장하고 창의적 표현을 독려하며 사회적 참여 능력을 동시에 발전시킬 수 있는 중요한 교육 전략이 될 수 있다.

2. 생태적 삶을 위한 음악 실천 사례

생태학적 입장에서 소리와 음악에 대한 광범위한 연구와 활동이 이루어지면서, 음악이 생태적 삶의 조성과 문제 해결에 장식적이고 부수적인 역할을 넘어 적극적이고 창의적인 역할을 할 수 있다는 인식이 확산되고 있다. 음악은 몸에서 출발하지만 감각과 행위를 중심으로 비물질인 소리와 물질 세계를 연결 짓는 역할을 하여, 생태환경과 그 위기가 나와 연결된 것임을 느끼고 상상하게 한다. 그리고 이를 통해 사회적 실천과 행동을 촉구할 수 있다.

이러한 인식 변화로 인해 다양한 방식의 생태적 음악 실천 사례가 나타나고 있으며, 최근 10여 년 동안에는 지속 가능하며 생태적인 삶을 조성하고 기후위기에 적극적으로 대응하기 위한 음악적 시도가 늘어나고 있다. 이 절에서는 음악을 통한 다양한 생태적 실천 사례를 표현 유형에 따라 구분하여 살펴보았다. 소리에 집중하는 사운드스케이프 활동, 타 예술과 융합한 오디오비주얼아트(audio-visual art) 활동, 데이터를 청각화하여 표현하는 소리화(sonification) 활동으로 나누어 구체적인 사례들을 다루었다. 또한 예술적 표현을 넘어 보다 적극적인 사회적 실천을 지향하는 기후위기 대응 음악 활동이나 프로젝트를 캠페인과 콘서트 영역으로 구분하여 소개하였다.

1) 표현 유형별 생태적 음악 실천 사례

(1) 사운드스케이프 활동

주변의 소리를 기반으로 한 음악 활동으로, 자연이나 주변 환경에서 발생하는 다양한 소리를 수집하고, 그것들을 음악적으로 가공하여 새로운 작품을 만드는 과정까지 포함하는 활동이다. 이 활동은 녹음과 분석 기술을 사용하여 채집한 소리의 특성과 소리 간의 관계를 연구하고, 이러한 청각적 정보를 통해 생태의 변화를 이해하는 방식으로 이루어진다. 이를 통해 자신이 속한 세계의 풍부하고 다채로운 소리에 집중하며 감각을 깨우고, 비물질성인 소리를 통하여 생태와의 연결을 느끼고 상상할 수 있도록 한다. 또한 녹음하고 채집한 소리를 활용하여 음악을 만들고 자신의 이야기를 표현한다.

[사례 7-1]
나무의 음악

이탈리아의 사운드 디자이너 디에고 스토코(Diego Stocco)의 〈나무의 음악(Music from a Tree)〉이라는 작품에서는 전자 소리를 일체 합성하지 않고 오로지 자연에서 나오는 소리만으로 음악을 만들어 낸다. 소리 채집 방식이 매우 흥미로운데, 피아노 현에 사용되는 해머로 나무를 두드리며 이를 청진기로 채집하거나, 더블베이스 활로 나뭇가지를 연주하는 소리를 초소형 마이크로 채집하기도 한다. 그의 다른 작품으로는 자연뿐 아니라 일상에서도 쉽게 들을 수 있는 소리를 채집하여 만든 〈엄청난 커피(Huge Coffee)〉 〈세탁소의 음악(Music From A Dry Cleaner)〉 〈모래의 음악(Music from Sand)〉 등이 있다.

출처: 유튜브 Diego Stocco 채널.

[사례 7-2]
빙하 소리 음악

아이슬란드의 녹아내리는 빙하에 특별히 헌정하는 곡으로 찰스 밴 커크(Charles Van Kirk)가 작업하였다. 2020년 1월 아이슬란드의 바트나이외퀼 빙하를 여행하면서 빙하의 소리를 포착하고 그 소리로 음악을 만들었다. 그는 "내 직업은 소리로 이야기를 전달하는 것입니다."라고 말하면서, 빙하가 영원히 사라지기 전에 빙하의 소리를 녹음해야 한다는 절박감을 느껴 이 작업에 몰두했다고 설명한다.

출처: 유튜브 Localish 채널.

[사례 7-3]
세계 숲 소리 지도

'세계 숲 소리 지도(Sounds of the Forest)'는 매해 세계의 숲 축제를 여는 영국의 사회적 기업 팀버 페스티벌(Timber Festival)과 비영리단체 와일드 럼퍼스(Wild Rumpus)가 만든 지도로, 'Sounds of the Forest' 웹사이트(https://timberfestival.org.uk/soundsoftheforest-soundmap/)에서 찾을 수 있다. 누구든 자신이 찾아간 곳의 숲 소리를 녹음하여 풍경 사진과 함께 업로드할 수 있다. 업로드한 사진과 소리는 해당 위치에 점으로 표시되는데, 이 점을 누르면 녹음한 숲의 소리를 들을 수 있다.

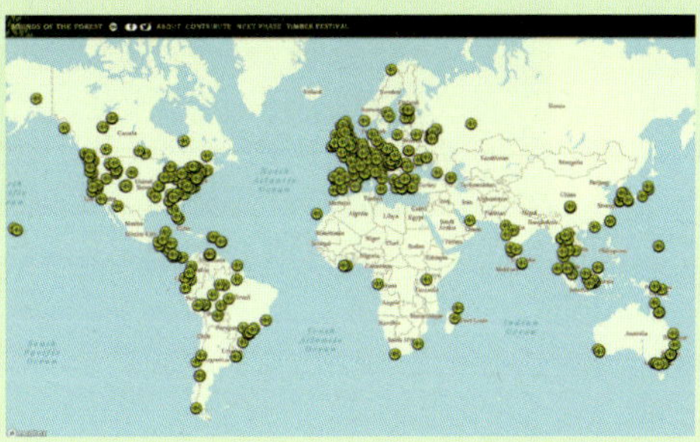

출처: Timber Festival - Sounds of the Forest Sound Map.

(2) 오디오비주얼아트 활동

청각적 요소와 시각적 요소를 통합하여 다감각적인 예술 경험을 만들어 내는 활동이다. 참가자들의 감각적 경험을 높이기 위해 건축물의 표면이나 공간 속 물체에 화면을 투사하여 몰입형 오디오비주얼 환경을 만드는 기술이 주로 사용되고 있다. 이때 단순히 오디오와 비주얼의 상호 매칭에만 그치기보다는 소리를 구현하는 공간을 통해 상상력이 더해진 비시각적 공간감을 만들어 내는데, 이런 활동을 통해 물질과 비물질의 연결을 보다 강렬하게 느끼고 상상할 수 있도록 한다.

[사례 7-4] 동물 오케스트라 전시회

버니 크라우스(Bernie Krause)의 책 『위대한 동물 오케스트라(The Great Animal Orchestra)』를 기반으로 하여 만들어진 전시회에서 선보인 몰입형 설치물 작품이다. 크라우스는 음악가의 입장에서 동물의 울음소리를 듣고 녹음한 후 이를 과학자의 관점에서 연구했다. 인간 활동의 소음으로 인해 동물 수가 급격하게 감소하여 동물들의 소리가 점차 침묵으로 변하고 있음을 지적하며, 생태계의 목소리가 완전히 침묵에 휩싸이기 전에 귀를 기울일 것을 간청한다. 해당 전시회는 실제 현장에서 녹음한 파일들을 실물 크기의 시각화 또는 스펙트로그램으로 변환하여 3차원 환경으로 구성되었다.

출처: 유튜브 Peabody Essex Museum 채널.

[사례 7-5]
어드메

이다영, 이지원 작가의 작품인 〈어드메(2020)〉는 DMZ 비무장지대를 모방한 가상 생태계를 만들어 그곳에 있는 동식물의 현상을 소리와 빛으로 표현하였다. 돔 구조의 작품 속으로 들어가면 입체 음향을 통해 생태계의 입체적인 먹이사슬 구조가 가진 역동성과 균형을 은유적으로 들을 수 있다.

출처: 유튜브 Art & Technology Conference 채널.

(3) 소리화 활동

소리화란 숫자나 문자 자료를 청각적으로 들을 수 있는 형태로 변환하는 것을 뜻한다. 과학적인 데이터나 패턴을 음높이, 리듬, 음색 같은 음악적 요소로 변환하면, 사람들은 그 음악을 들으며 관련 데이터의 추세나 패턴을 해석하고 이해할 수 있다. 데이터의 흐름을 청각을 이용한 새로운 감각의 경험으로 전이함으로써 생태와의 연결을 느끼고 생태의 변화에 보다 관심을 갖도록 한다.

[사례 7-6]
북극해 빙하

주디 트웨트(Judy Twedt)의 작품인 〈북극해 빙하(Arctic Sea Ice)〉는 30년 이상의 북극해 빙하 데이터를 음표로 변환하여 지구 온난화에 대한 청각적 그림을 만들었다. 연주되는 음악은 작곡자가 얼음이 녹는 과정을 음악적으로 해석하고 표현한 것이 아니라 실제 기후데이터를 음악으로 변환한 것이다. 음악은 아름답고 평화롭게 시작하지만 시간이 지남에 따라 얼음이 녹으면서 음의 음계가 낮아지고 불협화음이 심해지며 리듬감도 떨어진다. 음악을 들으면 불안과 우려를 느끼게 되는데, 이 음악을 통해 기후변화에 더 깊은 관심을 촉구하려는 의도가 담겨 있다.

출처: 유튜브 TEDx Talks 채널.

[사례 7-7]
극지방 에너지 예산

나가이 히로토(永井裕人, Nagai Hiroto)의 현악 4중주 1번 〈극지방 에너지 예산(Polar Energy Budget)〉이라는 작품으로, 기후변화 측정 데이터로 작곡한 곡이다. 1982년부터 2022년까지 그린란드 빙하 코어(얼음 기둥)의 시추 현장, 노르웨이 스발바르 군도의 위성 기지, 남극의 일본 연구 기지 두 곳에서 수집한 데이터를 활용하였다. 수집한 데이터를 음높이로 바꾸고, 데이터별로 악기를 배정하고, 서로 다른 데이터에서 만들어진 구절은 겹치거나 자르고, 피치카토, 스타카토 같은 음악 연주 기법을 도입하는 등 다양한 방법을 동원하였다. 예술을 통해 지구과학과 기후변화에 대한 대중의 관심을 촉구하려는 의도가 담겨 있다.

출처: 유튜브 Geo-Sonif Lab 채널.

2) 음악을 통한 사회적 실천 사례

(1) 기후위기 대응 캠페인 활동

기후변화는 생태와 인간 모두를 위협하는 심각한 문제로, 음악가들 또한 그 중요성을 인식하고 기후위기에 대한 경각심을 높이기 위해 다양한 활동에 참여하고 있다. 이러한 시도는 음악가 개인 차원에서 실천되기도 하지만, 환경단체와 음악가들의 협업을 통해 대규모 기후위기 대응 캠페인이나 프로젝트로도 진행된다. 음악은 사람들의 감정을 자극하고 행동을 촉구하는 강력한 도구로서, 문화적으로 향유되는 음악의 역할을 넘어 기후위기 대응을 위한 강력한 메시지를 전달하고 우리 삶을 변화시키는 중요한 사회적 실천의 일환이 되고 있다.

기후 문제를 노래로 표현한 예로는 폴 매카트니(Paul McCartney)의 〈Despite Repeated Warning〉, 잭 존슨(Jack Johnson)의 〈The 3 R's〉, 제이슨 므라즈(Jason Mraz)의 〈Back to the Earth〉, 빌리 아일리시(Billie Eilish)의 〈All the Good Girls Go to Hell〉, 콜드플레이(Coldplay)의 〈Trouble in Town〉, 예혁의 〈초록해요〉, 미스터 부우의 〈아야, 바다〉 등을 들 수 있다. 많은 가수가 이러한 캠페인 노래를 통해 대중에게 기후변화의 심각성을 알리고 환경 보호를 촉구하고 있다.

개인적인 차원을 넘어 환경단체와 음악가의 협업을 통한 캠페인의 사례는 다음과 같다.

[사례 7-8]
파리로 향하는 길

'파리로 향하는 길(Pathway to Paris)'은 기후변화 문제에 대한 인식을 높이고, 파리 기후 협정의 목표를 지원하기 위해 만들어진 국제 예술 및 음악 기구이다. 이 기구는 세계 여러 도시에서 라이브 이벤트와 콘서트를 개최하여 음악과 예술을 통해 기후변화의 중요성을 강조한다. 패티 스미스(Patti Smith)의 곡 〈People Have the Power〉는 기후위기 콘서트에서 주요 곡으로 사용되었으며, 기후위기에 대응한 사회적 변화에 대한 강력한 메시지를 전달한다.

출처: 유튜브 Pathway to Paris 채널.

[사례 7-9]
북극을 지킵시다

피아니스트 루도비코 에이나우디(Ludovico Einaudi)가 환경보호단체 그린피스가 주관하는 '북극을 지킵시다(Save the Arctic)' 캠페인에 참여하여 북극을 위해 쓴 피아노 자작곡 〈Elegy for the Arctic〉를 연주한다. 북극해에 띄운 인공 빙하 위에서 피아노를 연주하는데, 연주하는 동안에도 계속해서 녹아내리는 북극해의 모습은 인류에게 경각심을 불러일으킨다.

출처: 유튜브 Pathway to Paris 채널.

[사례 7-10]
사계 2050-
잃어버린 계절

〈사계 2050-잃어버린 계절(The [uncertain] Four Seasons)〉은 기후변화 시나리오와 AI 기술을 결합한 2050년 미래 버전의 안토니오 비발디(Antonio Vivaldi)의 〈사계〉를 연주하는 글로벌 프로젝트로, 클래식 음악을 통해 기후변화의 위험성을 알리는 것을 목적으로 하였다. 모나쉬 기후변화 커뮤니케이션 연구 허브와 시드니 심포니 오케스트라와 손을 잡고 60년간의 기상 관측 데이터를 바탕으로 만든 기후변화 시나리오 'RCP 8.5'를 AI에 결합시켰고, 이것을 작곡가 휴 크로스웨이트(Hugh Crosthwaite)가 비발디의 〈사계〉에 적용해서 2050년의 사계로 재탄생시켰다. 2021년 11월 유엔기후변화협약당사국총회(COP26)에서 하이라이트 버전이 상영되어 전 세계에 기후위기 대응을 촉구하는 경종을 울리기도 했다.

출처: 유튜브 The [uncertain] Four Seasons 채널.

(2) 지속 가능 발전을 위한 공연 활동

최근 공연예술계에서는 공연 중 발생하는 환경오염을 최소화하고 지속 가능한 친환경 공연을 만들기 위한 움직임이 활발히 일어나고 있다. 음악가들은 다양한 지역을 순회하며 공연을 다니는 과정에서 발생하는 환경오염을 줄이기 위해, 재생 가능한 친환경 에너지를 사용하기도 하고 각 나라나 지역의 인프라를 활용하여 최소한의 이동만으로 공연 활동을 진행하는 등 다방면으로 고민하며 생태적 실천을 하고 있다. 이러한 모습은 음악이 단순히 소비되는 문화 산업에 그치지 않고, 기후위기에 대응하고 지속 가능성을 촉진하는 중요한 역할을 하고 있음을 보여 준다.

일례로, 이탈리아에서 열린 '테라포르마(Terraforma)' 공연은 지속 가능한 재료로 만든 무대로 꾸며졌으며, 관객도 콘서트가 끝난 후 공간을 복원하는 데 참여하도록 요구받는다. 네덜란드의 전자 음악 콘서트 '디지티엘 축제(DGTL Festival)'에서는 종이 티켓과 영수증을 발행하지 않는 전자 지불 시스템을 사용하고 있으며, 태양광을 활용하여 필요한 모든 전력을 공급하고 공연에 사용하였다. 또한 채식주의 음식만을 판매하고 재사용 가능한 컵을 제공하여 관객의 탄소 배출을 자연스럽게 감소시켰다. 우리나라에서는 '그랜드 민트 페스티벌' 등에서 아티스트와 관객이 함께 탄소 배출을 줄이기 위한 노력을 보여 준다. 아티스트는 환경 전문 인력을 활용하여 공연을 준비하고, 관객은 일회용기 대신 다회용기에 음식을 담아 오도록 요구받는다.

음악가, 축제, 공연장이 협력하여 지속 가능한 친환경적 변화를 이끌고 있는 사례도 있다. 비영리단체 REVERB의 '그린 뮤직 운동(The Green Music Movement)'은 세계 여러 나라로 공연 투어를 할 때 생기는 환경적 영향을 최소화하고자 하는 많은 뮤지션이 참여하고 있다. 빌리 아일리시, 데이브 매튜스 밴드(Dace Matthews Band), 더 루미니어스(The Lumineers), 마룬 5(Maroon 5), 잭 존슨 등의 가수들이 이 단체와 협력하여 공연 투어의 환경적 영향을 줄이기 위한 노력을 실천하고 있으며 환경을 위한 기금을 모금하는 등 다양한 모습으로 프로젝트에 참여하고 있다.

이러한 지속 가능 발전을 위한 공연 활동들은 음악이 더 나은 지구의 미래를 위해 적극적인 사회적 실천의 주체가 될 수 있음을 보여 주는 중요한 사례이다.

3. 생태적 음악교육의 실제

1) 생태적 음악교육의 영역별 활동 예시

2022 개정 교육과정에서는 기후 · 생태환경 변화에 따른 미래 사회의 불확실성에 능동적으로 대응할 수 있는 능력을 강조하며, 생태교육 및 기후위기 대응교육

을 교육과정 구성의 핵심적인 부분으로 다루고 있다. 학생들의 생태적 소양 교육은 생태적 지식을 학습하고 인식하는 인지적 영역, 생태적 가치관과 감수성을 함양하는 정의적 영역, 생태적 실천과 참여에 주안점을 두는 행동적 영역으로 나누어 볼 수 있다. 이에 생태교육을 위한 음악 수업 활동의 아이디어 예시를 생태환경 인식에 대한 활동, 생태적 감수성 함양에 대한 활동, 생태적 실천에 대한 활동의 세 가지로 나누어 제시하였다.

(1) 생태환경에 대한 인식

활동 예시 1 소리 탐색하기

• 주변 소리에 대한 책을 읽고 어떤 소리가 등장하는지 이야기를 나눈다.

『소리산책』
폴 쇼워스 글
알리키 브란덴베르크 그림
불광출판사

어린 소녀와 아빠, 늙은 개와 함께 모든 소리에 귀를 기울이고 걷는 '소리 산책'을 하고 있다. 산책하는 동안 길에서 들려오는 생활의 소리, 공원에서 들리는 자연의 소리 등 다양한 소리를 듣는다.

『무슨 소리지?』
장준영 글 · 그림
책고래

평소 무심히 지나치는 여러 '소리'를 쫓아가는 아이의 맑고 따뜻한 동심을 표현한 그림책이다. 자연에서 들려오는 소리에 관심과 흥미를 느낄 수 있도록 구성되었다.

『모두 다 음악』
미란 글 · 그림
사계절

자전거 바구니에 강아지를 태우고 동네 곳곳을 산책하는 여자아이의 여정을 담은 책으로, 일상의 소리가 담겨 있다. 일상의 소리가 담긴 풍경 속에는 실로폰, 클라리넷, 호른 등의 그림이 숨어 있다.

- 주변을 돌아다니며 다양한 소리를 탐색하고 어떤 소리를 들었는지 메모한다.
- 탐색한 소리를 재료로 하여 시 또는 음악을 창작할 수 있다.
  - 탐색한 소리를 의성어로 표현하고 운율을 살려 시를 쓴다.
  - 의성어로 표현한 내용을 바탕으로 노래의 가사를 바꾸어 부른다.
  - 의성어로 표현한 내용을 바탕으로 랩이나 간단한 노래를 만들어 부른다.

활동 예시 2 생태 소리 지도 만들기

- 주변을 돌아다니며 다양한 소리를 탐색하고 스마트기기를 활용하여 녹음(채집)한다.
- 패들렛과 녹음한 파일을 활용하여 학교나 집 주변의 생태 소리 지도를 만든다.
  - 교사는 수업 전에 미리 패들렛 사이트(Padlet.com)에 접속하여 우리 동네 소리 지도 게시판을 만들고, 학생들이 사용할 태블릿PC나 PC에 소리 음원 파일을 저장해 둔다.
  - 학생들은 교사의 안내에 따라 인터넷 주소나 QR 코드로 해당 패들렛 게시판에 들어간다.
  - 학생들은 지도에서 원하는 장소를 선택한 후 어울리는 소리 음원 파일을 추가하여 게시물을 올린다.

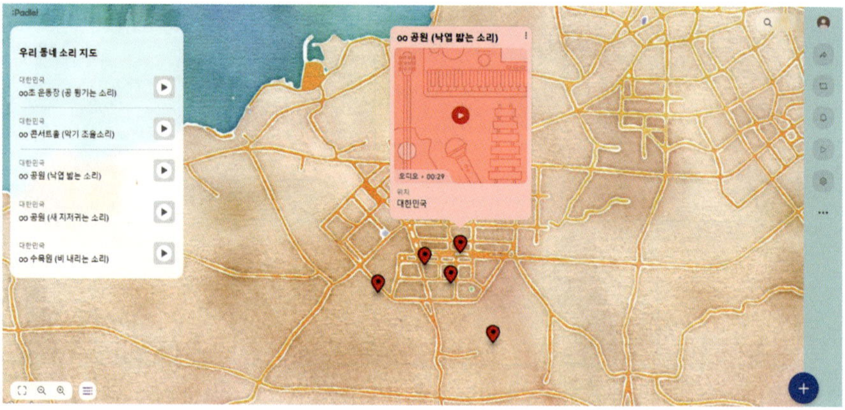

[그림 7-3] 패들렛 활용 생태 소리 지도 예시

(2) 생태적 감수성 함양

활동 예시 1 자연의 소리 활용 음악 만들기

- 스마트기기를 활용하여 다양한 소리를 녹음(채집)한다.
- 녹음한 소리를 활용하여 교사가 제시하는 음악의 효과음이나 비트 반주를 만든다.
  - 효과음 만들기: 교사가 제시하는 음악을 들으며 가사나 분위기에 적절하게 사용할 수 있는 소리를 선택하고, 해당 소리 파일로 음악의 효과음을 넣으며 전체 음악을 녹음한다.
  - 비트 만들기: 녹음한 소리 파일들을 활용하여 교사가 제시하는 음악에 적절한 비트 반주를 만든다. 비트 반주를 녹음할 때는 여러 소리를 겹쳐 녹음할 수 있도록 루프를 활용한 오디오 녹음 앱을 사용할 수 있다.
  - 음악 예시: 김광석의 〈바람이 불어오는 곳〉, 예민의 〈산골 소년의 사랑이야기〉, 아이유의 〈가을 아침〉

활동 예시 2 자연의 소리나 장면을 악기로 표현하기

- 자연의 풍경이 나타나 있는 그림책을 함께 읽는다.
  예: 『페르디의 가을나무』(줄리아 로린슨 글, 티파니 비키 그림, 선우미정 옮김), 『잡았다!』(다시마 세이조 글 · 그림, 황진희 옮김), 『심심해서 그랬어』(윤구병 글, 이태수 그림)
- 자연의 소리나 장면을 여러 가지 타악기나 효과음 악기, 주변 물체를 활용하여 표현한다.
- 친구들과 함께 낭독극을 발표한다. 그림책을 낭독하는 동안 각 장면에 어울리는 소리를 악기로 연주한다. 시간적 여유가 된다면 이야기를 역할극 형태로 바꾸고 종이로 등장인물을 그려 인형극으로 발표하는 것도 좋은 효과를 얻을 수 있다.
- 스마트기기의 녹화 기능을 활용하여 낭독극 발표를 영상으로 찍는다. 이야기 낭독에 맞춰 그림책의 각 장면을 영상으로 찍는 동안, 각 장면에 어울리는 소리를 악기로 연주한다.

활동 예시 3 생태 관련 노래 부르기

- 생태 관련 노래를 함께 부르며 익힌다.
  예: 황승미의 〈저어저어 저어새야〉, 좋아서 하는 밴드의 〈북극곰아〉
- 가사에서 재미있거나 인상적인 부분을 찾아 이야기를 나눈다.
- 이 노래를 듣고 새롭게 알게 된 점이나 느낀 점을 적는다.
- 함께 사는 지구를 위해 우리가 실천할 수 있는 일을 생각하며 가사를 바꿔 부른다.

활동 예시 4 **기후위기와 관련된 음악 영상 감상하기**

- 기후위기와 관련된 음악 영상을 시청한다.
  예: 게임 'Lost Ark' OST 중 〈Tears of the Glacier Island〉, 루도비코 에이나우디의 〈Elegy for the Arctic〉
- 영상에서 기억에 남거나 인상적인 부분을 찾아 이야기를 나눈다.
- 기후위기 극복을 위해 우리가 실천할 수 있는 일을 적는다.

(3) 생태적 실천 및 참여

활동 예시 1 **기후위기 대응 캠페인 활동하기**

- 기후위기 대응과 관련된 뮤직비디오를 시청한다.

지구 위의 블랙박스 프로젝트 중 〈세상의 끝〉	미스터 부우의 〈환경송〉 모음집	탄소중립 캠페인송 〈함께 가요, 탄소중립〉
가수와 안무가가 협업한 작품으로, 깨끗하고 순수한 자연을 인간이 좋다고 마음대로 향유하며 뜯어먹다 모든 것이 고장나 버리는 파국을 표현했다.	환경특파원 캐릭터인 미스터 부우가 등장하는 환경송으로, 해당 영상에는 〈아야, 바다〉를 포함하여 총 8곡의 환경 보호 관련 노래를 시청할 수 있다.	환경부에서 제작한 환경 보호 캠페인 노래를 들을 수 있다.

- 기후위기 대응과 관련된 노래를 익혀 부르거나 새롭게 만들어 부른다.
  - 기후위기와 관련된 노래를 찾아 함께 익혀 부른다.
    예: 폴 매카트니의 〈Despite Repeated Warning〉, 잭 존슨의 〈The 3 R's〉, 제이슨 므라즈의 〈Back to the Earth〉, 빌리 아일리시의 〈All the Good Girls Go to Hell〉, 콜드플레이의 〈Trouble in Town〉, 예혁의 〈초록해요〉, 미스터 부우의 〈아야, 바다〉

- 기후위기에 대응하기 위해 우리가 실천할 수 있는 일들을 정리하여 기존곡을 개사하거나 간단한 랩 만들어 부른다.
- 노래를 불러 녹음하고, 노래의 내용에 어울리는 장면을 넣어 기후위기 대응 뮤직비디오를 제작한다.
- 다른 학급이나 학년을 대상으로 뮤직비디오를 상영하고, 기후위기 대응 관련 캠페인 활동을 진행한다. 뮤직비디오를 학교나 학생들의 소셜미디어 플랫폼을 통해 공유하고 온라인상에서 캠페인을 진행하여 더 많은 사람에게 기후위기의 심각성을 알리고 실천을 독려할 수도 있다.

2) 생태적 삶을 위한 음악교육 프로젝트의 설계와 사례

생태음악교육의 설계 시 학생들이 음악을 통해 생태적 감수성을 기르고 자연과의 조화를 탐구할 수 있도록 하는 데 중점을 둔다. 교사는 음악의 다양한 요소를 생태적 주제와 연결하고, 학생들의 음악적 활동을 통합함으로써, 학생들이 자연과의 관계를 보다 깊이 이해하고 지속 가능한 생활 방식을 탐색할 수 있도록 유도하는 것이 중요하다.

(1) 음악교육 프로젝트 설계 고려 사항

생태적 삶을 위한 음악교육 프로젝트는 자연과 인간의 상호관계를 음악적 창작과 연주를 통해 탐구하는 데 초점을 둔다. 학생들은 자연을 주제로 한 음악 창작 활동을 통해 환경에 대한 새로운 관점을 형성하고, 연주를 통해 자연과의 연결을 경험할 수 있다. 이러한 교육적 접근은 생태적 감수성을 함양하고, 지속 가능한 삶의 가치를 내면화하는 것을 목표로 한다. 따라서 생태적 음악교육 프로젝트를 설계할 때는 음악교육의 내용 요소가 생태교육과 연결될 수 있도록 체계적이고 통합적인 활동 구성이 중요하다.

① 학교급별 학생의 발달적 특성에 맞춘 음악 교육과정 재구조화

프로젝트 구성 시에는 교과별 성취기준을 분석하고 재구조화하며, 기존의 학습 내용을 재구성한다. 이 과정에서 기후변화와 지속 가능한 발전 등의 주제를 포함한 단원을 개발하여, 학생들이 음악을 통해 이러한 이슈에 접근할 수 있도록 한다. 예를 들어, 음악 작품을 통해 환경이 변화하는 과정을 표현하거나, 자연 소리를 사용하여 작곡하는 활동 등이 포함될 수 있다.

교육과정 재구성은 학습자 중심의 통합적 학습 경험을 제공하기 위해 기존의 교육과정을 수정하고 융합하는 과정이다. 2022 개정 교육과정의 중학교 음악과, 환경교과의 성취기준을 통합하여 생태적 삶을 위한 음악교육 프로젝트를 설계하기 위해 교육과정을 재구성하면 다음의 6단계에 따라 재구조화할 수 있다. 이는, ① 목표 설정, ② 교육내용 선정 및 조작, ③ 학습 활동 설계, ④ 통합 프로젝트 개발, ⑤ 평가 계획 수립, ⑥ 피드백 및 반영이다.

〈표 7-1〉의 발췌한 2022 교육과정 일부는 생태적 삶을 위한 음악교육 프로젝트 설계 시 활용할 수 있는 성취기준이다. 교사는 다교과적 접근을 통해 다양한 성취기준을 조합하여 교육과정을 재구성할 수 있으며, 이를 통해 학생들이 음악 창작과 연주 활동을 통해 자연과의 조화를 경험하고 생태적 책임감을 기를 수 있도록 한다.

〈표 7-1〉 생태적 삶을 위한 음악교육 프로젝트 설계를 위해 발췌한 2022 교육과정 일부

음악교과 성취기준

- [9음03-01] 음악적 의도나 아이디어를 여러 매체나 방법에 적용하여 자기 주도적으로 창작한다.
- [9음03-04] 생활 속의 영역과 연계하여 음악을 만들고 활용하며 책임감을 갖는다.

환경교과 성취기준

- [9환03-04] 지역 환경 문제가 지구 환경 문제와 어떻게 연결되어 있으며, 지구 생태계의 구성 요소 중 어떤 것과 관련이 있는지 파악하고, 지속 가능성과 형평성을 고려하여 해결 방안을 제시한다.

단계	설명	구체적 사례
목표 설정	명확한 학습 목표를 설정	음악: [9음03-01], [9음03-04] 환경: [9환03-04]

교육 내용 선정 및 조직	두 교과의 내용을 통합하여 구체적인 학습 내용을 선정	환경 소리 샘플링 및 편집 환경 주제의 음악 창작
학습 활동 설계	교육 내용을 바탕으로 구체적인 학습 활동을 설계	자연 환경 소리 샘플링 DAW를 활용한 음악 편집 환경 캠페인을 위한 배경 음악 제작
통합 프로젝트 개발	학습 활동을 통합하여 종합적인 프로젝트를 개발	'환경 소리로 만든 음악' 프로젝트 등
평가 계획 수립	학습 성과를 측정하기 위한 평가 계획 수립	음악의 완성도 · 창의성 · 완성도 토론 및 참여도
피드백 및 반영	전문가, 동료 교사로부터 재구성한 단원 수업에 대한 지문 검토	프로젝트, 학습 활동 일부 수정 반영

2022 개정 교육과정에서는 생태전환과 관련된 다양한 활동을 장려하고 있다. 이러한 노력의 일환으로 서울특별시교육청은 생태교육과 관련된 활동을 체계적으로 추진하고 있다. 〈표 7-2〉는 서울특별시교육청의 학교급별 생태교육 활동의 목표를 단계적으로 제시한 표이다.

〈표 7-2〉 서울특별시교육청의 학교급별 생태교육 활동의 목표

초등학교	중학교	고등학교
공동체 의식을 바탕으로 지속 가능한 삶을 살아가는 데 필요한 생명(자연)과 함께 살아가는 태도를 기른다.	인간과 환경의 공존을 추구하며 지속 가능한 삶을 이루어 가는 데 필요한 역량과 자실을 기른다.	생태적 · 사회적 상황에 대한 시스템 사고를 바탕으로 문제 해결을 위한 과정에 참여하는 자질과 태도를 기른다.

초등학생을 위한 프로그램에서는 간단하면서도 상호작용이 많은 활동을 통해 자연에 대한 관심을 유발할 수 있다. 예를 들어, 자연 소리를 사용하여 간단한 악기를 만들고, 그 악기들로 음악을 만들어 보는 활동이나 리듬치기, 가락 연주하기 등 기초적인 학습을 연계하여 활동할 수 있다.

다음으로 중 · 고등학생을 대상으로 하는 프로그램에서는 복잡한 음악적 개념을 통합하고 사회 현안을 다룰 수 있다. 학생들이 자연에서 영감을 받아 디지털 미디어 도구를 활용해 작품을 작곡할 수 있으며 기후변화, 에너지 고갈 등의 사회

문제를 탐구하고 음악을 제작해 볼 수 있으며, 이를 다룰 음악들을 감상하고 비평하고 토론할 수 있다.

〈표 7-3〉 학교급별 교육과정 재구조화 및 생태음악교육 예시

학교급	교육과정 재구조화	생태음악교육 예시
초등학생	자연과 환경을 주제로 한 노래와 악기 이해	1. 자연 소리를 이용한 악기 만들기 2. 자연을 주제로 한 노래 배우기 3. 환경 보호 캠페인 노래 창작 및 발표
중학생	환경 문제 인식과 음악적 표현력 향상	1. 환경 문제를 다룬 곡 감상 및 분석 2. DAW를 이용한 기악 연주와 숏폼 비디오 제작 3. 기후변화 관련 시를 기반으로 한 작곡
고등학생	지속 가능한 사회에 대한 음악적 접근 및 실천	1. 지속 가능성을 주제로 한 가창 및 작곡 프로젝트 2. DAW와 기악을 활용한 숏폼 콘텐츠 제작 3. 환경 문제에 대한 음악 토론 및 평가

② 학습자 중심의 생태음악교육 설계

생태음악교육 프로그램을 설계할 때는 학생들의 관심과 요구를 중심으로 구성하여, 자연의 소리를 활용한 음악적 탐구를 통해 학생들이 환경에 대해 더 깊이 이해하도록 한다. 특히 학생들의 일상생활과 연결될 수 있도록 하고, 학습 과정에서는 학생들이 자신의 음악적 사고, 행위를 반성적으로 돌아보게 한다. 〈표 7-4〉는 학습자의 학습을 촉진할 수 있는 전략을 정리한 것이다.

〈표 7-4〉 생태음악학습을 촉진할 수 있는 전략

활동 방법	활동 내용	생태음악교육 사례
교과 융합 음악학습	다양한 교과목과 음악을 통합하여 생태계의 원리를 음악적 요소와 결합하는 학습	생태계의 소리를 탐구하고, 그 원리를 음악적 요소로 적용하기
음악 공연 발표	학생들이 자신의 음악 작품을 공연하고 발표함으로써 학습 결과 공유	자신이 작곡한 생태음악을 교내외에서 공연하기
디지털 미디어를 활용한 음악학습	최신 DAW를 활용하여 음악적으로 재구성하는 학습	DAW를 사용하여 자연 소리를 샘플링하고 전자 음악 트랙을 제작하기

프로젝트 기반 음악학습	학생들이 자신의 관심사를 바탕으로 개별적 또는 그룹으로 프로젝트를 기획하고 실행하는 주도적 학습	생태 주제의 힙합음악 발매 프로젝트 소리 지도 그리기

③ 음악교육의 본질에 적합한 평가

생태음악교육 프로그램의 평가는 학생들이 음악 활동을 통해 어떻게 생태적 인식과 음악적 기술 및 표현력을 향상시켰는지에 대한 균형 있는 평가가 이루어져야 한다. 평가 방법은 학생들의 창작물, 공연, 프로젝트 수행 과정 및 결과물을 포괄적으로 검토하고, 학생들의 반성적 사고 등의 정의적 영역까지 포함해야 한다.

- **다양한 소리 탐색과 분석에 대한 평가**: 학습자들이 수집한 자연 소리, 도시 소리, 생활 소리 등 다양한 소리를 채집하고 분석한 정도에 대한 평가를 실시한다.
- **창의적 음악 활동에 대한 평가**: 학생들이 자연의 소리를 음악적으로 변형하고 조합하여 창의적이고 독창적인 음악 작품을 만들어 내는 능력을 중심으로 진행하며 환경 소리를 새롭게 해석하거나, 음악에 자연의 소리를 통합하는 방법에 대한 평가가 이루어질 수 있다. 또한 팝, 클래식, 국악 등 다양한 음악을 융합하거나 음악적 아이디어 구조, 조직, 다양한 소리를 활용할 수 있다.
- **미디어 활용에 대한 평가**: 학생들은 다양한 도구를 활용해 음악을 수집하거나 혹은 제작한다. 이때 음악을 만들고 편집하는 과정을 통해 음악 창작 능력을 향상시키는 과정에서 사용한 미디어 등에 대한 평가와 피드백이 수반되어야 한다.
- **음악적 협업과 소통에 대한 평가**: 학생들 간의 협업과 소통 능력을 평가한다. 학생들은 함께 작업하고 아이디어를 공유하며 서로의 음악적 능력을 발전시키고 음악적 목표를 달성할 수 있다. 이러한 평가는 그룹 프로젝트 진행, 토론 및 피드백, 공연 및 발표를 통해 이루어진다.

〈표 7-5〉 생태음악교육 평가기준 예시

구분	우수(A)	보통(B)	미흡(C)
음악적 개념 이해	음악의 기본 개념(박자, 화음, 가락)을 깊이 이해하고, 이를 복합적인 작품 분석 및 창작 활동에 정확히 적용한다.	음악의 기본 개념(박자, 화음, 가락)을 잘 이해하고, 이를 대부분의 작품 분석과 창작 활동에 적절히 적용한다.	음악의 기본 개념(박자, 화음, 가락)을 일부 이해하지만, 분석이나 창작 활동에 적용하는 데 어려움이 있다.
음악적 분석	작품의 구조와 음악적 요소(박자, 조, 형식)를 상세하게 분석하고, 그 음악적 의미와 의도를 일관되게 설명한다.	작품의 음악적 요소를 비교적 정확하게 분석하고, 그 의미를 대부분 설명할 수 있다.	작품의 음악적 요소를 부분적으로 분석하며, 그 의미와 목적을 충분히 설명하지 못한다.
생태적 인식	생태적 문제와 관련된 음악 주제를 심도 있게 탐구하고, 이를 음악 창작과 연주에 효과적으로 반영하여 생태적 메시지를 명확히 전달한다.	생태적 문제에 대한 기본적 이해를 바탕으로 음악에 이를 반영하고, 부분적으로 생태적 메시지를 전달한다.	생태적 문제에 대한 이해가 부족하며, 음악적 창작과 연주에 생태적 메시지가 명확하지 않다.

(2) 생태 주제의 음악교육 프로그램 사례

① 생태 주제를 반영한 힙합음악 발매 프로젝트

생태음악 창작 프로젝트는 환경 보호와 지속 가능한 삶을 촉진하기 위한 음악 프로젝트로, 학생들이나 참가자들이 생태 관련 가사를 작성하고 디지털 미디어를 활용하여 대중음악을 창작한 후, 이를 소셜미디어를 통해 발매하는 활동을 기획한다(김영후, 2022). 프로젝트에서 학생들은 음악적 창의성, 디지털 미디어 기술의 포괄적 활용, 생태감수성 증진을 도모할 수 있다.

- 주요 학습 내용
  - 창의적인 음악 작곡 및 가사 작성 능력 향상
  - 기후변화에 대한 인식과 이해 증진

• 학습 목표

–힙합의 사회 · 문화적 맥락을 이해하고, 힙합의 구성 요소를 감상하고 분석할 수 있다.

–여러 기법을 활용하여 기후변화를 주제로 한 랩 가사를 창작할 수 있다.

–기후변화에 대응하는 다양한 방안을 이해하고, 사회적 역할과 책임에 관해 인식할 수 있다.

• 학습 대상: 중학교 3학년

• 학습 준비물: 녹음 장비 카메라, 마이크, 태블릿PC, 스마트폰 등, 음악 작곡 및 편집 소프트웨어

• 교육과정 재구성과 수업의 흐름

과목	음악	차시	12차시
단원	(음악) Ⅰ.도전, 음악 속으로 (국어) Ⅲ . 개성이 드러난 표현 (기술 · 가정) Ⅴ. 정보통신/기술과 소통	교수학습 모형	프로젝트 수업, 협동 학습
		융합 수업	국어, 기술, 환경
성취 기준	[9음01-03] 소리의 상호작용을 인식하고 매체를 활용하여 함께 표현한다. [9음02-03] 다양한 시대 · 사회 · 문화권의 음악을 듣고 음악의 배경과 역할을 비교한다. [9음02-04] 생활 속에서 음악을 들으며 다양한 감성과 가치를 인식하고 존중한다. [9국03-06] 다양한 표현을 활용하여 자신의 생각과 느낌이 드러나는 글을 쓰고 독자와 공유한다. [9환03-04] 지역 환경 문제가 지구 환경 문제와 어떻게 연결되어 있으며, 지구 생태계의 구성 요소 중 어떤 것과 관련이 있는지 파악하고, 지속 가능성과 형평성을 고려하여 해결 방안을 제시한다.		
평가 방법	포트폴리오, 상호평가, 자기평가		

내용	주제	활동 내용	메이커
1~2차시 전략 기획/ 팀조직	도전! 중등래퍼/ 지구수비대 결성하기	음반 기획, 크루조직 및 주제선정(1~2차시) • 모둠별로 이름을 정하고 힙합 크루로서 각자의 역할을 정하고 작곡가, 작가사, 래퍼, PD를 정하여서 패들렛에 제출한다. • 생태 문제에 대한 주제를 도출한다.  	miri canvas padlet
3~5차시 음악 만들기	개러지밴드로 음악 만들기	스마트기기를 활용한 MIDI작곡 실습(3차시) • 교사가 제작한 콘텐츠를 반복하여 학습하면서, MIDI음악 작곡 방법에 대해서 실습을 한다. • 개러지밴드, 워크밴드 등 자신의 기기에 맞는 앱을 선택하여 실습한다.	GarageBand
	DAW 익히기	DAW를 활용해 K-POP 카피하기(4~5차시) • 교사가 제작한 영상을 보며 BTS의 〈Butter〉를 가상 악기를 선택하여 MIDI작업한다. • 자신이 만든 음악을 영상으로 녹화하여 패들렛에 제출하고 상호평가한다. 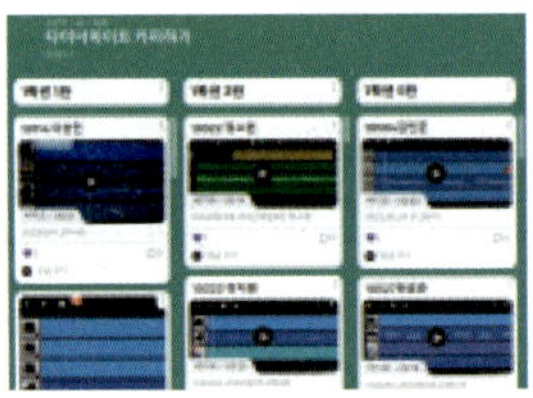 	padlet
6~7차시 음악 만들기	드럼 비트메이킹	웹 드럼으로 드럼라인 만들기(6차시) • 웹 드럼으로 드럼의 구조, 특징, 16비트, 8비트 리듬을 익히고 연주한다. • 스마트폰의 DAW를 활용하여 드럼비트를 만든다. 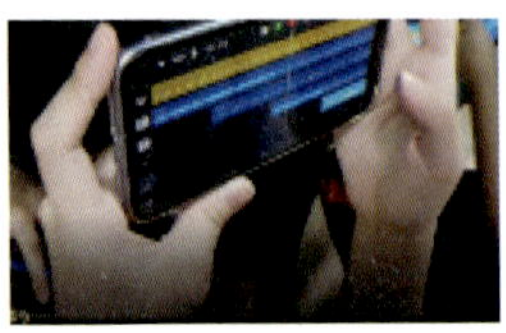  머니코드로 음악 만들기(7차시) • 머니코드를 이해하고 코드를 차용하여 음악을 만든다. • AI 루프 기능을 활용하여 샘플링을 비트를 만든다	GarageBand padlet 키네마스터

8차시 음악 만들기	너희가 힙합을 아느냐	힙합음악 분석하기(8차시) • 힙합의 다양한 음악 특징을 이해하고, 이를 분석한다. • 모둠별로 좋아하는 음악을 찾고 패들렛에 게재한다. 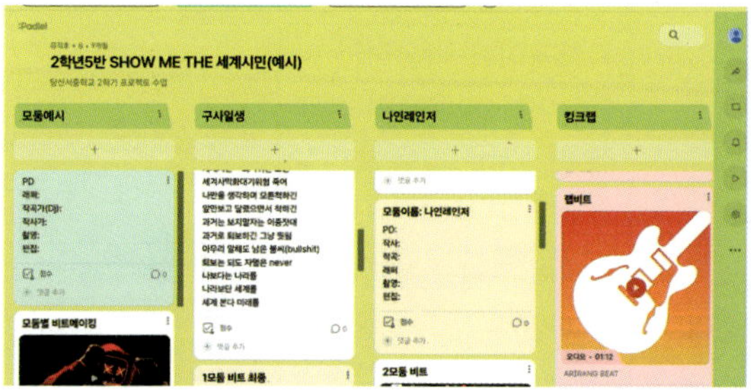	padlet
9~11차시 음악 만들기	쇼미더 기후변화	모둠별 힙합음반 제작하기(9~11차시) • 기후변화 대응이라는 주제에 알맞은 가사를 창작한다. • 다양한 수사법(비유, 은유, 직유 등)과 힙합음악의 다양한 기법(라임, 펀치라인 등)을 적용하여 가사를 만들고 패들렛에 게시하여 동료평가한다.  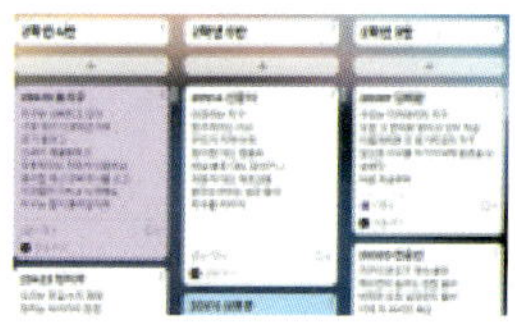 • DAW 프로그램의 녹음기능을 활용하여 랩을 녹음한다. • 콘티를 작성하고 영상을 촬영하고 편집한다.	GarageBand padlet 키네마스터
12차시 평가 및 공유	에코 페스티벌	힙합음악 페스티벌(12차시) • 메타버스에서 우수 작품은 전교생, 학부모, 교원들과 함께 감상한다. • 우수 작품은 소셜미디어 등에 자율적으로 음악 작품을 공유하고 해시태그를 걸어 기후변화 문제에 대해 공유한다. 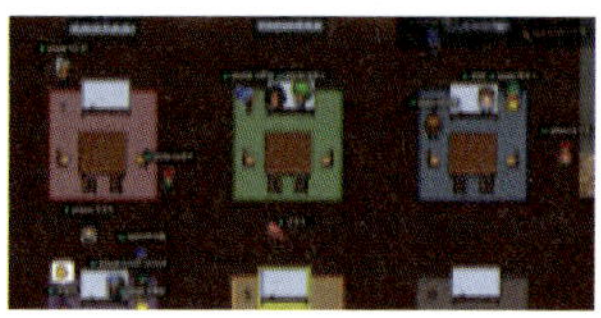 	메타버스

• 평가 및 피드백

평가 항목	우수(A)	보통(B)	미흡(C)
창의성	독창적이고 혁신적인 아이디어를 반영하여 생태적 메시지를 매우 효과적으로 전달한다.	일부 독창적인 요소가 있으나, 생태적 메시지가 다소 평범하게 전달된다.	창의성이 부족하고 생태적 메시지가 명확하지 않다.
구성 및 구조	영상의 구성과 흐름이 매우 짜임새 있으며, 생태적 주제를 효과적으로 반영하고 있다.	영상의 구성과 흐름이 적절하지만, 생태적 주제와의 연계가 다소 부족하다.	영상의 구성과 흐름이 혼란스럽고 생태적 주제와의 연계가 거의 없다.
요소의 사용	음향, 영상, 자막 등이 조화롭게 사용되어 생태적 메시지가 강하게 전달된다.	음향, 영상, 자막이 적절히 사용되었으나 생태적 메시지 전달이 다소 약하다.	음향, 영상, 자막의 사용이 어색하며 생태적 메시지가 명확하지 않다.
내용의 적절성	가사나 대사 내용이 매우 깊고 의미가 풍부하며, 생태적 주제를 명확하게 전달한다.	가사나 대사 내용이 적절하고 의미가 있으나, 생태적 주제가 다소 평범하게 전달된다.	가사나 대사 내용이 깊지 않으며, 생태적 주제가 제대로 전달되지 않는다.

② 사운드스케이프를 활용한 우리 마을 탐험

사운드스케이프란 '소리의 풍경'이라는 의미로, 특정 장소나 환경에서 발생하는 모든 소리를 포괄하는 개념을 말한다. 이는 음악의 소리만을 의미하는 것이 아니라 우리 일상의 다양한 소리를 포함한다. 예를 들면, 거리의 소음, 새의 지저귐, 바람의 속삭임까지 모든 것이 사운드스케이프의 일부이다. 이러한 소리는 장소나 문화의 특성을 반영하며 그곳의 사회적·문화적·환경적·심리적 배경에 대한 이해를 도와준다.

• 주요 학습 내용

–소리 수집과 분석 기술 향상

–창의적인 음악 작곡 능력 향상

–지역사회 인식과 이해

브라이언 이노(Brian Eno; 1948~)
엠비언트 음악이라는 장르의 창시자로 널리 알려져 있다. 그는 이 장르의 음악을 '주의를 기울이지 않아도 들을 수 있지만, 주의를 기울여 들으면 보람이 있는 음악'이라고 정의한다.

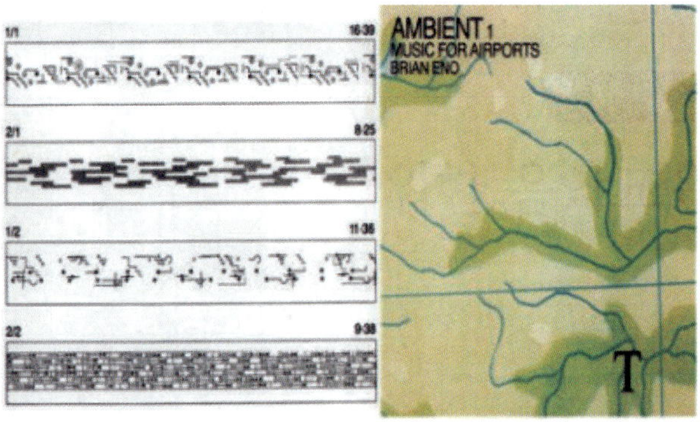

브라이언 이노의 〈Ambient〉 악보와 앨범

[그림 7-4] **브라이언 이노(좌)의 엠비언트 음악: 자연의 음향을 음악으로**

- 학습 목표
  - 지역 소리 지도를 만들면서 지역의 문화적 · 역사적 특징을 탐험할 수 있다.
  - 지역사회와의 연결성을 이해하고, 지역 자원을 보존하고 활용할 수 있다.
- 학습 대상: 초등학교 6학년
- 학습 준비물: 카메라, 마이크, 태블릿PC, 스마트폰 등, 지역 지도 음악 작곡 및 편집 소프트웨어
- 교육과정 재구성과 수업의 흐름

과목	음악	차시	8
단원	우리 고장 소리로 만드는 음악과 지도	교수학습 모형	프로젝트 수업, 협동 학습
		융합 수업	실과, 사회
성취 기준	[6음03-01] 느낌과 아이디어를 떠올려 여러 매체나 방법으로 자신감 있게 표현한다. [6음03-03] 음악의 요소를 활용하여 간단한 음악을 만든다. [6실04-02] 생활 속 디지털 기술의 중요성을 이해하고, 디지털 기기와 디지털 콘텐츠 저작 도구를 사용하여 발표 자료를 만들어 보면서 디지털 기기의 활용 능력을 기른다		
평가	포트폴리오, 상호평가, 자기평가		

차시	활동 단계	활동 내용
1차시	소리 수집	• 음악 감상한다. • 우리 주변 소리 녹음한다. • 선생님과 함께 재미있는 음악을 듣고, 음악 속에서 들리는 다양한 소리를 찾는다. • 학교 주변, 운동장, 교실 등에서 들리는 소리를 녹음한다(예: 새소리, 발소리, 교실 소리 등). • 다양한 장소를 방문하여 소리를 녹음한다(예: 공원, 시장, 도서관 등). [참고] 서울 사운드 가이드 서울 사운드 가이드(Seoul Sound Guide)는 'Cities and Memory' 프로젝트의 일부로, 서울의 다양한 소리를 수집하고 기록하는 프로젝트이다. 이 사이트는 전 세계 도시의 소리 풍경을 탐험하고, 그 소리가 어떻게 그 지역의 문화와 역사를 반영하는지를 탐구한다. 서울 사운드 가이드에서는 서울 특유의 거리 소리, 자연 환경, 일상생활에서 나오는 소리 등을 청취할 수 있다. 이러한 소리는 도시의 독특한 오디오 풍경을 제공한다. 서울의 소리를 지도에 표시하여 사용자가 직접 선택하고 들을 수 있게 하며, 각 소리에 대한 설명과 함께 위치 정보를 제공한다. 
2차시	소리 분석	소리의 특징과 의미를 분석 • 수집한 소리를 듣고, 각 소리의 특징을 분석한다. – 키노트(keynote): 주변 환경에서 지속적으로 들리는 소리(예: 시골의 개구리 소리) – 시그널(signals): 중요하게 인식되는 소리(예: 자동차 경적) – 사운드 마크(soundmarks): 특정 지역이나 문화에 특화된 소리(예: 뉴욕 타임스 스퀘어의 소음)

<table>
<tr><td></td><td></td><td>

[참고] 버니 크라우스의 TED 영상: 소리 분류 방법 학습

버니 크라우스(Bernie Krause)는 생태계의 소리를 녹음하고 분석하는 생태음향학자로, 그의 TED 영상에서는 자연 소리의 중요성과 그 분류 방법을 설명한다. 이 영상에서 그는 다양한 자연 환경에서 수집한 소리를 통해, 생물음과 비생물음을 분류하고, 이를 통해 우리가 자연과 어떻게 더 깊은 연결을 맺을 수 있는지를 탐구한다.

버니 크라우스

</td></tr>
<tr><td>3~5
차시</td><td>소리 지도
만들기</td><td>

수집한 소리로 음악 작곡 편곡

- 사운드스케이프를 사용하여 녹음한 소리를 지도에 표시한다.
- 소리를 해당하는 장소와 연결하여 소리 지도를 완성한다.

[참고] 포모나대학(Pomona College)의 소리 지도 프로젝트

학교 캠퍼스 및 주변 지역의 다양한 소리를 수집하고 지도에 기록하는 프로젝트로 특정 장소에서 들을 수 있는 소리의 종류를 기록하고 그 의미와 중요성을 탐구한다. 소리 지도는 그 지역의 오디오 환경을 보존하는 동시에, 소리가 주변 환경과 어떻게 상호작용하는지를 연구하며, 청취자에게 소리를 통한 새로운 인식의 창을 열어 준다.

</td></tr>
<tr><td>6차시</td><td>음악 발표</td><td>

공유 및 발표회

- 각 팀은 자신들의 소리 지도를 최종 완성하고 발표한다.
- 각 장소와 연결된 소리에 대해 설명하고 상호피드백한다.

학생 산출물 예시(소리 지도와 QR 연계 악보)

</td></tr>
</table>

• 평가 및 피드백

평가 항목	우수(A)	보통(B)	미흡(C)
소리 수집과 활용	지역에서 다양한 소리를 정교하게 수집하고, 수집한 소리를 음악적으로 창의적으로 잘 활용한다.	몇 가지 소리를 수집하고, 수집한 소리를 음악적으로 활용하였으나 창의성이 다소 부족하다.	소리 수집이 제한적이며, 수집한 소리를 음악적으로 활용하는 데 어려움이 있다.
음악적 표현	수집한 소리를 효과적으로 구성하여, 음악적으로 완성도 높은 작품을 만들어 낸다.	수집한 소리를 적절히 구성하였으나, 음악적 완성도가 다소 부족하다.	수집한 소리를 음악적으로 구성하는 데 어려움이 있으며, 완성도가 낮다.
음악적 창의성	수집한 소리를 독창적으로 결합하여, 새롭고 창의적인 음악을 작곡한다.	소리를 결합하여 음악을 작곡하였으나, 창의성이 부족하고 평범하다.	소리 결합과 작곡에서 창의성이 부족하고 새로움이 거의 없다.
음악과 지역의 연결성	수집한 소리를 통해 지역의 문화적·역사적 특성을 음악에 잘 반영한다.	지역의 특징을 음악에 반영하였으나, 그 연결성이 다소 부족하다.	지역의 특성을 음악에 반영하는 데 어려움이 있으며, 연결성이 약하다.

제8장

음악과 진로

이번 장에서는 포스트휴먼 시대의 음악과 관련된 진로교육에 대하여 다루기로 한다. 현대사회의 과학기술이 발전하면 할수록 음악은 사람들의 삶과 더욱 밀접한 관계를 가지게 되었다. 예를 들면, 단순히 연주자가 음악을 연주하고 청중은 감상하는 전통적 음악의 역할을 뛰어넘어, 음악을 생산하고 소비하는 방식 자체의 근본적인 변화로 인해, 음악을 통한 경제적 효과와 산업적 적용이 사회 곳곳에서 극대화되고 있다는 것이다. 이는 음악을 통한 진로의 방향이 매우 다양해졌음을 의미한다. 반면, 현재 학교 교육을 통한 음악에 대한 진로교육은 이러한 사회적 시대적 흐름을 따라가지 못하고 있는 실정이다. 이러한 배경에서 이번 장에서는 포스트휴먼 시대의 진로교육의 의미와 목적을 살펴보고, 현재 이루어지는 진로교육의 현황과 과제를 바탕으로, 포스트휴먼 시대의 진로교육의 방향을 탐색하고 설정하는 데 도움을 주고자 하였다.

1. 포스트휴먼 시대의 음악 진로교육

1) 음악 진로교육의 개념과 원리

2022년 7월 발표한 정부의 국정 목표에서는 '디지털 대전환 시대로의 전환'과

'미래 산업을 위한 변화'를 중요한 방향으로 선언함으로써 사회 전반에 걸쳐 모든 영역이 미래를 향해 변화하고 있음을 강조하였다. 이러한 시대적 흐름은 과학기술과 인간의 결합으로 인간이 가진 한계를 뛰어넘는 '포스트휴먼'으로 상징되기도 한다. 포스트휴먼은 실제 사람들의 음악적 삶에도 영향을 미쳐 음악의 사회·문화적 역할과 음악을 생산하고 향유하는 방식에 많은 변화를 이끌었다. 예를 들면, 과거의 일반적인 음악 연주 활동이나 음악 감상과 같은 제한된 영역에서 음악을 향유하는 것에서 벗어나 생활 전 영역에서 음악이 향유되고 공존하는 형태로 바뀌었다. 특히 디지털 대전환과 미래 산업적 기술의 발달로 인해 음악의 다양한 측면에서 산업적 적용이 이루어지고 있다.

다시 말해, 이전 시대에 비해 생활 전반에 걸쳐 음악의 영향력이 점점 확대되고 있으며, 이에 따라 음악 관련 진로도 연주자를 양성하거나 음반사업 등에 국한되었던 전통적인 경향에서 벗어나 창조적인 '음악 진로'가 제시되고 있다는 것이다. 다음은 시대적 흐름을 바탕으로 음악 진로에 대한 개념과 의미를 살펴보고자 한다.

'진로'란 한 개인이 일생 동안 일과 관련해서 경험하고 거쳐 가는 모든 체험을 일컫는 포괄적인 개념이다(김계현, 1995). 또한 단순히 직업을 의미하는 것이 아니며 개인의 삶 전체 가운데 이루어지는 전체 단계의 발달과정을 말한다. 이러한 진로발달은 태어나면서부터 성인이 되어 가는 시기 전반에 걸쳐 자신의 자아를 이해하고 정체성을 확립해 나가는 의미 있는 총체적 과정을 의미한다.

여기서 중요한 점은 한 개인의 진로발달과정에서 평생 동안 자신에게 적합한 일을 선택하고 잘 수행할 수 있도록 학교와 가정, 사회에서 가르치고 지도하는 '진로교육(career education)'을 시행해야 한다는 것이다. 진로교육에 대한 정의는 다양하게 논의되어 왔다. 먼저, 정철영(2017)은 '진로교육'을 개인의 직업적 발달을 촉진하여 자신에게 적합한 진로를 올바르게 선택하게 하며, 선택한 진로를 위한 계획 수립과 준비를 통해 그 진로에 진출할 수 있도록 하고, 진출한 분야에서 잘 적응하고 발전할 수 있도록 도와주는 일련의 과정이라고 정의하였다. 또한 김봉환 외(2000)는 진로교육을 가르침의 개념으로 바라보면서 진로계획, 진로와 직업의 선택과 결정, 실천, 직업적응, 진로변경 등의 과정을 돕는 활동을 의미하는 것으로 정의하였다.

더욱 포괄적인 의미의 진로교육은 사람들이 활동하는 생애 동안 그들의 진로발달을 자극하고 촉진하기 위해서 전문 상담자나 교사 등과 같은 전문인이 여러 다양한 장면에서 수행하는 활동이며, 진로계획, 의사결정, 적응문제 등에 조력하는 것을 포함한다. 이와 같이 학자들의 진로교육에 대한 정의들을 종합해 보면 '진로교육'이란 자신에 대한 자아실현의 측면에서 개인이 진로를 발달해 가는 인식-발달-선택 과정 속에서 가르치고 도와주는 교육활동의 총체이며, 진로교육은 진로지도, 진로상담을 포괄하는 종합적인 교육이라 할 수 있다.

이러한 점에서 포스트휴먼 시대의 21세기 디지털 대전환과 미래 산업의 변화 속에 음악 진로교육도 개인과 학교 교육, 평생교육 측면에서 시대적 흐름에 맞추어 새롭게 다루어질 필요가 있다. 먼저, 기존의 전통적이며 엘리트중심주의에 입각해 진행되어 왔던 음악과 관련된 진로 분야(음악 연주가, 음악 교육자, 음반 사업자 등)는 우리가 살아가는 삶과 사회 전반에서 음악이 다양한 형태로 향유되고 있다는 사실에 기반하여 음악의 다양한 역할과 가치를 새롭게 인식해야 한다. 다음으로, 자신의 직업을 모색하게 하는 기회를 제공하여 음악과 관련한 학생의 진로를 계획하고 도움을 주는 방향으로 진행되어야 한다(민경훈, 2012).

2) 포스트휴먼 시대의 진로교육의 필요성 및 목적

(1) 음악교과에서 진로교육의 필요성

21세기 미래 과학기술의 발달을 기반으로 교육의 모든 분야에서 학생들의 진로선택과 진로교육이 빠르게 변화하고 있는 반면, 현재 학교 음악교육은 아직도 기본적인 연주와 감상의 교육적 교육과정에서 크게 벗어나지 못하고 있는 것이 현실이다. 이러한 점을 인식한 정부도 다양한 음악 산업을 이해하고 변화에 적응할 수 있는 미래 인재를 양성하고자 사회변혁에 걸맞는 교과과정을 제시하고 있으나, '음악과 진로'라는 부분에서는 아직 미약한 점이 많다.

다행히 2000년대 이후 서양음악 분야에서는 이러한 진로교육의 필요성을 인식하고 이에 따른 문제 해결을 위한 연구가 이루어져 왔다. 특히 진로를 선택하는 요인과 구체적이고 현실적인 내용을 담은 연구들(김민지, 2021; 이승민, 장근주, 2014; 최진호, 2014; 추상희, 2020)을 통해 진로발달과정의 측면에서 진로장벽, 진로성숙도, 진로선택, 진로결정수준, 전공만족도, 자기 효능감 등의 핵심변인을 연구하고 음악과 관련한 진로에 대한 다양한 정보를 제공해 주고 있다.

이러한 여러 연구 결과를 통해 알 수 있는 것은 현실적인 음악 진로교육이란 현대사회에 존재하는 다양한 변화와 요소, 그리고 개인의 발달과정과 관련한 가치관, 능력, 성격, 흥미, 특성 등의 자아의 인지가 우선시 되어야 하며 개인의 음악적 역량을 발달시켜 줄 수 있는 세밀한 관점에서의 체계적 교육으로 이루어져야 한다는 것이다. 이러한 개인의 발달과정과 인지 요소들은 사회 · 문화적 맥락에 따라 달라진다. 포스트휴먼 시대, 디지털 매체의 급변과 미래 기술의 발전 속에서 변화하는 음악적 삶은 음악 및 진로교육의 중요성이 이전보다 더욱 커졌음을 보여 준다.

예를 들면, 음악을 연주하고 감상하며 즐기고 듣는 것에 중점을 두고 있는 전통적 시대에서의 음악의 진로는 음악 연주자, 창작자, 감상자의 영역 정도로 제한되어 있었다. 현재는 핸드폰과 각종 전자기기에 적용되는 음향효과, TV 프로그램과 영화음악, CF, 게임음악, 공간음악 등 삶의 모든 분야에서 음악이 적용되고 있어서 연주자를 기반으로 하는 기존의 음악과 진로와는 차원이 다른 다양한 음악 관련 진로교육이 요구된다.

(2) 음악교과에서 진로교육의 목적과 방향

학교 진로교육에서의 목적은 학생 자신의 진로를 창의적으로 개발하고 지속적으로 발전시켜 성숙한 민주시민으로서 행복한 삶을 살아갈 수 있는 역량을 기르는 것을 말한다(조동헌 외, 2019). 그러나 음악과 관련한 진로교육은 '음악'이라는 특수성을 더욱 잘 발현할 수 있도록 올바른 이해가 선행되어야 한다. 음악 활동은 인간의 사상과 감정을 나타내는 예술로서 음악 경험을 통해 자존감, 책임감, 균형감 등의 인성을 함양하고 지역, 세대, 계층 간의 음악적 소통을 통해 공동체의 가치관을 이해하는 등 사회적으로 성장하는 데 도움을 준다는 점에서 의미가 있다. 이러한 음악적 성장을 통해 더 많이 공감하고 진정한 삶의 의미를 확장해 나가며, 다양한 측면에서 전인격적 성장을 이끄는 방향으로 진로교육이 이루어져야 한다.

최근 변화하고 있는 포스트휴먼 시대의 사회 속에서 음악의 가치와 역할이 확대됨에 따라 음악과 교육과정에서도 음악과 연관된 다양한 분야의 발전을 다루고 있다. 음악 진로교육도 순수예술로서 존재하는 음악 활동뿐만 아니라, 미디어를 활용한 미래 디지털 기반의 사회 발전에 도움을 주는 방향으로 나아가고 있다. 또한 음악이 가진 표현력과 공감력을 자연 환경이나 생태계의 지속 가능한 발전과 연계하여 함께 공감할 수 있는 감수성을 발달시켜 문화, 사회, 과학, 산업, 환경 등 다양한 측면에서 음악 진로교육의 방향도 그 범주가 넓어졌음을 인식하도록 안내하고 있다(교육부, 2023).

음악교과에서 밝히고 있는 음악의 다양한 가치 확장과 변화는 포스트휴먼 시대의 과학기술이 가져올 미래의 변혁 속에서 우려되고 있는 감수성 결여와 분극화의 한계를 극복할 수 있는 중요한 요소가 될 수 있으며, 음악과 진로에서도 중요하게 다루어야 할 분야이다. 이러한 점에서 2015 교과과정에서는 변화의 시대에 부합하는 음악 인재에 필요한 새로운 역량을 인식하고 이를 대처하는 교육활동이 되도록 선언적 성격의 내용이 존재하였다. 더 나아가 2022 개정 음악과 교육과정에서는 이 역량을 보다 능동적으로 발휘하고 활용하는 교육내용을 포함하고 있다. 교육과정에서 강조하는 핵심역량을 고려한 진로교육은 체계적이며 단계별 진로성장을 이루는 데 도움을 줄 것이다.

특히 음악 진로교육은 성취기준과 총론의 여섯 가지 역량과 목적이 함께 연계되어야 한다. 이에 따른 진로교육의 목적 설정은 다음과 같다. ① 자아이해와 사회적 역량 함양, ② 일과 직업세계의 이해 역량 함양, ③ 진로 탐색 역량 함양, ④ 진로 디자인과 준비 역량이다.

첫째, 자아이해와 사회적 역량 함양이다. 자신의 자아를 이해하고 긍정적 자아개념을 형성해 나가는 과정으로 교육과정 총론의 심미적 감성역량을 충족시킨다. 또한 대인관계 및 의사소통 역량이 있는데, 이는 의사소통 역량과 공동체 역량을 발전시키는 데 도움을 준다.

둘째, 일과 직업세계의 이해 역량 함양이다. 변화하는 직업세계에 대한 충분한 이해가 필요한 과정으로 일과 직업의 다양한 역할과 기능을 아는 것이다. 또한 직업들이 변화해 온 과정을 이해하여 건강한 직업의식을 형성하는 데 도움을 준다. 이들은 지식정보처리 역량과 창의적 사고 역량, 심미적 감성 역량을 충족시킨다.

셋째, 진로 탐색 역량 함양이다. 교육기회를 탐색하고 직업정보를 모색하게 되는데, 진로에서 학습이 중요함을 이해하고 바른 학습태도를 갖게 한다. 또한 여러 가지 체험활동을 통해 구체적인 방법을 알아가는 것이다. 이는 자기 관리 역량과 지식정보처리 역량을 충족한다.

넷째, 진로 디자인과 준비 역량이다. 다양한 의사결정의 방식에 스스로 결정할 수 있도록 하고 본인이 선택한 문제에 대해 장단점을 파악할 수 있다. 이는 자기 관리 역량, 창의적 사고 역량을 충족한다(교육부, 2023).

이러한 배경에서 교육부에서도 학생들의 적극적인 자기 주도적 진로교육을 위해 5년간의 진로교육 비전과 세부 추진 과제를 제시하는 '진로교육 활성화 방안(2023~2027)'을 발표하는 등 최근 진로교육 부문에서 많은 정책적 변화를 거듭하고 있다. 특히 초·중등학교 진로교육 내실화를 통해 진로교육 교육과정 편성을 제고하고 2022 개정 교육과정에 대비한 연구학교 운영, 학교 진로교육 여건 조성, 교원의 진로교육 역량 강화, 개인 맞춤형 진로상담을 활성화하는 등 학교 내에서 진로교육을 혁신하기 위한 내용이 구체적으로 제시되어 운영되고 있다(교육부, 2023).

더 나아가 새로운 창업가 정신을 함양하고 생태계 조성을 지원하고자 진로정보망(주니어 커리어넷, https://www.career.go.kr/jr)과 진로교육 관련 동영상 제작(진로정보망 커리어넷, https://www.career.go.kr/) 사이트도 운영되고 있다. 이 밖에 원격영상 진로멘토링(https://mentoring.career.go.kr) 같은 사이트를 활용한 학생들의 능동적이고 자발적인 참여를 이끌고 있다. 특히 디지털 인재양성을 위한 진로체험 생태계 조성에도 상당한 비중을 두고 있다. 진로정보망 안내 사이트는 [그림 8-1]과 같다.

원격영상 진로멘토링(https://mentoring.career.go.kr)

진로정보망 커리어넷(https://www.career.go.kr)

진로교육 관련 사이트

[그림 8-1] 진로 관련 사이트

음악 전공과 관련한 진로교육을 살펴보면, 가장 기본적인 진로는 전통적인 음악가 양성의 음악 전공으로 이미 음악 연주가로 진로선택을 경험한 학생을 대상으로 이루어지는 전문가형 진로과정이다. 대부분 직업적 개념으로 인식되어 음악가, 지휘자, 연주가, 음향기사, 연출가, 작곡가, 악기 조제원(커리어넷, 2023) 등 수익을 발생시키는 직종에 종사하기 위해 필요한 기술이나 능력을 학습하는 전통적인 진로과정이라 할 수 있다.

그러나 이러한 전통적 진로의 가장 큰 문제는 소수만 성공할 수 있는 직업적 환경, 포스트휴먼 시대의 미래 기술을 기반으로 하는 디지털 미디어 변화의 다양한 사회적 요구를 따라가지 못하는 학교의 교육과정과 인식이다. 또한 음악과 진로교육에 필요한 음악 진로 교육자가 현저히 부족하다는 점도 작용한다. 다행히 몇 년 전부터 이러한 문제를 인식한 음악 전문가들과 전공자들이 과거에 비해 다양한 수익을 창출할 수 있는 사회적 구조를 인식하여 현 시대가 요구하는 음악 산업적 가치가 있는 진로교육의 필요성을 강조하고 있다.

2. 포스트휴먼 시대의 음악 진로교육 방법과 내용

1) 진로발달을 위한 교육과정 구성

2015년 12월 제정된 「진로교육법」은 학생들에게 진로교육의 기회를 제공하고 변화하는 사회에 대처하기 위한 단계별 지원을 제시하는 것으로부터 출발하였다. 「진로교육법」은 학생에게 다양한 진로교육의 기회를 제공함으로써 변화하는 직업세계에 능동적으로 대처하고 학생의 소질과 적성을 최대한 실현하여 국민의 행복한 삶과 경제 · 사회 발전에 기여함을 목적으로 한다. 또한 일을 위한 교육의 총체를 진로교육이라고 정의하였으며(정철영, 2017) '진로 인식'–'진로 탐색'–'진로 준비 및 유지'의 기법을 모두 포괄하고 있다.

진로발달을 위한 교육과정 구성에서 가장 기본적인 개념은 발달과정과 교육과정의 연계성, 그리고 「진로교육법」의 조화로운 내용 반영이다. 「진로교육법」(개정 2021. 03. 23.)에 기초한 기본 교육방향은 법률 제4조에 의거하여 네 가지로 나뉜다.

첫째, 진로교육은 변화하는 직업세계와 평생학습사회에 적극적으로 대응할 수 있도록 스스로 진로를 개척하고 지속적으로 개발해 나갈 수 있는 진로개발역량의 함양을 목표로 한다.
둘째, 모든 학생은 발달 단계 및 개인의 소질과 적성에 맞는 진로교육을 받을 권리를 가진다.
셋째, 진로교육은 학생의 참여와 직업에 대한 체험을 바탕으로 이루어져야 한다.
넷째, 진로교육은 국가 및 지역사회의 협력과 참여 속에 다양한 사회적 기반을 활용하여 이루어져야 한다.

정리하자면 초·중등학교의 진로교육은 학생의 발달 단계와 성취기준, 그리고 지역의 실정에 맞는 진로교육과 목표를 고려해야 한다고 밝히고 있다. 구체적으로 초·중등과정은 자신의 소질과 적성을 확인하고 이와 관련한 체험을 지원하는 방식부터 정규 수업 내 진로 검사, 상담, 정보 등을 제공하는 활동을 포함하였다. 더 나아가 상담, 체험, 정보 등이 포함되어 진로상담교사(진로전담교사)로 명명하는 전문 인력을 둘 수 있도록 하였다. 이에 따른 현황과 수업편성 및 운영에 필요한 사항을 「진로교육법」으로 정하는 등 매우 적극적인 진로교육을 진행하고 있다.

이러한 진로교육을 위한 학교 교과과정은 세부적으로 나뉘어 이루어지는 것이 효과적이다. 먼저, 진로발달과정 중 '진로 인식' 단계에 해당하는 초등학생에게는 다양한 학습 활동과 경험을 통해 자신에게 필요한 일임을 인식하고 느끼는 과정이 가장 중요한 비중을 차지한다. 그리고 중등학교 학생들은 정신적·육체적으로 급격한 성장을 이루는 시기이므로 초등학교에 비해, 보다 광범위하고 포괄적인 상태에서 개인의 흥미나 가치관, 태도, 진로에 대해 생각하는 성숙도 등 자신의 감정이나 욕구, 자아에 대해 명확하게 이해하고 이를 발전시키도록 하고 있다. 또한 구체적인 직업세계에 대한 정보를 적극적으로 이해하고 나의 선택과 연결해 보는 등 보다 적극적인 진로대안을 모색한다.

한편, 학교 진로교육과 교육과정은 핵심역량과도 연결되어야 하는 노력을 기울여야 한다. 최근 2022 개정 교육과정 초·중등과정 총론 주요사항에서도 미래의 다양한 진로와 직업 사이에서 스스로 삶과 진로를 설계할 수 있도록 진로연계교육과정을 운영하겠다는 맞춤형 교육과정을 강조하였다. 또한 새로운 산업 분야의 직무 변화를 반영한 직업계고 교육과정의 개선하여 교과내용을 재구성한다고 밝혔다. 2022 개정 초·중등학교 교육과정 총론의 핵심역량은 다음과 같이 설명될 수 있다(교육부, 2023).

가. 자아정체성과 자신감을 가지고 자신의 삶과 진로를 스스로 설계하며 이에 필요한 기초 능력과 자질을 갖추어 자기 주도적으로 살아갈 수 있는 자기 관리 역량

나. 문제를 합리적으로 해결하기 위하여 다양한 영역의 지식과 정보를 깊이 있게 이해하고 비판적으로 탐구하며 활용할 수 있는 지식정보처리 역량

다. 폭넓은 기초 지식을 바탕으로 다양한 전문 분야의 지식, 기술, 경험을 융합적으로 활용하여 새로운 것을 창출하는 창의적 사고 역량

라. 인간에 대한 공감적 이해와 문화적 감수성을 바탕으로 삶의 의미와 가치를 성찰하고 향유하는 심미적 감성 역량

마. 다른 사람의 관점을 존중하고 경청하는 가운데 자신의 생각과 감정을 효과적으로 표현하며 상호협력적인 관계에서 공동의 목적을 구현하는 협력적 소통 역량

바. 지역 · 국가 · 세계 공동체의 구성원에게 요구되는 개방적 · 포용적 가치와 태도로 지속가능한 인류 공동체 발전에 적극적이고 책임감 있게 참여하는 공동체 역량

그렇다면 교육과정에서의 진로교육은 어떻게 진행되어야 하는가? 먼저, 교육과정에 설정된 인간상을 구현하기 위해 2022 개정 교육과정 총론의 여섯 가지 핵심역량을 진로교육의 핵심역량으로 재구성하면 다음과 같다.

〈표 8-1〉 2022 개정 교육과정 총론의 여섯 가지 핵심역량과 진로교육의 핵심역량

2022 개정 교육과정 총론의 여섯 가지 핵심역량		진로교육의 핵심역량
자기 관리 역량	→	자아이해 역량
지식정보처리 역량		새로운 직업세계 조사 역량
창의적 사고 역량		진로 의사 준비 및 결정 역량
심미적 감성 역량		직업적 긍정자아 형성 역량
의사소통 역량		진로세계 내 의사소통 역량
공동체 역량		진로세계 내 대인관계 역량

종합적으로 진로발달을 위한 교육과정의 내용과 구성은 유기적으로 연결되어야 한다. 2022 개정 교육과정 총론의 핵심역량 여섯 가지를 통해 진로교육의 핵심역량으로 발휘되는 내용은 다음과 같다(교육부, 2023).

첫째, 자신의 자아개념을 이해하고 감정, 욕구, 능력 등을 해석하는 역량을 기른다. 자신의 자아를 이해하는 것은 인간발달의 핵심적인 요소라 할 수 있다. 자아를 이해한다는 것은 개인 스스로가 자신의 다양한 기질 등을 올바르게 이해하고 해석하는 것을 의미한다. 더 나아가 자아-타인 간의 관계에도 긍정적인 영향을 미치기 때문에 이에 관련된 역량을 기른다.

둘째, 새로운 직업세계를 조사하고 이해하는 역량을 기른다. 변화하는 사회를 인식하고 자신의 일과 직업세계에 대해 관심을 가지면서 이와 관련된 다양한 직업세계에 대한 직업세계관을 조사하는 역량을 기른다.

셋째, 진로 의사를 준비하고 결정할 수 있는 역량을 기른다. 자신이 미래 진로에 대해 진지하고 고민하고 공부를 실행할 수 있도록 동기를 부여하고, 이와 관련된 장단점을 파악한다. 그리고 진로에 대한 성숙도를 심화시켜 자신의 의사를 결정할 수 있는 태도를 갖는 역량을 기른다.

넷째, 긍정적 자아개념 형성을 위하여 자신에 대한 이해와 문화적 감수성을 바탕으로 삶의 의미와 가치를 발견하고 일에 대한 가치를 이해하는 역량을 기른다. 자신이 즐기는 활동이나 일의 미래를 이해하고 이에 대한 기쁨, 보람, 성취 등을 파악할 수 있다.

다섯째, 진로세계 내 의사소통 역량을 기른다. 자신이 준비하고자 하거나 혹은 어느 정도 결정된 진로에 대해서 다양한 구성원의 역할과 의미를 깨닫고 이에 대한 이해를 도모한다. 일과 직업세계의 특성과 진행상황, 문제 등을 생각해 보며 소통하는 방법을 알아본다.

여섯째, 진로세계 내 대인관계 역량을 기른다. 일과 직업세계를 바탕으로 조직을 이루거나 소속감을 느끼기 위해서는 공동체 대인관계가 매우 중요하다. 대인관계는 집단생활 속 구성원 상호 간의 심리적 관계를 의미하는데, 단순히 일을 하는 것을 넘어 그 일을 지속하거나 동기를 북돋아 주는 데 도움을 준다. 공감, 경청, 협업, 소통, 배려 등 여러 환경 속에서 타인을 배려하고 일을 지속할 수 있는 역량을 기른다.

2) 음악과 관련한 직업세계에 대한 이해

(1) 직업의 개념 및 이해

직업세계는 산업사회를 거쳐 정보화 사회로 이행하면서 급격한 변화를 겪고 있다. 직업세계의 변화란 한마디로 수많은 직업의 생성과 소멸 또는 성장과 쇠퇴를 의미한다. 직업의 종류는 산업혁명 당시 약 400종에 불과하던 것이 1945년 약 1만여 종의 직업으로 증가하였고, 1965년에는 약 5만 종으로 증가하였으며, 1974년에는 약 20만 종으로 늘어났다. 우리나라의 경우를 살펴보더라도 1950년대 중반에 약 2,000여 종에 불과하였던 것이 1985년에는 1만 451종, 1995년에는 1만 1,537종, 2001년에는 12만 306종으로 확인되었다(김봉환 외, 2002; 김장회, 김계현, 2009).

현재 음악 관련 직업의 세계도 다양화되어 산업구조나 직업에 대한 인식과 구조도 변화하고 있다. 세부적으로 순수미의 구현을 위한 예술적 동기에 의해 창조되는 음악 활동을 기반으로 하여 업(業)으로 자리 잡게 되는 직업의 개념에서 더 나아가 음악 산업의 측면에서 음악이 기능적으로 활용되어 수익을 창출하는 작품이나 활동으로서의 개념으로 보다 확장되는 추세인 것이다.

이러한 직업 세계의 변화는 한 나라의 환경과 산업 구조의 변화를 민감하게 반영하며, 변화하는 산업 분야에 새로운 노동시장을 형성할 뿐만 아니라 노동 인력의 수요와 공급에도 변화를 초래한다. 이러한 변화는 결국 직업의 세계가 요구하는 노동력, 즉 미래의 직업세계에서 요구되는 직업 역량을 갖춘 인적 자원 육성이라는 문제로 연결된다. 직업에 대한 인식의 패러다임이 '평생직장'에서 '평생직업'으로 급격히 대체되고 있는 점도 직업 역량 육성의 중요성을 부각하고 있다(김장회, 김계현, 2009; 문승태 외, 2007).

이러한 변화의 흐름 속에 진로교육의 중요성은 점차 부각되고 있다. 각 분야에서 실시되고 있는 음악 관련 진로교육도 전통적 직업교육에서 벗어나 다양화 또는 세분화되어야 한다.

(2) 음악 관련 직업의 특성 및 분류

급변하는 직업세계의 흐름 속에 음악 관련 직업의 특성 및 분류 또한 재구성될 필요성이 꾸준히 제기되어 왔다. 기존의 음악 산업사회에서는 전문적인 음악 연주를 수행하는 것이 주된 일이나 활동이었다면, 최근 지식기반 및 뉴노멀 시대가 요구하는 음악 직업의 흐름은 다양한 분야의 음악과 관련한 직업들이 유연하면서 광범위하고 보다 상호 협조적인 능력이 발휘되어야 한다는 특성이 있다.

한국콘텐츠진흥원의 2011년 조사에 따르면, 기존의 전통적인 음악 산업 분류 체계는 음악 제작업, 음악 및 오디오물 출판업, 음반 배급 및 복제업, 도소매업, 유통업, 공연업, 노래연습장업 등 음악 중심으로 하는 일을 기반으로 하는 산업활동을 직업과 연계하여 설명할 수 있다. 2024년 기준 커리어넷 직업 검색에 제시된 직업과 새롭게 추가된 음악 관련 직업세계의 정보는 〈표 8-2〉와 같다.

〈표 8-2〉 음악 관련 직업 및 분류

중분류	직업	정의
음악 정책업	음악 관련 법률전문가, 음악 정책연구원, 음악 법률위원	정부 차원에서의 음악과 관련된 문제를 해결하고자 국가 정책 및 현안 과제를 연구하는 역할을 수행

음악 제작업	녹음기사	영화, 텔레비전, 라디오 등에서 사용되는 음악, 배경음, 대사 등을 녹음하는 장비를 조작하는 업무를 수행
	음반 기획자	국내외 음반 시장의 상황과 음반 구매자의 요구를 분석하고 제작할 음반의 주제와 내용을 기획
	공연 기획자	공연을 무대에 올리기까지 음악 콘텐츠 선정, 홍보, 마케팅 모든 제작 과정을 기획하고 추진
	악기 제작원	악기제조원은 피아노, 바이올린, 한국전통악기 등의 각종 악기를 제조하거나 고객의 요청에 따라 악기의 소리를 조율하는 일을 담당
음악 및 오디오물 출판업	음반 출판원, 음악 유통사	제작한 음악을 대중들에게 선보이기 위한 유통 및 출판 관련 작업을 수행
음반 도소매업	음악 도매업 · 배급업, 기타 오디오물 소매업	음악 관련 상품을 소매로 판매하고 관리하는 일을 수행
음악 공연업	가수, 국악인, 연주자, 지휘자, 작곡가	악단이나 녹음된 반주에 맞추어 공연장이나 콘서트 무대에서 대중적인 노래나 고전음악, 국악 및 가곡을 노래 및 음악 활동
	댄서	가수의 노래와 음악에 어울리는 춤을 개발하고 연습하며, 함께 공연에 참가하여 가수의 무대를 보조
	유튜버, 음악 크리에이터	음악방송을 제작하여 플랫폼 안의 음악 산업활동을 전개
노래연습장 운영업	노래연습장 사업자	연주자를 두지 아니하고 반주에 맞추어 노래를 부를 수 있도록 영상 또는 무영상 반주장치 등의 시설을 갖추고 공중의 이용에 제공하는 영업 활동인
통신기술 음악개발	스마트통신 음악 디자이너	ICT에 사용되는 생활음악을 포함하여 인간에게 필요한 음악을 디지털 음원으로 디자인하고 제작
	애니메이터 음악 디자이너, 게임 음악 디자이너, 사운드 엔지니어	ICT에 사용되는 애니메이터, 웹툰, 미디어 활동에 필요한 음악을 디지털 음원으로 디자인하고 제작
	디지털 큐레이터	인터넷에서 원하는 정보에 대한 음악을 선택하고 음악 콘텐츠를 분별
	음악공학 프로그램 개발 연구원	음악 분야의 응용과학기술을 연구하여 음악 프로그램을 제작, 음악적 내용과 공학적 기술을 새롭게 활용하여 새로운 AI, AR, 빅데이터, 클라우드 등 음악공학 프로그램을 개발

음악교육업	음악 교사, 음악대학 교수, 음악 강사, 음악학원 원장	학생들에게 음악에 관한 이론과 연주법, 가치관 등을 교육
음악 의료업	음악 치료사	우울증, 불안증 등 정신적인 어려움이 있는 사람을 대상으로 음악치료 진단평가, 음악치료 계획 수립 및 음악치료를 실시하고 그 결과를 평가
음악 미학업	평론가, 음악 해설가	음악 작품의 주제, 표현, 기술 등의 요인을 분석한 다음, 개인적 지식과 판단, 경험 등을 근거로 작품에 대한 평론 및 해설
음악 콘텐츠업	음악분수 연출가	이미 설치된 분수시설을 이용해 음악을 기획하는 일을 수행하며 새로운 기술과 결합하여 소프트웨어인 음악 선곡 및 연출
	공간음악 전문가, 음악 코디네이터	매장의 음악 선곡을 담당하며 백화점이나 대형마트, 대형서점, 패스트푸드점 등에 배경음악을 제공하고 관리. 주로 고객을 분석해 그 매장에 적합한 음악을 선곡 및 구성

변화된 음악 직업군을 이해하기 위해서는 이전의 시대적 흐름에 따라 변화된 음악 활동에 대한 이해가 선행되어야 한다. 예를 들면, 최근 COVID-19 이후 실연음악(live music) 직종이 대규모로 축소되었고, 오프라인을 중심으로 이루어졌던 음악 관련 일과 직업세계가 대부분 비대면, 온라인 중심으로 변경되었다. 또한 대중음악, 한국전통음악, 실용음악, 서양음악 등 다양한 음악 분야가 실시간 오프라인 음악 활동 중심에서 디지털 기능을 활용한 인터넷 플랫폼과 유튜브 방송 기능 등을 활용하여 음악을 향유하고 즐기는 방법들로 변화되었다.

그리고 음악제작업이나 공연업을 수행하던 음악인들은 기존의 직무에 디지털 기술을 더하면서 보다 다양한 일을 감당하게 되었고 음악과 기술의 결합이 주요 핵심역량으로 떠올랐다. 따라서 음악 산업에 경쟁력을 갖추기 위해서는 음악적 기술과 지식역량뿐만 아니라 변화된 포스트휴머니즘 시대의 기술적 역량을 함께 갖추는 것이 중요한데, 확장현실(Extended Reality: XR), VR 등을 예로 들 수 있다.

이밖에 음악 및 오디오물 출판업, 음반 배급 및 복제업, 도소매업, 유통업을 수행하던 음악인들도 인터넷 기술을 활용한 홍보 및 음악 산업활동을 전개하는 방식

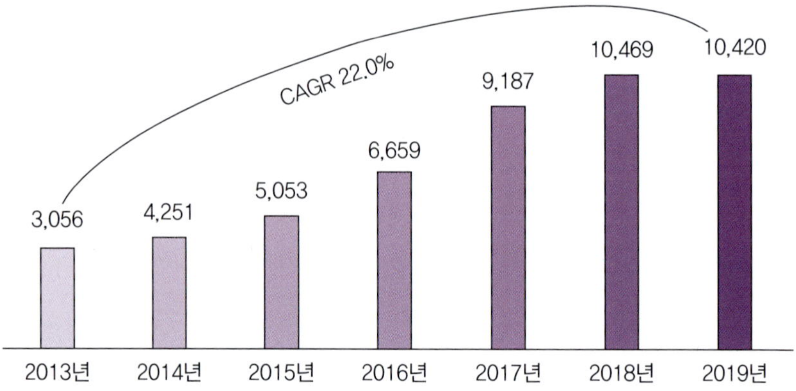

[그림 8-2] 우리나라 디지털 음악시장 규모의 추이(단위: 억 원)

출처: 한국콘텐츠진흥원(2021).

으로 변경되었다. 기존에는 음반 회사가 음악을 제작하고 유통하는 방식이 일반적이었으나 이제는 아티스트나 음악 프로듀서가 직접 음악을 발매할 수 있으며, 인터넷을 통해 전 세계적으로 곡을 공유할 수 있다. 음원 스트리밍과 관련된 출판, 복제, 유통 플랫폼은 막대한 경제수익을 안겨 주는 음악 산업 활동으로 자리 잡은 반면, 수익 분배 문제와 저작권 보호 문제와 음악가들의 업무 과중 문제는 해결해야 할 과제이다. 종합해 보면, 음악 관련 활동은 디지털 중심으로 성장하고 있다. 한국콘텐츠진흥원의 자료에 따르면, 우리나라 디지털 음악 산업의 구조는 매해 연평균 22%씩 성장세를 보이고 있다([그림 8-2] 참조). 이러한 성장세에 따라 디지털 음악 활동을 수행하는 직종의 인원이 양적으로 증가하면서 고용 증대 또한 자연스럽게 늘어나고 있다. 이러한 현상은 앞으로 더욱 가속화 될 것으로 보인다.

3. 학교 교육에서의 음악 진로교육 현황과 과제

이번 절에서는 현재 이루어지고 있는 학교 교육에서의 진로교육의 현황을 밝히고, 앞으로 다가올 미래의 음악 진로교육의 과제를 제시하고자 한다. 이를 위해 2022 개정 교육과정에 따른 초·중등학교의 일반진로교육과정과 음악과 관련한 진로교육에 대하여 설명하며, 대학교는 현재 음악대학의 진로교육 현황과 문제점을 파악하고 미래의 음악과 관련된 진로교육의 방향을 제시한다. 먼저 2022 개정 교육과정의 개정 중점 방향은 다음과 같다.

첫째, 미래 사회 변화 대응 역량 및 기초 소양 함양 교육 강화를 중심으로 2015 교육과정에서 제시했던 핵심역량을 구체적으로 실현할 수 있는 핵심아이디어의 실제화에 집중할 수 있도록 하였다.

둘째, 학생의 삶과 성장을 지원하는 학습자 맞춤형 교육과정 체제를 마련하는 것으로 전반적인 교육을 삶과 연계하여 생활화할 수 있도록 하였다. 특히 고교학점제를 삶을 공유하고 나누는 개념을 중심으로 진로와 연계된 교육으로 발전시키도록 하였다.

셋째, 지속 가능한 미래 준비를 위한 기후 · 생태환경 변화에 대한 대응 및 지속 가능 발전 등, 공동체적 가치를 함양하는 생태전환교육을 강화하였다.

넷째, 디지털 · AI 교육환경에 맞는 교수학습 및 평가 체제 구축으로 미래 사회에 가장 중요한 도구인 디지털과 AI, 그리고 COVID-19 이후에 대두된 온라인 교육에 대한 준비와 방향성을 제시하고자 하였다. 또한 정보교육을 필수화(초등 · 중학교)하고 학생의 진로 · 적성을 고려한 다양한 코딩과목을 신설(고등학교)할 수 있도록 하였다.

2022 개정 교육과정을 진로와 연계하여 살펴보면, 학교 교육의 전반적인 목표는 단순히 학생 개개인의 학업 능력 향상에 머무르지 않고, 삶 속에서 타인과 함께 나누고 소통하며 공동체적 목표를 성취해 나가는 방향으로 나아가야 함을 알 수 있다. 아울러 학교 교육 전반이 학생의 적성과 진로와 연결되는 '진로연계교육'으로 구성되었음을 보여 준다.

'진로연계교육'은 상급 학교나 학년으로 진학하기 전 단계에 있는 학생(초6, 중3, 고3)이 상급 학교생활에 잘 적응할 수 있도록 도와주며, 상급 학교의 교과학습과 연계된 다양한 진로 탐색 활동을 시행하여, 연속적인 학습과 성장이 이루어지도록 지원하는 교육을 의미한다([그림 8-3] 참조).

입학 초기(초 1-1)	초등학교 6-2	중학교 3-2	고등학교
• 학교 이해와 정서 지원(학교생활 적응) • 기초 학습 이해	• 중학교 이해와 정서 지원 • 교과별 학습 방법 • 학습 습관 • 학업자존감 형성	• (중 1) 자유학기 • 고교학점제와 고등학교 생활 이해, 진로 이수경로 등	• (고 1-1) 진로 집중 하기 • (수능 이후) 대학 생활 이해 및 대학 선이수 과목, 사회진출 관련 등

[그림 8-3] **진로연계 학기 운영 예시**

종합적으로, 진로연계교육은 단순히 직업교육이나 진로 탐색에 국한하지 않고 상급 학교 진학 또는 학년 진급 전 학교생활 적응, 교과학습 연계, 진로 탐색 등에 중점을 두어야 한다. 학교와 교사는 내실 있는 진로연계교육을 위해 관련 교과(군) 성취기준, 창의적 체험활동의 진로활동 영역, 범교과학습 주제인 진로교육 등이 보다 유기적으로 연계되어 교육적 효과를 높일 수 있도록 노력해야 한다.

1) 초등교육에서의 음악 진로교육

초등교육에서의 진로교육은 발달 단계 특성상, 초기 단계로 진로에 대한 개념과 태도가 형성되고 진로에 대해 알아가는 시기라 할 수 있다. 먼저, 초등학교의 진로교육 목표를 살펴보면, 긍정적 자아개념을 형성하고 일의 중요성을 이해하며 자신의 진로를 탐색하고, 미래직업에 기본적 방향을 이해하는 것이다(진미석 외, 2012). 이 시기는 진로발달의 수준을 고려한 자기 이해와 사회적 역량개발, 일과 직업세계에 대한 기초적 이해, 진로 탐색 등, 진로에 대한 개념과 태도가 형성된다. 또한 학생들은 자기 스스로 관심 있는 진로를 선택하고, 그에 관련한 계획 및 실행에 대한 자신감을 가질 수 있는 시기이기 때문에 이에 부합하는 진로교육이 필요하다. 이를 2022 개정 교육과정의 중점 방향과 연계하여 생각해 보면 다음과 같다.

첫째, 2022 개정 교육과정의 중점 방향은 기초 소양을 함양하고 삶과 연계된 음악 교육을 실현하는 데에 있다. 이에 따라 초등학교 음악 진로교육은 학생들이 일상 속에서 음악을 친근하게 접하고, 음악의 기초와 흥미를 넘어 자신의 생활과 문화 속에서 음악적 경험을 할 수 있도록 구성되어야 한다. 이를 통해 학생들은 음악 문화의 다양성을 이해하고, 타인에 대한 공감 능력을 기르는 것이 중요하다. 또한 자신이 좋아하는 음악과 잘하는 음악이 무엇인지 고민하도록 하여, 학생 개개인의 음악적 적성을 발견하고, 음악의 의미를 스스로 성찰하며 연주할 수 있도록 도와야 한다.

이러한 음악적 생각과 의미를 가사와 함께 표현하도록 한 뒤, 생각과 감정이 반영된 음악을 창작하도록 하여 나만의 새로운 음악 창작물을 통해 '자아'를 발견하도록 하는 것이 중요하다. 초등학교에서의 이러한 기초 활동은 음악과 관련된 진로를 발견하고 확장해 나가는 데 도움을 준다. 또한 이러한 음악 창작물을 나를 중심으로 관계를 맺고 있는 공동체와 공유하고 공감하는 경험은 타인의 생각과 감정, 문화 등을 이해하는 데 도움을 준다. 특히, 음악 활동이 자신의 문화권을 넘어 확장될 때, 이는 중학교와 고등학교에서 다루게 되는 음악과 진로에 대한 기초 소양을 기르는 중요한 바탕이 될 수 있다.

둘째, 디지털 · AI 교육환경에 맞는 교수학습 및 평가 체제 구축 측면에서 초등 음악 진로교육은 변화하는 시대에 따른 음악 관련 직업의 역할과 다양한 기능을 소개하여야 한다. 여기에는 '음악과 생활화'가 연관되어 우리의 삶과 사회 전반에 밀접한 영향을 주는 음악의 용도를 제시함으로써, 그 역할과 가치를 강조하며 빠르게 변화하는 미래 사회의 음악 직업을 고민해 볼 수 있는 내용이 수록되어야 한다.

특히 음악과 관련된 디지털 기술을 활용하는 능력에 대한 정보나 지식들이 포함되어야 할 것으로 보인다. 연주자, 작곡가, 음악 감독 등 다양한 음악인이 되어 보기, 이야기를 통한 음악극 만들기, 악기 제작, 뮤직비디오 및 음악 영상 만들기 등은 학생들이 직접 경험해 보고 미래의 진로를 그려 볼 수 있는 음악 체험 활동이다. 이러한 활동을 통해 학생들은 자신이 필요하다고 느끼는 진로 준비 교육에 대해 청사진을 그릴 수 있으며, 이를 바탕으로 자기 주도적으로 진로를 준비할 수 있는 계획을 세울 수 있다.

마지막으로, 2022 개정 음악 진로교육을 시행하는 교사의 역할을 살펴보면, 음악 교사는 수업을 통해 '현재 학생들이 무엇을 잘하는지'만 보는 것이 아니라, 수업을 통해 학생들이 앞으로 나아갈 중·고등학교, 더욱 나아가 미래 사회에 필요한 음악적 삶에 어떤 의미를 줄 수 있는지에 대한 거시적인 관점에서 미래를 바라보며 수업을 구성해야 한다. 미래 사회에 많은 변화가 예상됨에 따라, 교사들이 음악 수업의 내용이 10년 후 학생들의 삶에 얼마나 영향을 미칠지에 대해 고민하는 것이 필수적인 요소가 될 것이다. 더불어 학생의 삶과 연관된 음악 수업 자체가 학생의 진로와 연관되는 점을 인지하여야 한다.

이러한 점에서 2022 음악과 개정 교육과정에 맞춘 음악 교과서를 구성할 때에는 단순히 음악과 관련한 직업을 소개하는 것에서 벗어나 현 시대에 맞춰 확장된 음악 관련 직업과 진로를 탐색하고 더욱 세분화된 정보를 제공하여 학생 및 교사가 이에 관심을 가지고 다가갈 수 있도록 정보를 제공할 필요가 있다.

초등학교의 진로연계교육은 상급 학교로 진학하거나 상급 학년으로 진급하기 전에 학교급 간 교과 교육과정 연계, 진로 설계 및 탐색 기회 제공 등을 통해 학생의 학습과 성장을 지원하는 데 목적이 있다. 초등학교 1학년에서 6학년까지 교육연계 프로그램을 운영하는 방법은 1학년은 학교생활 적응 및 한글 해독 등 기초적인 학습 능력을 함양하도록 하여 초기 적응이 가능하도록 하며, 2~5학년은 상급학년 교과 변화 이해 및 학습 동기 강화, 그리고 새로운 학년과 학급생활 적응 프로그램을 운영하도록 한다. 마지막으로 중학교를 준비하는 6학년은 중학교 생활 및 학습 준비, 진로 탐색 등의 프로그램을 운영하는 것이 필요하다(교육부, 2023).

2) 중등교육에서의 음악 진로교육

중등교육에 해당하는 청소년기는 진로발달상 자신의 미래진로에 대한 계획을 설정하는 중요한 시기이다. 다시 말하면, 이 시기는 성장기에서 획득한 직업과 정보를 기반으로 자신에 대한 이해와 직업에 대한 이해를 확장하고 이를 바탕으로 미래에 어떤 직업을 선호할 것인지 구체적으로 계획하게 된다. 더불어 그동안 고려해 왔던 직업들에 대해 선택할 수 있는 의사결정 능력이 요구되며 자신이 결정한 진로 분야를 향한 행동이 발달과업으로 전환되는 시기이다(Super, 1980).

중등 음악교육에서 학생들은 종합적인 사고와 논리적 판단이 가능하기 때문에 추상적 사고를 장려하도록 학습을 구성하는 것이 중요하다. 학생들은 자신이 선호하는 음악적 취향이 뚜렷하기 때문에 음악에 대한 문제를 주도적으로 해결할 수 있으며, 논리적 판단이 가능하여 자신의 삶 속에 경험한 음악을 체계적이고 전문적으로 논의할 수 있는 능력을 갖추게 된다(민경훈, 2012). 교사는 학생들이 이러한 능력을 바탕으로 스스로 자신의 음악적 경험과 활동을 통해 다양한 음악의 미적 요소를 분석, 비평, 토론할 수 있는 다양한 사고를 갖추도록 하는 동시에, 음악과 관련한 진로를 찾아 나가도록 도와주는 것이 중요하다(민경훈, 2012; Swanwick & Tillman, 1986).

2022 개정 교육과정의 중 · 고등학교 '진로와 직업'에서는 학생이 주도적으로 진로를 개발할 수 있는 역량 함양을 위한 깊이 있는 학습과 교과 간 연계와 통합을 통한 삶과 연계한 학습, 그리고 학습 과정에 대한 성찰을 강조한다. 특히 이번 2022 개정 교육과정의 특징 중 하나인 고교학점제와 진로연계교육, 생태전환교육, AI/디지털 기초 소양 함양을 반영하도록 하여 2022 개정 교육과정 총론과의 연계성을 강화하도록 하였다.

이를 구체화하면, 모든 교육과정은 학습자의 관심과 흥미를 존중하되 학습자의 삶(일상생활)과 교과 내용 간 연결을 강조하며, 진로(선택)의 완결성보다는 과정의 중요성과 '진로 인식-탐색-설계'의 계속성(성찰)을 강조한다. 또한 중학교와 고등학교의 학습 내용 간 계열성과 위계성을 지향하여 학습 내용의 차별화를 추구하되, 중학교는 다양성, 성장 가능성, 다양한 진로 탐색, 진로 기회 발견을 중점으로 교육하고, 고등학교는 심층적인 자기 이해, 직업세계 이해, 진로 탐색, 진로 설계에 중점 두고 교육하도록 구성되었다.

중등학교의 '진로와 직업' 교육과정은 폭넓은 진로 탐색을 통해 한 개인이 자신을 이해하고 일과 직업에서 전문성을 개발하기 위해 스스로 진로 목표와 계획을 수립 및 실천할 수 있는 진로 개발 역량을 함양하는 데 중점을 둔다. '진로와 직업'

의 핵심적인 내용 요소는 총론에서 미래 변화에 대응하는 교육 방향으로 제시한 학습자 주도성 함양, AI · 디지털 소양 교육 강화, 민주시민교육, 생태전환교육과 연계하여 구성하였다. 생태전환교육과 AI · 디지털 소양 교육은 '진로와 직업'의 주요 내용 요소인 직업세계와 사회 변화, 지구 환경 변화와 '직업세계와 진로 탐색'을 연계하였고, 민주시민교육은 직업의 개인 및 사회적 가치, 직업인의 태도 등을 다루는 '진로와 나의 이해'에 연계함으로써 총론의 교육 방향을 반영하였다(교육부, 2023).

'진로와 직업' 교육과정은 교육과정 설계의 개요, 성격 및 목표, 내용 체계 및 성취기준, 교수학습 및 평가로 구성되어 있다. 교육과정 설계의 개요는 '진로와 직업' 교육과정 구성에 있어 전체적인 구조와 요소를 소개하였다. 성격은 '진로와 직업'에서 핵심적으로 다루는 학생들의 주도적인 진로 개발 역량 함양을 위한 교과의 특성 및 내용 구성의 중점 사항을 소개하였다. 목표는 이러한 교과의 성격을 기반으로 학교급별 학생의 발달 상황을 고려하여 제시하였다.

'진로와 직업' 교육과정의 내용 체계는 학생의 주도적인 진로 개발 역량을 함양하는 데 필요한 영역별 핵심 아이디어, 지식 · 이해, 과정 · 기능, 가치 · 태도를 추출하여 제시하였다. 이러한 내용 체계는 성취기준의 주요 구성 요소이자 근간이 되었다. 성취기준은 내용 체계의 요소 중 두 가지 이상을 결합하는 방식으로 진술될 수 있도록 하였다. 그러나 내용 체계의 모든 요소와 성취기준이 반드시 일대일로 대응되는 구조는 아니며 학생, 교사, 학교의 맥락적 특성을 고려하여 내용 요소의 하위 구성 요소를 활용함으로써 내용 체계의 요소를 상세화하거나 이해하기 쉬운 용어로 대체하여 제시하였다.

'진로와 직업' 교육과정의 교수학습 및 평가는 학생의 진로 개발 역량 함양에 초점을 둔 수업을 진행하기 위해 고려해야 할 교수학습 및 평가의 주요 원리를 제시하였다. 이에 따라 현재 2022 중등학교의 음악 교과서는 '진로와 나의 이해' '직업세계와 진로 탐색' '진로 설계와 실천'의 총 세 가지를 바탕으로 구성되어 있다([그림 8-4]).

중등 진로와 관련한 음악 교과서를 구성할 때 중요하게 고려해야 할 내용은 다

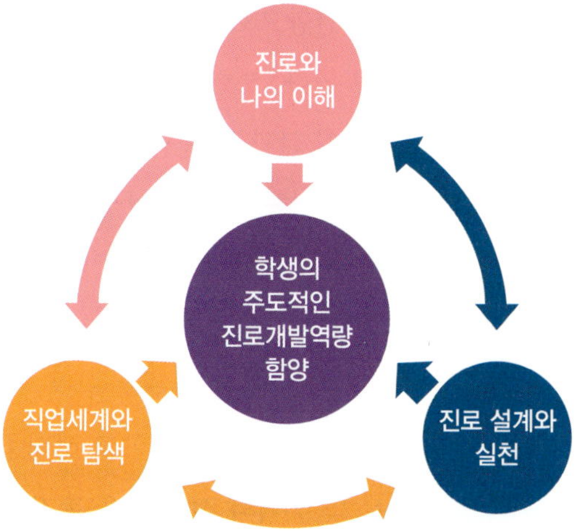

[그림 8-4] 중등 진로와 직업 교과서 구성

출처: 교육부(2023).

음과 같다.

첫째, '진로와 나의 이해' 영역은 음악 직업인의 삶을 통해 드러나는 진로 특성에 비추어, 학생들이 자신의 진로 특성을 이해하고 긍정적인 자아개념을 형성하며, 함께 일하고 싶은 음악 직업인의 바람직한 특성과 태도를 기를 수 있도록 설계되어야 한다. 이 영역의 핵심 아이디어는 직업인의 삶에서 나타나는 진로 특성과 학생 개인의 진로 특성 간의 관련성, 자아정체성의 긍정적 형성, 협업하고 싶은 직업인의 자세와 태도 함양에 초점을 두어야 하며, 이를 위해 다양한 음악 직업인의 삶을 소개하고 이를 학생의 삶과 연계하여 이해할 수 있도록 하는 것이 필요하다. 특히 나를 이해하기 위한 방법으로 진로심리검사를 통해 학생 개인의 특성을 파악하는 것과 함께, 학생의 삶과 학생이 미래에 만나게 될 직업인의 삶에서 나타나는 진로 특성을 탐색하고, 이를 근거로 학생 개인의 진로 특성을 이해하도록 하는 접근 방법을 제시하는 것이 효과적이다.

실제로 2022 개정 음악과 교육과정에 따른 음악 교과서에서는 음악 신로의 탐색'의 하위 단원에서 '다중 지능 영역 검사'와 '음악 인지 능력 검사'를 제공하여 학생들의 음악 적성과 음악적 관심도를 점검할 수 있도록 하였다. 학생 개인이 자신에게 해당하는 음악 관련 목록을 확인함으로써 자신의 음악 적성에 맞는 직업군을 확인할 수 있는 활동을 제시하고 있다. 또한 중학교의 '진로와 나의 이해' 영역은 다양한 음악 직업 및 음악 직업인의 삶과 진로 특성을 통해 포괄성과 다양성을 부각하였고, 고등학교의 '진로와 나의 이해' 영역은 학생의 음악 관심 분야를 탐색할 수 있도록 하여 개별성과 심층성을 부각하였다.

둘째, '직업세계와 진로 탐색' 영역의 핵심 아이디어는 사회 환경 변화, 폭넓은 진로 정보의 주도적인 수집, 다양한 진로 활동과 진로 탐색의 주도성, 창업가 정신의 의미를 중심으로 구성되어야 한다. 특히 고등학교 선택중심 교육과정의 본격적인 시행을 앞두고 학생의 진로 및 흥미와 적성 등을 촉진하는 다양한 학습 경험과 이를 통한 학습의 중요성을 이해함으로써 고등학교 시기의 학업을 긍정적인 태도로 준비할 수 있도록 하였다. 음악 교과서에서는 학생들이 원하는 음악 직업과 음악대학 진학에 대한 정보를 알아보는 용도로 직업의 종류와 특징을 비롯하여 해당 직업의 변화와 진로 방법, 진학에 대한 정보를 수집할 수 있도록 하는 것이 중요하다.

실제로 현재 2022 개정 음악과 교육과정에 따른 교과서들은 모두 동일하게 이 부분에 가장 많은 분량을 제공하고 있다. 또한 국악, 서양음악, 실용음악, 음악교육 등 그 외의 음악 관련 전공(영상예술, 예술경영, 음악치료 등)을 구분하여 전공에 대한 소개와 교육과정, 관련 직업 등 비교적 자세히 설명하고 있으며, 새로운 직업과 진로 정보에 대한 자료를 인터넷 사이트와 함께 제시하여 학습자가 구체적으로 알아볼 수 있도록 하고 있다.

셋째, '진로 설계와 실천' 영역의 핵심 아이디어는 진로 의사결정의 개념과 특징, 진로 목표와 학습, 진로 준비를 위한 실천을 중심으로 설계되었다. 이 영역에서는 학생의 진로 특성, 개인적 상황, 환경과 맥락을 고려하여 진로 의사결정을 연습해 봄으로써 의사결정과 관계되는 다양한 고려 요소를 이해하는 데 강조점을 두었다. 또한 학생에게 고등학교 진학을 앞두고 진로 목표와 계획을 체계적으로 수립해 보고 이를 내면화하여 학생의 상황과 수준에 맞게 실천해 보도록 하였다.

2022 개정 교육과정에 따른 음악 교과서의 음악과 진로에 대한 부분을 살펴본

결과, 전반적으로 교과서들은 해당 단원의 개념을 간략하게 제시하여 학생들이 쉽게 학습할 수 있도록 구성되어 있으며, 단원과 연계한 사진 및 삽화와 다양한 장르의 악곡을 제시함으로써 가창, 기악, 감상, 창작의 전 분야에 걸쳐 관련한 활동을 제시하고 있었다. 또한 학생들에게 진로 탐색에 실질적인 도움을 주고자 음악과 관련한 다양한 직업 소개와 그에 따른 음악의 역할, 음악 관련 직업을 가진 인물들을 구체적인 예로 제시하여 적극적인 진로 탐색이 가능하도록 하였다. 여기에는 실제 음악 경험과 현장의 내용에 따라 음악과 관련한 직업을 연주가, 창작자, 음악 산업 전문가 등으로 분류하였으며, 단원명을 중심으로 '다양한 직업세계'를 실제 음악 직업인들의 인터뷰와 함께 제시하여 학생들의 진로 탐색에 실질적인 도움을 주는 방향으로 구성되었다(교육부, 2023).

2022 개정 교육과정에서는 총론의 핵심역량을 반영한 공통음악 교육과정과 선택중심 교육과정으로 크게 나누어지고, 선택중심 교육과정은 초등학교와 중학교를 중심으로 하는 일반 선택과 고등학교를 중심으로 '진로 선택' 및 '융합 선택' 과목으로 나누어 구성된다. 음악과 진로와 연관된 진로 선택과목은 '음악 연주와 창작'과 '음악 감상과 비평'으로 구성되어 있다([그림 8-5] 참조).

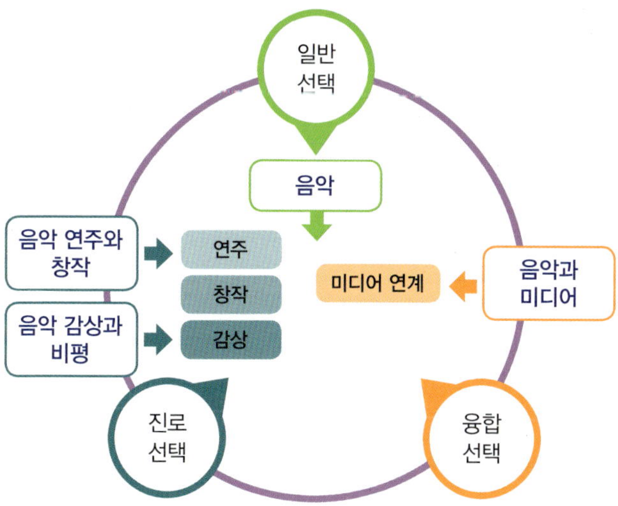

[그림 8-5] 진로 및 융합 선택과목의 구성 방향

보통 교과의 진로 선택 및 융합 선택과목의 영역은 음악을 연주하고, 듣고, 만드는 통합적 음악 활동을 기반으로 이를 삶 속 여러 분야에 적용하고 확장하도록 하며, 핵심 아이디어인 ① 원리, ② 맥락, ③ 활용을 기본 구조로 하여 세부 과목인 '음악 연주와 창작' '음악 감상과 비평' '음악과 미디어'를 영역 1(자체, 경험, 이해)과 영역 2(연계, 활용, 확장)로 나누어 구성하였다(〈표 8-3〉 참조).

〈표 8-3〉 진로 및 융합 선택과목의 구성 방향

총론	심미적 감성, 창의적 사고, 자기 관리, 지식정보처리, 공동체, 협력적 소통 역량

성격/목표 (역량)	'감성' '창의성' '자기 주도성'을 발휘하여 음악 활동을 하며 삶 속 '공동체' 내에서 '소통'한다.

영역/내용	과목명	영역 1(자체, 경험, 이해)	영역 2(연계, 활용, 확장)
	음악 연주와 창작	연주 · 창작 등 다양한 음악 활동 자체 경험	사회문화적 맥락 속 연주 · 창작 활동 실제, 적용, 협업
	음악 감상과 비평	감상 자체 경험, 음악 자체의 미적 · 문화적 가치	감상과 타 영역 간 연계, 사회 · 산업 · 활용 · 연계적 가치
	음악과 미디어	음악에서의 미디어 탐구, 경험, 이해	음악에서의 미디어 활용, 연계 · 확장, 상호작용

핵심 아이디어	① 원리	② 맥락	③ 활용
	음악 자체의 고유 원리 · 개념 · 특성	다양한 사회문화적 맥락 · 배경	생활 속 음악 참여 · 활용 · 연계

한편, 고교학점제와 같은 학점 기반 교육과정에 따라 학생들이 음악에 대한 전문교육을 위한 예술 선택과목들을 세분화하여 개설할 수 있도록 하여 음악 분야의 전문적인 심화 학습이 이루어질 수 있도록 하였다. 이러한 학점제에 따른 예술 선택과목은 대학의 음악 교육과정의 학점을 취득할 수 있도록 동일한 수준에서 교육하는 것이 궁극적인 목표이기 때문에 음악대학 전공수업의 기초과목과 매우 비슷하게 구성된다(〈표 8-4〉 참조).

〈표 8-4〉 **예술 계열 진로 및 융합 선택과목의 구성 방향**

	이론과목의 예	실기과목의 예
진로 선택	음악 이론: 분석력, 문제 해결력 음악사: 통찰력, 내면화/성찰 시창 · 청음: 감식력, 문해력	음악 전공 실기: 연주력/표현력, 독창성 합창 · 합주: 협력, 연주력/표현력 음악 공연 실습: 포용력, 융합력
융합 선택	음악과 문화: 문화적 탐구, 상호문화적 소통	

3) 음악대학의 진로교육

음악대학은 예술을 깊이 있게 탐구하고 창의적 음악 인재 발굴 및 양성에 중점을 두고, 한 영역에서 자신의 능력과 기량을 닦는 과정을 거쳐 전문적인 음악인으로 나아가는 교육을 실시한다. 서양음악, 한국전통음악, 실용음악, 응용음악 등 다양한 음악 전공이 있으며, 각 전공의 특색에 따라 교과과정을 구성하고, 각 전공에 따른 진로에 목적을 두고 교육을 실시하고 있다. 그러나 음악대학의 전공은 다를지라도 음악대학 졸업 후 나아갈 수 있는 진로는 크게 다르지 않으며 그 방향도 매우 제한적이다. 먼저 음악을 전공하는 경우, 전통적인 진로는 연주자, 작곡자, 교육자 등으로 제시되는 것이 현실이며 순수예술 활동의 의미가 강조되어 그 이외에는 특별한 진로지도가 이루어져 왔다고 보기 어렵다.

특히 2000년대 이후 산업이 발달함에 따라 사회에서의 음악의 역할이 점점 더 중요해지고 있는 반면, 대학에서의 순수예술에 대한 학교의 지원 등이 축소되고 있다. 많은 대학이 인문과 예술 계열과 같은 순수 기초 학문 전공 학과를 축소하고 있어서, 음악대학들도 설 자리를 자꾸 잃어 가고 있다. 이는 음악대학들이 변화고 있는 사회에 적응하지 못하고 대부분의 음악대학의 목표와 교과과정이 연주자를 양성하는 데 머물러 있는 것이 주요한 원인이다.

사실, 한국의 음악 전공 대학생들은 오랜 시간을 거쳐 자신이 할 전공에 대해 어느 정도의 확신을 가진 상태에서 대학에 입학하게 된다. 물론 진로 형성에는 부모의 영향, 환경적 요인, 개인의 선호와 타고난 능력 등 다양한 변인이 작용하지만, 음악은 그 전문성과 특수성으로 인해 학생들이 비교적 이른 시기에 진로와 관련된 일정한 결정이나 경험을 갖게 되는 경향이 있다.

하지만 대학에 입학하고 나서 대부분의 학생이 앞으로 사회에서 내가 어떠한 역할을 할 것인가에 대한 고민이 깊어지며 이전에 결정하였던 진로와는 다른 개념의 진로의식과 진로발달을 해 나가는 것이 일반적이다. 이러한 진로발달과정에서 음악을 전공한 대학생들은 오랜 시간 음악적 훈련과 입시 과정을 준비했던 경험으로 인해 일반적으로 새로운 시도나 다른 측면에서 음악을 통해 진로를 찾는 것이 어렵다. 특히 개인적 성향을 반영하여 '사회에서 내가 무슨 일을 할 수 있을 것인가'에 대해 고민하고 모색하는 시간이 부족하다. 그래서 많은 학생이 새로운 진로 결정에 대한 두려움을 가지고 있다(추상희, 2020; 추상희, 최진호, 2018).

이러한 문제에도 대부분의 음악대학에서는 이러한 음악 전공생의 진로와 관련한 정규 교과과정이 존재하지 않는다. 학과에서 진행하는 진로교육활동으로 전임교원의 개인상담, 직업초청 강의, 마스터 클래스 운영 등 기초적인 단계에 머물러 있다. 개인의 구체적인 발달과정과 성향, 시대적 흐름에 적합한 진로교육은 미진한 실정이다.

최근 음악대학에서 음악을 전공하고 졸업 후 진출할 수 있는 분야는 교수, 연주자, 실기교사, 어린이 교육 지도자, 음악심리 지도사, 작곡가, 문화예술기획 단체, 방송국 PD, 음악제작 회사, 합창단, 연주단, 출판사, 음악 전문학원 등으로 제시되고 있다. 하지만 이러한 직업을 선택하기 위해 선행되어야 할 진로발달과 개인적 특성을 고려한 진로에 대한 문제 고찰이 미흡한 실정이며, 또한 이들을 사회적으로 수용할 수 있을 만한 산업 인프라 역시 한계를 지닌다.

한편, 실용음악 전공은 2010년 이후 지속적으로 확대되는 추세를 보이고 있다. 특히 K-Pop을 중심으로 한 한류의 세계적 인기와 더불어 실용음악에 대한 관심이 급증하면서, 이 전공에 지원하는 수험생의 수가 크게 증가하였다. 이러한 흐름에 따라 다수의 음악대학이 실용음악 전공을 신설하거나, 기존의 클래식 전공을 실용음악으로 전환하는 사례도 나타나고 있다. 2024년 현재, 실용음악 전공은 전국 34개 대학(전문대학 포함)에서 운영되고 있다.

이처럼 음악대학에 개설된 진로교육의 요구와 각 대학별로 이루어지는 진로교육은 일반적으로 일곱 가지로 구분된다. 이에 따른 강의 내용은 음악 산업 이해, 공연 · 운영 이해 및 기획서 작성, 직업군 탐색, 전문가 특강, 진로계획 리포트, 문화정책 및 실무 이해, 마케팅 및 비지니스 매너, 실용적인 정보 제공 및 다양한 진로경험으로 나눌 수 있다(〈표 8-5〉 참조).

〈표 8-5〉 **진로교육과 관련된 교과 개설 현황**

교과목 / 내용	예술 경영	뮤직 콘텐츠 마케팅	공연 제작 워크숍	음악 진로와 탐색	음악과 직업	창업 세미나	문화 예술 정책
음악 산업 이해	●	●	●			●	●
공연 · 운영 이해, 기획서 작성	●		●			●	
직업군 탐색	●			●	●	●	
전문가 특강		●	●		●		
진로계획 리포트	●			●	●		
문화정책, 실무 이해	●	●	●	●			●
마케팅, 비즈니스 매너	●	●		●		●	
실용적인 정보 제공, 다양한 진로경험			●	●			

출처: 장은언(2023), p. 328.

4. 포스트휴먼 시대의 음악 진로교육 방향

인류문명의 발달은 과학기술의 발달과 함께 이루어져 왔다. 과학기술의 발전은 사람들의 삶의 질을 향상시키는 것을 목표로 한다는 점에서 사람들의 삶과 밀접한 관계가 있다. 이와 더불어 기술의 발달은 모든 산업분야에서 생산과 소비를 촉진시키고, 물질적 삶의 수준을 향상시킬 뿐만 아니라, 사람들의 사고와 가치, 그리고 행동의 변화를 촉진한다.

예를 들면, 제1차와 제2차 산업혁명을 통해 대량 생산과 소비가 이루어지고 제품의 가격이 하락하면서 특정한 사람이 아닌 일반 대중도 산업적 혜택과 부를 누리게 되었다. 교통의 발달과 ICT의 발달로 인한 제3차 산업혁명 시대에는 전 세계가 하나의 커뮤니티로 연결되어 다양한 삶의 방식과 가치를 서로 공유하면서 글로벌 표준(global standard)이 전 세계적으로 통용되게 되었다. 특히 AI와 사물인터넷, 그리고 ChatGPT로 통하는 제4차 산업혁명 시대를 맞이한 현재는 그 이후의 포스트휴먼 시대를 준비해야 하는 국면에 이르렀다.

포스트휴머니즘은 지나친 인간중심주의에서 벗어나 인간과 비인간 사이에 관계를 다시 재설정하고 이들의 공생을 추구하는 시대적 사조라 할 수 있다. 포스트휴머니즘은 음악에서도 중요한 역할을 하고 있다. 음악의 감상, 창작, 해석, 연구 등 다양한 음악적 활동을 가능케 하며 인간이 더욱 음악을 깊이 느낄 수 있도록 다양한 활용을 제시한다. 특히 포스트휴머니즘과 음악의 공생은 긍정적으로 바라보아야 할 부분이 많다. 예를 들면, 음악적 영감과 아이디어에 다양한 자극과 접근을 시도할 수 있으며 이를 활용하고 결정하는 성과를 바라볼 수 있다. 하지만 분명 이에 따르는 비판적인 측면도 존재한다. 저작권 관리, 인간윤리, 무분별한 창작 등 고민해야 하는 부분들에 대하여 신중하고 심도 깊은 논의와 교육이 수반되어야 할 것이다. 그럼에도 불구하고, 인간과 기계 간의 상호작용을 통해 창조된 음악적 활동과 성과들은 우리가 음악을 향유하고 학습하는 것에 대한 영역을 확장하는 데 도움을 준다.

이러한 포스트휴머니즘의 급격한 변화와 발전은 음악 전공자뿐만 아니라 대중의 일상생활에도 지대한 영향을 미쳐 왔다. 예를 들면, 인쇄술이 발달하면서 악보를 쉽게 가질 수 있게 되었고, 피아노가 개발되고 악기들이 개량되면서 음악적 소리를 만들어 내기 훨씬 수월해졌다. 라디오나 축음기, 그리고 현대에는 컴퓨터를 이용한 MP3나 스트리밍 서비스 같은 저장매체가 발달하면서 생활 속에서 음악을 감상하고 향유할 수 있는 방식이 변화하였다. 특히 음악은 사회적 · 시대적 · 문화적 맥락 속에서 개인 혹은 사회구성원의 음악적 생산을 돕는 예술이라는 측면을 고려하면, 음악적 생산과 소비 방식의 변화는 다양한 음악 산업적 발달을 예견할 수 있는 중요한 지표가 된다.

현재 나타나고 있는 이러한 음악 산업의 발달은 디지털 전환과 동시에 COVID-19의 장기화로 인해 AI, 빅데이터, 디지털 신기술, 타 기술 장르와 연계 및 융합화 등으로 뉴노멀·포스트휴머니즘 시대를 예고하는 것과 맥을 같이 한다. 실제로 최근 급속하게 태동하는 음악 산업은 혁신과 새로움을 향한 끊임없는 도전으로 변화를 꾀하고 있다. 새로운 직업이 생겨나기도 하고, 전통적 직업이 없어지기도 한다. 이는 사회와 구성원들 간의 소통과 생활의 변화를 반영한 것으로 볼 수 있다.

특히 음악 분야에서도 이러한 변화들이 적극적으로 이루어지고 있다. 한정된 시간과 노력을 기울여 음악을 작곡하는 과정에서 AI생성 기술이나 프로그램 등을 통해 누구나 쉽게 음악 아이디어를 생성하고 조합할 수 있다. 작곡 기술을 배우지 않아도 누구나 디지털 활용 기술을 익혀 음악가로 활동할 수 있다. 이를 통해 음악 전공자들은 창작 과정의 효율성을 높일 수 있으며, 비전공자들은 이전에는 참여할 수 없었던 음악 활동에 적극적으로 참여하는 등 음악을 활용한 여러 가지 경제 산업적 효과가 증대되고 있다.

또한 음악을 배우고 작곡하는 것이 쉬워짐에 따라 취미와 여가활동으로서의 음악 활동이 넓어졌다. 여기에 따른 일반인들을 위한 음악 프로듀싱 컴퓨터 프로그램과 관련 장치들이 개발·판매되고 있으며, 유튜브를 활용한 커버음악과 음악 프로그램들이 음악의 새로운 산업화를 촉진하고 있다. 이러한 음악 시장의 확장성을 고려하면 미래의 음악 산업은 디지털 중심의 환경에서 AI를 어떻게 효율적으로 활용하고 적절히 규제하는지, 새로운 마케팅 수단을 얼마나 잘 활용하는지에 따라 성공 여부가 크게 좌우될 것으로 보인다.

포스트휴머니즘 시대의 도래와 함께 음악과 진로 역시 변화가 불가피하다. 연주자, 지휘자, 작곡가 등 전통적인 음악 직업은 계속 존재하겠지만, 앞으로는 디지털 환경에서 개인의 음악적 역량을 효과적으로 발휘할 수 있도록 돕는 교육이 중심이 될 것이다. 또한 이러한 변화에 따라 음악의 사회적 역할은 이전 사회와는 전혀 다른 방향으로 나아가고 있기 때문에, 학교 교육에서 음악과 진로의 교육적 방향도 급변하는 시대에 맞추어 다양한 시각에서 접근할 필요가 있다. 예를 들면, 교육과정 내에서도 온·오프라인 환경에서 교수학습 계획을 수립하고 디지털 환경을 고려한 지도 전략을 세워야 하며, 타 교과 및 영역이나 범교과 학습 주제인 안전, 건강, 인성, 인권, 다문화, 지속 가능한 발전, 경제 등과도 연계하는 교육이 필요할 것으로 보인다.

디지털 음악 활동의 증가, 음악 시장 규모의 추이가 성장함에 따라 온라인 음악 유통업과 이와 관련된 직종의 규모 및 산업이 증대하고 있음을 감안하면 음악과 관련된 직업의 세계도 다양해질 것이다. 이는 자연스러운 고용증대, 노동력 창출, 음악 활동의 다양화, 생활 속 음악으로의 변화 등을 예측할 수 있다. 음악 관련 직업을 준비하는 학생과 전공자는 미리 자신의 진로를 예측하고 준비해야 하며, 이러한 사회적 변화를 주의 깊게 지켜봐야 할 필요가 있다.

참고문헌

제1부 포스트휴먼 시대, 음악교육의 역할을 돌아보다

강진숙, 장유정(2012). 스마트폰 이용자들의 원격현전 경험에 대한 현상학적 연구. **한국방송학보, 26**(6), 7-45.

교육부(2022a). 음악과 교육과정. 교육부 고시 제2022-33호[별책12].

교육부(2022b). 그린스마트 미래학교는 미래형 교육과정을 구현하기 위한 인프라를 구축하는 사업입니다. (2022. 01. 26.).

김용섭(2020). **언컨택트: 더 많은 연결을 위한 새로운 시대 진화 코드**. 퍼블리온.

박은주(2020). 기계도 행위할 수 있는가?: 브루노 라투르의 행위자 네트워크 이론(actor-network theory)을 중심으로. **교육철학연구, 42**(4), 1-26.

박일준(2018). 인간/기계의 공생의 기호학: 클라크(A. Clark)의 '연장된 정신(the Extended Mind)'이론에 대한 비판적 성찰. **신학논단, 92**, 158-191.

박지현(2022). 사회 변화의 관점에서 본 학교 음악교육의 미래 방향에 대한 소고. **음악교육공학, 52**, 117-137.

박지현(2023). 2022 개정 음악과 교육과정의 설계 원리 및 내용 분석을 통한 미래 지향적 음악교육의 함의 도출. **음악교육연구, 52**(4), 47-68.

박지현, 민경훈, 임미선, 유선미, 이용식, 송무경, 최준영, 박행주, 김지현, 최문정, 김은주, 김승연, 김광훈, 정지연(2022). 2022 개정 음악과 교육과정 시안(최종안) 개발 연구. 교육부 연구보고서.

박휴용(2019a). **포스트휴머니즘과 교육의 미래**. 전북대학교출판문화원.

박휴용(2019b). 포스트휴먼시대 학습자의 존재론적 이해와 학습이론 패러다임의 변화. **교육방법연구, 31**(1), 121-145.

박휴용(2020). COVID-19로 촉발된 '비대면 교육'의 교육적 의미와 전망. **교육비평, 46**,

30-64.

우정길, 박은자, 이은경, 정윤경, 최승현, 추병완, 한기철(2021). **포스트휴머니즘과 교육학**. 학지사.

이원봉(2018). 포스트휴머니즘은 휴머니즘이 될 수 있는가?: 포스트휴머니즘 논쟁을 통해 본 휴머니즘의 의미와 한계. **인간연구**, 37, 57-83.

이은경(2020). 포스트휴먼 기호자본주의 시대의 '인간'의 의미에 대한 고찰: 경쟁이 아닌 상호의존적 협력의 존재. **인간 · 미래 · 환경**, 25, 3-27.

정윤경(2019). 포스트휴머니즘과 휴머니즘에 기반한 교육 재고. **교육철학연구**, 41(3), 117-147.

정윤경(2020). 교육학의 포스트휴머니즘 수용과 포스트휴먼 감응교육 탐색. **교육철학연구**, 42(4), 187-216.

최은식(2021). 경험중심 음악교육철학과 실천주의 음악교육철학의 비판적 조망. **미래음악교육연구**, 6(3), 95-115.

최은아(2023). 포스트휴머니즘의 관점에서 음악교육의 방향 탐색. **음악교육공학**, 54, 145-161.

한기철(2020). 기술-미래 담론의 성격과 교육철학적 사유의 방향. **교육철학연구**, 42(4), 329-350.

Al-Dahdouh, A. A., Osório, A. J., & Caires, S. (2015). Understanding knowledge network, learning and connectivism. *International Journal of Instructional Technology and Distance Learning, 12*(10), 3-21. Retrieved from https://papers.ssrn.com/sol3/papers.cfm?abstract_id=3063495

Bodén, L., Ceder, S., & Sauzet, S. (2021). Posthuman conceptions of change in empirical educational research. *Reconceptualizing Educational Research Methodology, 12*(1). https://doi.org/10.7577/rerm.4215

Braidotti, R. (2015). **포스트휴먼** (*The posthuman*). (이경란 역). 아카넷. (원저는 2013년에 출간).

Callus, I., & Herbrechter, S. (2013). Posthumanism. In *The Routledge companion to critical and cultural theory* (pp. 144-153). Routledge.

Ceder, S. (2019). *Towards a posthuman theory of educational relationality*. Routledge.

Clark, A., & Chalmers, D. (1998). The extended mind. *Analysis, 58*(1), 7-19.

Dewey, J. (2016). 경험으로서 예술 (*Art as experience*). (박철홍 역). 나남. (원저는 1934년에 출판).

Downes, S. (2012). *Connectivism and connective knowledge: Essays on meaning and learning networks*. Retrieved from http://www.downes.ca/files/books/Connective_Knowledge-19May2012.pdf

Dunbar, L. (2016). Embedding technology and assessment into the music classroom with Nearpod. *General Music Today, 29*(3), 33-37. https://doi.org/10.1177/1048371315624734

Elliott, D. J. (1995). *Music matters: A new philosophy of music education*. Oxford University Press.

Elliott, D. J., Silverman, M., & Bowman, W. D. (2016). *Artistic citizenship: Artistry, social responsibility, and ethical praxis*. Oxford University Press.

European Commission (2021). *Supporting key competence development: Learning approaches and environments in school education*. Retrieved January 16, 2021, from https://ec.europa.eu/education/events/supporting-key-competence-development-learning-approaches-and-environments-in-school-education_en

Foster, T. (2005). *The souls of cyberfolk: Posthumanism as vernacular theory*. University of Minnesota Press.

Gan, W., Ye, Z., Wan, S., & Yu, P. S. (2023). Web 3.0: The future of internet. *arXiv preprint*. https://arxiv.org/abs/2304.06032

Greene, M. (2011). 블루 기타 변주곡 (*Variations on a blue guitar*). (문승호 역). 다빈치. (원저는 2001년에 출판).

Gunnarsson, K. (2021). How to expand the boundaries: feminist posthumanist elaborations on change in education. *Reconceptualizing Educational Research Methodology, 12*(1), 66-78. https://doi:10. 7577/rerm.4245

Hagengruber, R. E. (2022). Out of the box-into the green and the blue: A plea for a post-humanist information society. *The Green and the Blue*, 107-124. https://doi.org/10.5771/9783495998335-107

Keeling, D. M. (2012). Posthumanist rhetoric: Theory and criticism for the more-than-human (Publication No. 3508127) [Doctoral dissertation, University of Colorado at Boulder]. ProQuest Dissertations & Theses Global.

Leong, S. (2011). Navigating the emerging futures in music education. *Journal of Music, Technology and Education, 4*(2-3), 233-243.

Lin, H., Wan, S., & Gan, W. (2022) Metaverse in education: Vision, opportunities, and challenges. In 2022 *IEEE International Conference on Big Data (Big Data)* (pp. 2857-2866). IEEE.

McLain, B. P. (2014). Scott Shuler's "Music and Education in the Twenty-First Century: A Retrospective"—Review and Response. *Arts Education Policy Review, 115*, 12-18. https://doi.org/10.1080/10632910109600000

Miksza, P. (2013). The future of music education: Continuing the dialogue about curricular reform. *Music Educators Journal, 99*(4), 45-50.

OECD (2024). OECD Future of Education and Skills 2030. Retrieved June 1, 2024, https://www.oecd.org/education/2030-project/.

Rofe, M., Geelhoed, E., & Hodsdon, L. (2017). Experiencing online orchestra: Communities, connections and music-making through telematic performance. *Journal of Music, Technology & Education, 10*(2/3), 257-275.

Salmon, S. (2012). Musica humana: Thoughts on humanistic aspects of Orff-Schulwerk. *Orff Schulwerk Information, 87*, 13-19.

Serafin, S., Erkut, C., Kojs, J., Nilsson, N. C., & Nordahl, R. (2016). Virtual reality musical instruments: State of the art, design principles, and future directions. *Computer Music Journal, 40*(3), 22-40.

Shuler, S. C. (2001). Music and education in the twenty-first century: A retrospective. *Arts Education Policy Review, 102*(3), 25-36.

Siemens, G. (2004). *Elearnspace. Connectivism: A learning theory for the digital age*. Retrieved March 5, 2025, from http://www.elearnspace.org/Articles/connectivism.htm

Siemens, G. (2006). *Connectivism: Learning theory or pastime of the self-amused*. Manitoba, Canada: Learning Technologies Centre. Retrieved from https://altamirano.biz/conectivismo.pdf

Simeone, M. (2011). Why we will not be posthuman: Gadgets as a technocultural form. *Configurations, 19*(3), 333-356. https://doi.org/ 10.1353/con.2011.0020

Soesman, A. (2016). 12감각: 루돌프 슈타이너의 인지학 입문 (*Zwölf Sinne*). (서유경 역).

푸른씨앗. (원저는 2003년에 출판).

Spearman, C. E. (1999). How will societal and technological changes affect the teaching of music? In *Vision 2020: The Housewright Symposium on the Future of Music Education* (pp. 153-190). MENC: The National Association for Music Education.

Syukur, A., Andono, P. N., & Syarif, A. M. (2024). Gamelan land: A multiplayer virtual reality game based on a social presence approach. *Journal of Metaverse, 4*(1), 1-10. https://doi.org/10.57019/jmv.1334412

Tarc, A. M. (2005). Education as humanism of the other. *Educational Philosophy and Theory, 37*(6), 833-849. https://doi.org/10.1111/j.1469-5812.2005.00161.x

Thibeault, M. D. (2014). Algorithms and the future of music education: A response to shuler. *Arts Education Policy Review, 115*, 19-25.

Williamson, T. (2020). 3 Projects to reimagine and retool music education during Covid-19. *School Band & Orchestra, 23*(6), 8.

Yilmaz, S. (2023). The new materialism and post-humanist studies. *Ilahiyat Studies, 14*(1), 203-232. https://doi.org/10.12730/is.1284715

제2부 테크놀로지, 음악교육의 영역을 확장하다

강윤지, 계보경, 권가진, 김근재, 김동호, 김수환, 김주현, 김현철, 김호준, 배창섭, 손제득, 송석리, 송은정, 이웅기, 임완철, 임철일, 정훈, 조기성, 조현구, 최삼락(2016). AI 시대, 교사는 살아남을 것인가. 학이시습.

과학기술정보통신부(2020. 12. 23.). 사람이 중심이 되는 「인공지능(AI) 윤리기준」 마련. 과학기술정보통신부 보도자료.

과학기술정보통신부(2023. 09. 13.). 디지털 대항해 시대, 글로벌 모범국가를 향한 대한민국 초거대 인공지능 도약 추진. 과학기술정보통신부 보도자료.

교육부(2022). 음악과 교육과정, 교육부 고시 제2022-33호[별책 12]. 교육부.

권수미(2018). 초급 피아노 학습자를 위한 창작즉흥연주 교육 자료 개발. 음악학(音. 樂. 學), 35, 145-182.

권오성(2017). 4차 산업혁명과 음악 산업 트랜드 변화. 대문(Daemun), 21.

김경동(2023). 새로운 노멀, 인공지능(AI)과 윤리규범에 관한 소고. 법학연구, 23(2), 25-50.

김경애, 김진숙, 박성철, 박희진, 손찬희, 양희준, 이상은, 정바울, 최수진(2020). 코로나 시대, 학교의 재탄생. 학이시습.

김경태(2024). 스크래치를 활용한 초등 국악 창작 수업 방안 탐구. 국악교육연구, 18(1), 27-50.

김경화(2021a). 4차 산업혁명 시대의 음악교육 방향에 관한 철학적 고찰: 발터 벤야민의 매체 미학에 의거한 교육적 소고. 음악교육연구, 50(1), 1-17.

김경화(2021b). 수잔 랭어(Susanne K. Langer)의 '예술적 형식' 개념과 그 예술교육적 함의. 예술교육연구, 19(4), 211-225.

김경화(2022). AI 기반 음악교육에 대한 교육적 재음미: 음악교사 역할에 관한 논의를 중심으로. 음악교육연구, 51(4), 55-75.

김경화(2023). 예술창작활동의 철학적 쟁점 탐구: 수잔 랭어 예술철학에 의거한 교육적 논의. 음악교육공학, 56, 29-49.

김나루(2018). 인공지능으로 인한 법적 문제와 그 대안에 관한 연구. 홍익법학, 19(20), 343-370.

김용, 곽덕주, 김민성, 이승은(2021). 코로나 이후의 교육을 말하다. 한국방송통신대학교출판문화원.

김원석(2007). 알기 쉬운 음악 저작권. 은행나무.

김은경, 이영준(2023). 인공지능 윤리 역량 신장을 위한 인공지능 윤리 딜레마 개발. 컴퓨터교육학회논문지, 26(5), 31-42.

김자미, 김용(2022). 인공지능 기술 딜레마를 기반으로 한 인공지능 윤리 교육에 대한 소고. 창의정보문화연구, 8(2), 87-95.

김재인(2020). 인공지능의 시대, 인간을 다시 묻다. 동아시아.

김재인(2023). AI 빅뱅: 생성 인공지능과 인문학 르네상스. 동아시아.

김종욱, 최영림, 정상현, 이예은(2023). 챗봇과 안면인식 AI를 통해 본 윤리적 쟁점과 대응. 한국교육학술정보원 연구자료(RM2023-07). 한국교육학술정보원.

김주은(2019). 인공지능이 인간사회에 미치는 영향에 대한 연구. 문화기술의 융합, 5(2), 177-182.

김지연(2022). 인공지능과 인간: 과학문화 함께 만들기. 드림미디어.

김현경(2017). 저작권 귀속법리와 인공지능 창작물에 대한 고찰. 성균관법학, 29(1), 331-374.

남혁우(2023. 03. 19.). 美 저작권청, 사람의 창의성 입증된 AI작품 저작권 인정. ZDNET

Korea. https://zdnet.co.kr/view/?no=20230319092526

노명호, 지미정, 오한나, 윤신영, 윤주현, 오미숙, 장희영, 표완구, 김봉한, 소민영, 장덕진 (2023). 챗GPT 시대 교육, AI로 풀다. 부크크.

로봇신문(2014. 08. 25.). 소셜 로봇, 1인 1로봇 시대 연다. https://www.irobotnews.com/news/articleView.html?idxno=3257(검색일: 2024. 02. 21.).

류미해, 정재은(2014). 초·중등 교사의 음악수업에 대한 인식 조사를 통한 시사점 도출. 학습자중심교과교육연구, 14, 145-165.

류지웅(2017). 인공지능(AI)로봇의 법적 문제에 관한 연구: EU의 RoboLaw의 입법동향을 중심으로. 토지공법연구, 78, 301-326.

문화체육관광부(2021. 09. 16.). 올해 추석 명절, 전통문화로 더욱 풍성하게 보내세요. 문화체육관광부 보도자료.

문화체육관광부(2023). 저작권법. https://www.law.go.kr/%EB%B2%95%EB%A0%B9/%EC%A0%80%EC%9E%91%EA%B6%8C%EB%B2%95(검색일: 2024. 02. 21.).

민경훈, 이보림, 김영후, 고영석, 조성혜, 홍여진, 신기호, 이윤상, 김도희, 방유진, 노진희 (2023). 뉴 노멀 시대의 디지털 미디어 기반 음악교육 방법. 어가.

박은경(2023). M. Hickey의 교육과정에 근거한 초등학교 음악 창작학습 프로그램 개발 및 적용. 경인교육대학교 박사학위논문.

박주연, 윤성혜, 옥현진, 박보람, 송성민, 강현영, 조헌국, 이동원, 이수정, 김동만, 김영식, 권수미, 최성희, 김혜영, 한유진(2022). 4차 산업혁명 시대의 음악교육. 학습자중심교과교육학회 편, 미래사회와 교과교육(pp. 301-332). 교육과학사.

박지현(2022). 사회 변화의 관점에서 본 학교 음악교육의 미래 방향에 대한 소고. 음악교육공학, 52, 117-137.

박현식, 고인석, 김홍근, 박성원, 박창훈, 염창선, 이중만, 조상섭, 최예정, 한유미(2021). 인문사회학으로 보는 AI. 자유아카데미.

박휴용(2019). 포스트 휴먼 시대 학습자의 존재론적 이해와 학습이론 패러다임의 변화. 교육방법연구, 31(1), 121-145.

서순복(2009). 음악저작물의 저작권에 관한 연구. 법학논총, 16(2), 1-31.

서호진(2022). 코로나19 대유행 이후의 지식재산권 침해 환경 변화: 2022년도 유럽지식재산범죄위협평가 보고서를 중심으로(Report No. 2022-11). 이슈리포트 정책과 통상. https://www.copyright.or.kr/information-materials/trend/the-copyright/view.do?brdctsno=50668

손승우(2016). 인공지능 창작물의 저작권 보호. 정보법학, 20(3), 83-110.

손영화(2021). EU AI 규칙안에 대한 일고찰. IP & Data 法, 1(2), 27-52.

송택동(2024). 나 혼자 음악 만들기. 그래서음악.

양소영, 최미영(2023). 스크래치를 활용한 초등학생 맞춤형 음악창작 프로그램 개발. 한국초등교육, 34(3). 1-18.

연합뉴스(2016. 05. 16.). '감성 연주 vs 정확한 연주' … 인간－로봇 피아노 배틀. 2016년 5월 16일. https://www.yna.co.kr/view/AKR20160516153100061(검색일: 2021. 07. 20.).

양해림(2021). 코로나19와 뉴노멀의 인문학－코로나19 이후, 인문학의 미래와 전망을 중심으로－. 인문학연구, 60(1), 251-276.

오승종(2000). 음악저작물과 계약. 정보법학, 4(1), 43.

오종우(2019). 예술적 상상력. 어크로스.

오한나(2023). 인공지능 융합수업 가이드. 다빈치books.

오희숙, 이돈응, 안창욱, 곽덕주, 천현득(2022). 음악에서의 AI와 포스트휴머니즘 미학. 모노폴리.

유정민, 서수연, 허송아, 최규리(2021). 사회문제기반 과학－예술 융합교육을 위한 실감형 콘텐츠 개발. 디지털콘텐츠학회논문지, 22(12), 1959-1967.

윤관기(2021). 인공지능(AI)을 활용한 음악교과 창작수업 지도방안 연구. 교육연구, 80, 369-385.

윤종민(2023). 인공지능(AI) 창작물의 저작권관계 정립 방향. 강원법학, 73(0), 1-52.

윤진숙(2022). AI의 지적재산권과 인권 보장: 저작권을 중심으로. 법학연구, 32(2), 483-504.

이대희(2024). 음악 생성 AI 모델에 대한 저작권 소송과 학습데이터 이용의 공정이용 여부 주장 분석: UMG Recordings v. Suno, Inc. 사건과 Concord Music Group v. Anthropic 사전을 중심으로. Copyeignt Issue Report 2024-24.

이상미(2016). 인공지능(AI) 창작물의 저작권자는 누구인가?. 과학기술법연구, 22(3). 241-294.

이상욱(2021. 05. 31.). AI 윤리란 무엇인가?. KIAS 고등과학원 HORIZON. https://horizon.kias.re.kr/17815(검색일: 2024. 03. 01.).

이선미(2020). 국악중심 융합교육을 위한 실천적 수업설계 연구: 초등 3~6학년을 대상으로. 단국대학교 박사학위논문.

이선미(2021). 음악과 원격수업의 효율성 제고를 위한 온라인 도구의 교육적 접근. 문화와 융합, 43(12), 543-558.

이선미(2023). 음악 문화유산 교육을 위한 에듀테크 기반의 수업 전략. 음악교육공학, 57, 123-141.

이선미(2024). 메타버스 플랫폼을 활용한 국악교육 프로그램 개발 및 적용. 음악교육공학, 59, 153-169.

이선미, 김영미(2022). 에듀테크를 활용한 국악교육의 방향성 모색. 문화와 융합, 44(5), 185-202.

이성용(2024). 저작권 있는 아티스트 음악...무단으로 AI 모델 훈련에 사용하면. 특허뉴스. https://www.e-patentnews.com/11518(검색일: 2024. 07. 09.).

이용희, 임정희, 양문가(2022). 뉴노멀 시대, Gather.town과 Ifland 앱 활용 초등무용교육 모형 탐색. 한국무용교육학회지, 33(3), 123-142.

이정원(2023). 밴드랩을 이용한 누구나 작곡하기. 알파미디어.

이제영, 양희태, 김단비(2019). 인공지능 기술 전망과 혁신정책 방향(2차년도): 안전하고 윤리적인 인공지능 R&D 및 활용을 위한 제도 개선 방안을 중심으로. 과학기술정책연구원 정책연구 2019-13, 1-226.

이현주(2022). 메타버스를 활용한 영어 학습 프로그램 개발 연구: 이프랜드를 중심으로. 인문사회 21, 13(3), 43-56.

이호흥(2012). 학교현장에서 알아야 할 저작권. KDI 경제정보센터. https://eiec.kdi.re.kr/material/clickView.do?click_yymm=201512&cidx=1828(검색일: 2024. 03. 01.).

임효성(2019). 인공지능을 활용한 음악창작과 저작물성. 계간저작권, 32(2). 37-73.

장민호(2017). 음악 제작 분야의 4차 산업 혁명. 문화산업연구, 17(3), 39-43.

정윤정(2020). 음악 요소 중심의 초등 음악 창작 활동을 위한 개선 방향 탐색 및 대안적 자료 분석. 음악교육공학, 45, 65-83.

정인선(2023). 챗GPT, 앞으론 '18금'? 오픈AI "연령제한 검토 중". 한겨레, 2023. 04. 16. https://www.hani.co.kr/arti/economy/it/1086848.html(검색일: 2024. 02. 20.).

조한이(2022). 컴퓨팅사고와 창의적 음악사고에 기반한 음악: 코딩 교육 프로그램 개발. 건국대학교 석사학위논문.

조헌국(2017). 4 차 산업혁명에 따른 대학교육의 변화와 교양교육의 과제. 교양교육연구, 11(2), 53-89.

주대창(2004). 개념풀이: 즉흥연주(卽興演奏). 음악과 민족, 28, 503-513.

지미정, 오한나, 노명호, 권의선, 김영수, 이진원, 장희영, 소민영, 조보현(2024). 2022 개정 교육과정 평가, AI로 날개를 달다. 앤써북.

진승현(2021). 메타버스를 이용한 현황분석과 사례를 통한 예술교육 개발 연구. 예술교육연구, 19(3), 21-40.

차상육(2020). 인공지능 창작물의 저작권법상 보호 쟁점에 대한 개정방안에 관한 연구. 정보법학, 20(3), 5-69.

차두원, 김서현(2016). 잡 킬러: 4차 산업혁명, 로봇과 인공지능이 바꾸는 일자리의 미래. 한스미디어.

최은식(2023). 음악적 문제해결 과정으로서의 컴퓨팅 사고. 미래음악교육학회 제13회 학술 세미나 자료집, 19-24.

최은아(2023). 포스트휴머니즘의 관점에서 음악교육의 방향 탐색. 음악교육공학, 54, 145-161.

최정환(2007). 디지털 샘플링의 저작권법적 이해. 박영사.

한국교육학술정보원(2022). 교육 저작권 사례 안내: 저작권 사례를 통해 알아본 올바른 교육 정보 공유 방법. 연구보고 TM2020-27. 한국교육학술정보원

한국교육학술정보원(2003). 교육정보 저작권 해설서. 한국교육학술정보원.

한국저작권위원회(2024). 저작권 상식. https://www.copyright.or.kr/education/educlass/learning/common-sense/view.do?brdctsno=13081&brdctsstatecode=&brdclasscode=&servicecode=12&nationcode=&searchText=&searchTarget=ALL(검색일: 2024.03.01.).

한우진(2022). 로봇3원칙과 자율주행자동차. 월간교통 292(2022. 06.), 54-55.

허유선, 이연희, 심지원(2020). 왜 윤리인가: 현대 인공지능 윤리 논의의 조망, 그 특징과 한계. 인간 · 환경 · 미래, 24, 165-209.

현혜선, 문영(2021). 에듀테크를 활용한 무용 기능 해부학 프로그램 개발. 대한무용학회논문집, 79(3), 395-422.

홍정민(2017). 4차 산업혁명 시대의 미래 교육 에듀테크. 책밥.

IT조선(2017. 02. 17.). 인공지능과 피아노 협주하는 시대...구글, 'AI 듀엣' 공개. https://it.chosun.com/news/articleView.html?idxno=2017021785031(검색일: 2024. 04. 20.).

MBC 뉴스투데이(2022. 09. 05.). [와글와글] AI가 그린 그림이 1위...미국 미술전 우승 갑론을박. youtu.be/vcoi4aAJT1E(검색일: 2024. 07. 19.)

SBS NEWS(2022. 10. 14.). 클릭 두 번에 뚝딱. 작곡 AI '이봄' 저작료 중단. https://news.sbs.co.kr/news/endPage.do?news_id=N1006933085(검색일: 2024. 02. 19.).

Abdullah, M., Madain, A., & Jararweh, Y. (2022). *ChatGPT: Fundamentals, applications and social impacts*. 2022 ninth international conference on Social Networks Analysis, Management and Security(SNAMS).

Bruce, W. B. (1967). *Genesis of american patent and copyright law*. Public Affairs Press.

Downes, L., & Nunes, P. (2014). *Big bang disruption: Strategy in the age of devastating innovation*. Penguin.

Goertzel, B. (2014). Artificial general intelligence: Concept, state of the art, and future prospects. *Journal of Artificial General Intelligence, 5*(1), 1-46.

Holland, S. (2000). Artificial intelligence in music education: A critical review. In E. R. Miranda (Ed.), *Reading in music and artificial intelligence*. Routledge.

Kim, J. E. (2019). An Analysis of the effect of Artificial Intelligence on Human Society. *The Journal of the Convergence on Culture Technology, 5*(2), 177-182.

Kurzweil, R. (2005). *The singularity is near: When humans transcend biology*. Viking.

Mark, R. (1993). *Authors and owners: The invention of copyright*. Harvard University Press.

McCarthy, J. (1998). Elaboration tolerance. In Working Papers of the Fourth International Symposium on Logical formalizations of Commonsense Reasoning, Commonsense-1998.

Mumford, L. (2013). 기술과 문명 (*Technics and civilization*). (문종만 역). 책세상. (원저는 2012년에 출판).

Musicgate(2004). What's music copyright. Retrived 1, March 2024, from http://www.musicgate.co.kr/info/copyright

OpenAI (2023). GPT-4 Technical Report.

Paeng, D. (2023). Turning to "AI, will be used like electricity" Application Servives. Digital Times. Retrieved 28, February 2024, from https://www.dt.co.kr/contents.html?article_no=2023072302109931081002.

Self, J. (1995). Computational mathetics: Towards a science of learning systems design, (CBLU Report No. 96/24). Computer Based Learning Unit, University of Leeds.

Stanford University (2016). Artificial intelligence and life in 2030. https://ai100.stanford.edu/sites/g/files/sbiybj18871/files/media/file/ai100report10032016fnl_singles.pdf

Westlake, S. (2014). *Our work here is done: Visions of a robot economy*. National Endowment for Science, Technology and the Arts(NESTA).

Wilson, S. (2017. 02. 17.). Google has built an AI pianist that can play a duet with you. Fact Magazine. Retrived 28, January 2019, from https://www.factmag.com/2017/02/17/google-ai-duet-pianist/

〈웹사이트〉

국립국악원 유튜브 채널. www.youtube.com/@gugak1951

국립극장 블로그. blog.naver.com/ntok2010

뮤지아. www.musia.ai.ko

뮤지아플러그인. www.musiaplugin.com

뮤직 라인 앱. https://www.androidlist.co.kr/item/android-apps/994723/dancing-music-line/

밴드랩. www.bandlab.com

비피랩코딩교육연구소. bplab.kr

워크밴드 앱. https://www.androidlist.co.kr/item/android-apps/62172/com-gamestar-pianoperfect/

후크티오리. www.hooktheory.com

제3부 음악교육, 삶으로 향하다

김계현(1995). **상담 심리학: 적용 영역별 접근**. 학지사.

김민지(2021). 국악전공 대학생들의 진로태도성숙과 진로장벽간의 관계 분석. 중앙대학교 대학원 박사학위논문.

김봉환(2017). 진로교육정책 평가와 과제. **한국진로교육학회 학술대회지, 11**, 23-47.

김봉환, 정철영, 김병석(2006). **학교진로상담(2판)**. 학지사.

김장회, 김계현(2009). 미래의 직업 세계에 대한 인식: 초, 중, 고, 대학생 비교 분석. **상담학연구, 10**(1), 323-340.

김영후, 민경훈(2022). AI 활용 스마트 기반 힙합음악 메이커(Maker) 수업 프로그램

(STARS)의 개발 및 효과. 문화예술교육연구, 17(6), 205-232.

교육부(2021). 2022 개정 교육과정 총론 주요사항(시안). 교육과정정책과.

교육부(2022). 음악과 교육과정. 교육부 고시 제2022-33호. [별책 12]. 교육부.

교육부(2023). 전 생애 진로교육(2023. 04. 30.) 교육부 조간보도자료.

문승태, 박행모, 장선철(2007). 초등학교 교사들의 개인변인에 따른 진로교육 연수 프로그램 선호유형 분석. 진로교육연구, 20(2), 47-66.

미란(2017). 모두 다 음악. 사계절.

민경훈(2012). 고등학교 선택과목 '음악과 진로'와 관련하여 음악 산업에 관한 내용 및 지도 방법의 논의. 학습자중심교과교육연구, 12(4), 330-363.

민경훈, 이보림, 김영후, 고영석, 조성혜, 홍여진, 신기호, 이윤상, 김도희, 방유진, 노진희(2023). 뉴 노멀 시대의 디지털 미디어 기반 음악교육 방법. 어가.

서울특별시 교육혁신과(2023). 2023 생태전환교육 우수사례집. 서울특별시교육청.

서울특별시 교육혁신과(2024). 2024 생태전환교육 기본계획. 서울특별시교육청.

손민정(2021). 소리, 생태, 그리고 생태음악학. 한국예술연구, 33, 5-27.

엄수정, 우라미, 황순예(2021). 포스트휴먼 기후변화교육의 상상과 실천. 교육과정연구, 39(3), 83-109.

윤구병, 이태수(1011). 심심해서 그랬어. 보리.

이슬(2016). 음악대학 학생들의 진로장벽이 진로태도성숙 및 진로준비행동에 미치는 영향. 이화여자대학교 교육대학원 석사학위논문.

이승민, 장근주(2014). 음악대학 학생의 진로탐색경험과 진로결정수준 및 진로개발 역량의 상관관계. 음악교육연구, 43(2), 47-65.

장근주, 박영주, 오성경(2023). 2022 개정 교육과정을 적용한 음악과 교수 · 학습 및 평가. 어가.

장은언(2023). 우리나라 음악대학의 진로교육 프로그램과 교과목 현황 연구. 고등교육, 6(1), 309-334.

장준영(2017). 무슨 소리지?. 책고래.

전미리, 김봉환(2015). 대학생의 성격 5요인과 진로준비행동의 관계에서 진로결정 효능감의 매개효과. 한국심리학회지 상담 및 심리치료, 27(2), 445-461.

정지숙, 안종복, 배영직, 임재일, 정진아, 정나미, 정수현, 이수종(2021). 생태전환교육 목표 체계 구축 및 성과관리 방안 연구(위탁연구보고서). 서울교육정책연구소.

정철영(2017). 미래 진로교육 패러다임. 한국진로교육학회 학술대회지. 제45차 한국진로교육학회, 2017년 추계학술대회.

정환호(2016). 음악전공 대학생들의 전공선택과 진로선택 및 진로장벽 분석. 중앙대학교 대학원 박사학위논문.

조동헌, 윤형한, 박선아, 서미, 이자영, 소수연, 김진숙, 박창언, 김미현, 최성보(2019). **진로교육학 개론**. 교육과학사.

주희선(2013). 음대생들의 직업세계인식 조사. **예술교육연구**, 11, 107-120.

진미석, 손유미, 송창용(2012). 중학생을 위한 '창의적 진로개발 프로그램' 효과 분석: 진로성숙도를 중심으로. **진로교육연구**, 25(1), 169-185.

최은아(2023). 포스트휴머니즘의 관점에서 음악교육의 방향 탐색. **음악교육공학**, 54, 145-161.

최진경(2022). 생태전환교육으로서 실천적 음악교육의 가능성과 의미 탐색. **미래음악교육연구**, 7(3), 123-146.

최진호(2014). 음악과 경영학 전공 대학생들의 교과과정 및 운영체제에 대한 만족도 비교 분석. **음악교육연구**, 43(2), 139-157.

추상희(2020). 관현악 전공생들의 전공선택요인 · 진로준비행동 · 진로결정수준 분석. 중앙대학교 대학원 박사학위논문.

Abram, D. (2012). *The spell of the sensuous: Perception and language in a more-than-human world*. Vintage.

Alaimo, S. (2010). *Bodily natures: Science, environment, and the material self*. Indiana University Press.

Barad, K. (2007). *Meeting the universe halfway: Quantum physics and the entanglement of matter and meaning*. Duke university Press.

Britannica. ecology. Retrieved 4, February 2024 from https://www.britannica.com/science/ecology

Elliott, D., & Silverman, M. (2015). *Music matters: A philosophy of music education* (2nd ed.). Oxford University Press.

Heidegger, M. (2008). **숲길** (*Holzwege*). (신상희 역). 나남. (원저는 2003년에 출판).

Imada. T. (2019). The music of philosophy for children: Soundscape and universal design. *Studies in Japanese Philosophic, 16*, 66-85.

Imada. T. (2024). Considering well-being in music education based on the concepts of soundscape and post-modernity. The 4th International Conference of Association for Future Music Education Proceedings.

Krause, B. (2020). *The great animal orchestra.* Fondation Cartier pour l'art contemporain.

Luihnson, J., & Beek, T. (2017). **페르디의 가을나무** (*Ferdie and the falling leaves*). (선우미정 역). 느림보. (원저는 2007년에 출판).

Merchant, C. (2005). *Radical ecology: The search for a livable world.* Routledge.

Schafer. R. M. (2011). Foreword. *Japanese Journal of Music Education Practice*, *9*(1), 6-9.

Schafer. R. M. (1977). *The tuning of the world: Toward a theory of soundscape design.* McClelland & Stewart.

Seizo, T. (2020). **잡았다!** (つかまえた). (황진희 역). 미래아이. (원저는 2014년에 출판).

Showers, P., & Brandenberg, A. (2017). **소리산책** (*Listening walk*). (문혜진 역). 불광출판사. (원저는 1993년에 출판).

Super, D. E. (1980). A life-span, life-space approach to career development. *Journal of Vocational Behavior, 16*(3), 282-298

Swanwick, K., & Tillman, J. (1986). The sequence of musical development: A study of children's composition. *British Journal of Music Education, 3*(3), 305-339.

UNESCO (2021). *Reimagining our futures together: A new social contract for education.* UNESCO. Retrieved 26, March 2024 from https://reliefweb.int/report/world/reimagining-our-futures-together-new-social-contract-education

〈웹사이트〉

진로정보망 커리어넷. www.career.go.kr/

한국콘텐츠진흥원. www.kocca.kr/kocca/main.do

찾아보기

인명

내용

저자 소개

최은아(Choi, Euna)

한국교원대학교 음악교육학 박사
현 전주교육대학교 음악교육과 교수

〈저 · 역서〉

음악 중심 통합수업(공저, 학지사, 2022)
가치, 그리고 음악 교육(공역, 학지사, 2024)

〈논문〉

개념 기반 교육과정에 기초한 음악과 수업 설계 방안 탐색(음악교육공학, 2024)

권수미(Kwon, Sumi)

미국 콜럼비아대학교 음악교육학 전공 석 · 박사
미국 맨하탄음악대학 피아노연주 전공 석 · 박사
현 한국교원대학교 초등교육과 교수

〈저서〉

미래사회와 교과교육(공저, 교육과학사, 2022)
배우며 가르치는 초등음악교육(공저, 어가, 2022)
메직핑거 피아노 시리즈 총 16권(현대음악출판사, 2019)

김경태(Kim, Kyoungtai)

단국대학교 일반대학원 교육학 박사(교육공학 전공)
현 춘천교육대학교 음악교육과 조교수

〈저서〉

창의적이고 신박한 교실 국악수업 가이드(공저, 교육과학사, 2025)
음악 중심 통합수업(공저, 학지사, 2022)

〈논문〉

스크래치를 활용한 초등 국악 창작 수업 방안 탐구(국악교육연구, 2024)

김경화(Kim, Kyounghwa)

서울대학교 음악교육학 박사
현 서울대학교 강사

〈역서〉

리머의 경험중심 음악교육철학(공역, 교육과학사, 2017)

〈논문〉

AI 시대, 예술적 창조와 미적 감수성에 관한 재해석 그리고 예술교육에의 소고(한국예술연구, 2024)

김민지(Kim, Minji)

중앙대학교 음악학 박사(국악이론 전공)

현 대구교육대학교 강사, 서강대학교 퓨처랩연구소 전임연구원

〈저서〉

창의적이고 신박한 교실 국악수업 가이드(공저, 교육과학사, 2025)

〈논문〉

예비 초등교사를 대상으로 한 블렌디드 러닝 국악수업 설계 및 사례연구(학습자중심교과교육연구, 2023)

학교문화예술교육 측면에서의 국악교수 전문성의 개념 및 구성요소 탐색(학습자중심교과교육연구, 2021)

김성지(Kim, Sungji)

한국교원대학교 음악교육학 박사

현 제주대학교 교육대학 강사, 한라초등학교 교사

〈저 · 역서〉

음악 중심 통합수업(공저, 학지사, 2022)

가치, 그리고 음악 교육(공역, 학지사, 2024)

〈논문〉

Concept-Based Music Inquiry with Teacher-Driven Questions(음악교육연구, 2025)

김영후(Kim, Younghoo)

한국교원대학교 음악교육학 박사

현 경인중학교 음악 교사, 한국교육개발원 방송통신고등학교 음악 강사

〈저서〉

뉴 노멀 시대의 디지털 미디어 시대 기반 음악교육 방법(공저, 어가, 2023)

2022 개정교육과정 고등학교 음악과 미디어 교과서(공저, 교학사)

〈논문〉

음악교사 전문성 강화를 위한 교사학습공동체 운영방안탐색-FGI 조사 및 IPA 메트릭스 분석을 바탕으로(음악교육연구, 2022)

박은경(Park, Eungyeong)

경인교육대학교 교육전문대학원 교육학 박사(음악교육 전공)

현 당촌초등학교 수석교사, 경인교육대학교 강사

〈논문〉

에듀테크 도구를 활용한 초등학교 3학년 음악 개념학습(경기도교육청 제7회 수석교사 수업 페스티벌 자료집, 2024)

초등학교 5, 6학년 음악교과서의 창작영역 분석(학습자중심교과교육연구, 2021)

박지현(Park, Jihyun)

서울대학교 음악교육학 박사
현 광주교육대학교 음악교육과 교수

〈저서〉

배우며 가르치는 초등음악교육(공저, 어가, 2022)
음악교육 연구방법의 이해(공저, 학지사, 2018)

〈논문〉

2022 개정 음악과 교육과정의 설계 원리 및 내용 분석을 통한 미래 지향적 음악교육의 함의 도출(음악교육연구, 2023)

윤관기(Yun, Gwanki)

미국 애리조나주립대학교 철학박사(음악교육 전공)
현 광주교육대학교 음악교육과 부교수

〈저서〉

음악교육학 개론(개정판, 공저, 어가, 2023)
배우며 가르치는 초등음악교육(공저, 어가, 2022)

〈논문〉

생성형 AI인 'Text to Music'을 집단탐구모형에 적용한 음악 창작지도 설계 방안(음악교육연구, 2024)

오한나(Oh, Hanna)

서울대학교 음악대학 국악과 학사(이론 전공)
현 효명중학교 음악 교사

〈저서〉

2022 개정 교육과정 평가, AI로 날개를 달다(공저, 앤써북, 2024)
인공지능 융합수업 가이드(다빈치books, 2023)
챗GPT 시대 교육, AI로 풀다(공저, 부크크, 2023)

이선미(Lee, Seonmi)

단국대학교 음악학 박사
현 단국대학교 초빙교수, 연세대학교 강사, 연세대학교 교육연구소 전문연구원

〈저서〉

초등교사와 초등예비교사를 위한 가야금 교수 전략(부크크, 2023)

〈논문〉

메타버스 플랫폼을 활용한 국악교육 프로그램 개발 및 적용(음악교육공학, 2024)
음악 문화유산 교육을 위한 에듀테크 기반의 수업 전략(음악교육공학, 2023)

임은정(Lim, Eunjung)

미국 켄트주립대학교 음악교육 박사
현 제주대학교 교육대학 교수

〈저 · 역서〉

4.0 평생학습 시대의 문화예술교육론(2판, 공저, 어가, 2023)
가치, 그리고 음악 교육(공역, 학지사, 2024)

〈논문〉

Designing Music Appreciation Methods based on the Metaverse SPOT Platform(음악교육연구, 2023)

정윤정(Jung, Yoonjeong)

서울대학교 음악교육학 박사
현 한국교원대학교, 부산교육대학교 강사

〈역서〉

가치, 그리고 음악 교육(공역, 학지사, 2024)

〈논문〉

2022 개정 교육과정 기반의 음악 창작 평가 도구 제안(예술교육연구, 2024)
음악 교과의 핵심 질문 개발에 관한 연구(문화예술교육, 2024)

차동주(Cha, Dongju)

미국 애리조나주립대학교 음악교육 철학박사
현 공주교육대학교 음악교육과 강사

〈논문〉

A survey research study of music education faculty: Demographics and indicators of job satisfaction and stress(공동, *International Journal of Music Education*, 2024)
Elucidating Feierabend's conversational solfège: Its practical application of 12 steps to teaching folk songs(음악교육연구, 2024)
Enriching musical understanding through Kodály-inspired drawing activities: An action research study(음악교육연구, 2023)

최진경(Choi, Jinkyong)

서울대학교 사범대학 협동과정 음악교육학 박사
현 전주교육대학교, 국민대학교, 건국대학교 강사 및 서울대학교 교육연구소 객원연구원

〈저 · 역서〉

멜로스 연주와 비평: 세 명의 비평가가 바라본 2023년 대한민국의 공연 현장(편집위원, 모노폴리, 2024)
AI 시대의 음악과 테크놀로지: 슈퍼맨인가 프랑켄슈타인인가(공역, 태림스코어, 2024)

〈논문〉

하이데거의 존재론이 함의하는 AI 기반 음악교육의 방향(음악교육연구, 2023)

최진호(Choi, Jinho)

미국 노스텍사스대학교 음악교육학 철학박사
현 중앙대학교 예술대학 음악학부 교수

〈저서〉

음악교육학 개론(개정판, 공저, 어가, 2023)
음악교육 연구방법의 이해(공저, 학지사, 2018)

〈논문〉

음악전공 대학생들의 전공선택요인 및 졸업 후 진로에 대한 교과과정 적합도 분석(음악교육연구, 2013)

추상희(Choo, Sanghee)

중앙대학교 음악학과 박사(음악교육 전공)
현 중앙대학교, 경희대학교, 청주교육대학교 강사

〈논문〉

성인 음악교육의 관현악 악기교육현황 및 만족도 조사(음악교육연구, 2023)
관현악 전공생들의 진로 장벽과 진로결정수준 분석(음악교육공학, 2020)
음악대학 관현악전공생들의 전공선택요인 및 진로준비행동 분석(음악교수법연구, 2018)

KMES 한국음악교육학회 학술총서 05

포스트휴먼 시대, 음악교육의 갈 길을 묻다

Exploring the Direction of Music Education in the Posthuman Era

2025년 2월 20일 1판 1쇄 인쇄
2025년 2월 28일 1판 1쇄 발행

지은이 • 최은아 · 권수미 · 김경태 · 김경화 · 김민지 · 김성지
김영후 · 박은경 · 박지현 · 오한나 · 윤관기 · 이선미
임은정 · 정윤정 · 차동주 · 최진경 · 최진호 · 추상희

펴낸이 • 김진환
펴낸곳 • ㈜학지사
04031 서울특별시 마포구 양화로 15길 20 마인드월드빌딩
대표전화 • 02-330-5114 팩스 • 02-324-2345
등록번호 • 제313-2006-000265호

홈페이지 • http://www.hakjisa.co.kr
인스타그램 • https://www.instagram.com/hakjisabook

ISBN 978-89-997-3417-5 93370

정가 18,000원

저자와의 협약으로 인지는 생략합니다.
파본은 구입처에서 교환해 드립니다.